U0677469

书山有路勤为径，优质资源伴你行

注册世纪波学院会员，享精品图书增值服务

人力资源管理经典书系

Recruiting, Interviewing, Selecting, and Orienting New Employees, Sixth Edition

（第6版）

员工招聘与录用

[美] 黛安娜·阿瑟 著
（Diane Arthur）

HRoot 中智大学堂 译

招聘、面试、选拔和新员工入职培训实用指南

电子工业出版社
Publishing House of Electronics Industry
北京·BEIJING

Recruiting, Interviewing, Selecting, and Orienting New Employees, Sixth Edition by Diane Arthur
Copyright © 2019 Diane Arthur
This edition arranged with HarperCollins Leadership through Big Apple Agency, Inc., Labuan, Malaysia.
Simplified Chinese edition copyright © 2021 by Publishing House of Electronics Industry Co., Ltd.
All rights reserved.

本书简体中文字版经由 HarperCollins Leadership 授权电子工业出版社独家出版发行。未经书面许可，不得以任何方式抄袭、复制或节录本书中的任何内容。

版权贸易合同登记号　图字：01-2020-1089

图书在版编目（CIP）数据

员工招聘与录用：招聘、面试、选拔和新员工入职培训实用指南：第 6 版/（美）黛安娜·阿瑟（Diane Arthur）著；HRoot，中智大学堂译. —北京：电子工业出版社，2021.7
书名原文：Recruiting, Interviewing, Selecting, and Orienting New Employees, Sixth Edition
ISBN 978-7-121-40964-6

Ⅰ. ①员… Ⅱ. ①黛… ②H… ③中… Ⅲ. ①企业管理—人力资源管理—指南
Ⅳ. ①F272.92-62

中国版本图书馆 CIP 数据核字（2021）第 113212 号

责任编辑：吴亚芬　　文字编辑：袁桂春
印　　刷：三河市鑫金马印装有限公司
装　　订：三河市鑫金马印装有限公司
出版发行：电子工业出版社
　　　　　北京市海淀区万寿路 173 信箱　邮编：100036
开　　本：720×1000　1/16　印张：18　　字数：363 千字
版　　次：2021 年 7 月第 1 版（原著第 6 版）
印　　次：2021 年 7 月第 1 次印刷
定　　价：88.00 元

凡所购买电子工业出版社图书有缺损问题，请向购买书店调换。若书店售缺，请与本社发行部联系，联系及邮购电话：（010）88254888，88258888。
质量投诉请发邮件至 zlts@phei.com.cn，盗版侵权举报请发邮件至 dbqq@phei.com.cn。
本书咨询联系方式：（010）88254199，sjb@phei.com.cn。

本书第 1 版出版于 1986 年,之后的版本分别出版于 1991 年、1998 年、2006 年,最近一次的出版是在 2012 年。第 6 版与前几个版本一样,旨在为招聘全过程涉及的四个阶段提供全面指导。

与前几个版本一样,本书拥有广泛的目标读者:需要深入了解招聘全过程的人力资源通才和专家、岗位职责涵盖招聘的非人力资源专业人士、期望精通一个或多个招聘环节的资深人力资源从业人员。本书所介绍的技巧和方法既适用于公司和非营利组织——无论是否有工会,是否涉及技术性问题,是否有规模;也适用于专业和非专业人士。此外,本书既可作为涉及招聘全流程培训的机构的参考资料,也可作为大学教材。

与前几个版本一样,本书的编排格式易学易查,分为招聘、面试、选拔和新员工入职培训四个独立环节。这种划分方法可以满足读者的多种需求,便于读者随时学习招聘的一个或多个环节内容。

在过去几年里,招聘发生了很大的变化。这些变化可归因于 1977—1995 年出生的千禧一代和 1996 年及之后出生的最新一代的经历、兴趣、需求、期望不同。这些群体越来越多地受到技术和社交媒体的推动,从招聘来源、工作预期、工作场所整合等方面极大地影响并改变了用人招聘的全流程。上述变化影响深远,要求企业考虑员工独特的就业要求和条件,要求雇主在招聘时保持灵活和开放的心态。随着千禧一代取代婴儿潮一代成为劳动力市场的主力军,雇主不能单纯依赖传统的招聘模式,否则只会错失顶尖人才而不自知。

满足千禧一代和 Z 世代的实际需求与期待并不是企业面临的唯一的用工挑战,企业绝不可忽视 X 一代(1965—1976 年出生)的实际需求与期待,也不能轻视那些选择推迟退休或根本不退休的婴儿潮一代(1946—1964 年出生)和传统主义者(1946 年前出生)的实际需求与期待。

鉴于不同群体之间的价值观、需求和期望存在冲突,人们很容易放弃过去行之有效的招聘技巧,觉得它们不再奏效。然而,虽然死守过去的经验可能让工作环境死气沉沉,但放弃经实践证实有效的技巧更可能使企业危机重重。

成功招聘的总体目标始终如一:要将曾经在招聘方面起作用的方法、技能与提升企业竞争力和活力的变革有机结合。要做到这一点，最好的办法是识别什么是新的和不同的，在招聘、面试、选拔和新员工入职培训这四个阶段中始终保持应聘者和空缺职位之间的最优配置。因此，与之前的版本相比，第 6 版的全部内容都经过仔细的审查、更新、扩充，并根据需要进行了修订。此外，新版增加了几个主题，包括使用预测性分析进行数据驱动型招聘、降低招聘成本、如何避免招聘前常见的错误、明确招聘人员的角色与职责、其他类型问题的提问技巧、面试能力不足或能力过于优秀的应聘者、推荐信及背景调查的法律指南和社交媒体对招聘流程的影响。

和以前的版本一样，读者需要注意：本书不提供法律建议。

招聘、面试、选拔和新员工入职培训涉及一些具体的技能。如何使用这些技能将直接影响组织常见问题的解决，如保持竞争力、平衡雇主对员工的期望等。通过使用本书所述的技能，企业可以极大地提高招聘工作效率和员工生产力水平。

目　录

第 1 部分　招聘

第 2 部分　面试

第 3 部分　选拔

第 4 部分 新员工入职培训

招　聘

第 1 章

招 聘 预 测

任何形式的预测都是很棘手的，在招聘趋势预测方面也是如此。许多因素都会影响组织的招聘工作，这些因素大部分是人们无法控制的，如经济的稳定性、政治举措、并购、高级管理层的决定、预算额度及竞争对手的行为举措等。那么，雇主可以做出怎样的努力来确保组织能够招聘到最优秀的员工？实际上，可行的措施远比人们想象的多，包括：了解过去和现状，即将过去的工作与当前和未来不断发展变化的建议举措进行比较；探索当今零工经济中招聘的影响；评估预测性分析在数据驱动型招聘中的优势；为特定工作环境创建成功典范；探索降低招聘成本的方法；创造性地竞聘人才。

新即旧，反之亦然

从历史来看，招聘的目标一直是寻找最好的人选。这并不仅仅指寻找"资历最好"的人选（后面会详细介绍），而可以归结为努力寻找"最合适"的人选。所谓"最合适"的人选，不仅满足工作岗位要求，而且适应公司的文化。

为了实现这一目标，在开始制订招聘计划时仔细思考过去所采取的措施与你可能已经了解过或听说过的做法，或者你的竞争对手正在做的事情，在它们之间取得平衡。问问自己，既定的政策和做法是否会帮助或阻碍你的招聘工作。例如，坚持选择传统的招聘来源和方法可能导致人才库的资源有限；然而，完全依赖高科技可能将那些不愿接受新技术的人排除在外。

在评估如何以最佳方式招聘人才时要考虑的因素并没什么不同，不同的是你如何看待或利用它们。要评估招聘方法的有效性，在尝试新方法的同时注意保留

"我们一直这样做"的老方法，你可以审视如下问题。

当前的失业率会对我们的招聘工作产生什么影响

对失业人数和失业趋势的各种解读和反应可能令人眼花缭乱，这使得组织不得不质疑它们的想法是否明智，并考虑它们可能需要做些什么来应对最新的失业状况。在招聘方面，有些组织选择墨守成规，不做任何改变；有些组织打量竞争对手在做什么并效仿；还有些组织进行了复杂的成本分析，因为它们考虑了填补和保留空缺职位两种行为的利弊。

换句话说，供求关系对你的招聘工作有什么影响？通常，经验法则是，在考虑失业人数时谁真正处于优势地位：雇主还是应聘者。与职位空缺数量相比，较高的失业率增加了求职人数。这让雇主坐在了所谓的"驾驶员座位"上，让他们在薪资和福利方面变得更加挑剔和保守。较低的失业率使雇主处于劣势地位，因为他们常常很难填补职位空缺。合格的应聘者处于优势地位，使雇主的招聘成本超出预算金额。

以上这种认识可以帮助雇主培养积极主动的思维方式，以保持领先地位，并根据过去的趋势得出结论，同时预测招聘需求。尽管并非万无一失，但这种方法可以防止雇主措手不及，陷入混乱，并在经济形势改变时找到相应的解决方法。

我需要填补职位空缺吗

在经济低迷时期企业自保的一种方法是问自己是否需要填补职位空缺。企业有相关预算来填补这个职位空缺并不意味着你应该这样做。举个例子，长期在Payroll工作的亚伦决定退休。多年来，他工作出色，为部门效率做出了贡献。因此，该职位空缺被批准填补，假设这是必要的。但是，如果这样做只是因为需要执行一项任务，那么并不意味着必须招聘一位特定的员工来完成。

在进行人员替换之前，问自己几个关键问题：填补这个职位空缺将如何帮助部门和组织实现目标？要执行的任务是否完全有必要？如果是这样，这些任务是否可以在不造成不必要的困难的情况下分配给其他员工？当其他员工兼职工作就能满足需要的时候，是否需要雇用全职员工？是否应该考虑按需雇用临时工或零工？这项工作可以外包吗？

最后一个问题涉及将内部工作职能移交给外部企业（外包）时企业的控制能力，并且将以多种可能的方式对部门产生最大的影响，包括寻找合适的外部企业来执行工作，高效和谨慎地传递信息，并确保其他员工不会被解雇。外包最大的好处是节省工资和间接成本。外包使组织更好地专注于核心业务计划，从而提高效率；提供更快、更好的服务；节省基础设施建设和技术的投入成本；可能还存在时区优势。

招聘费用需要多少

美国人力资源管理协会（The Society for Human Resource，SHRM）的报告称，平均每次雇佣成本（Cost-Per-Hire，CPH）为 4 129.1 美元。实际上，花费多少取决于职位空缺的不可替代性和要求：空缺较难填补的职位和管理级别的职位招聘通常需要更长的时间，成本也更高。但是，不管工作职责如何，在计算职位的预期 CPH 时，最好同时考虑内部和外部费用。内部成本包括员工推荐计划的费用、人力资源招聘人员和招聘经理的工资，在选拔过程中预计花费的时间成本，以及在新员工的预期学习和发展曲线上投入的资金。外部成本包括与各种可能的招聘资源相关的成本，还可能包括应聘者跟踪系统、视频面试工具、测试供应商、评估中心、体检测试、背景调查和搬迁的费用。可能还会有计划外的招聘费用，如为参加面试的应聘者报销的差旅费。

在填补类似职位空缺方面，竞争对手在做什么

在每种商业形式中都存在竞争。你想知道竞争对手如何找到应聘者吗？首先访问竞争对手的网站——大多数企业网站都有招聘专栏。找到与你的企业类似的职位，并查看竞争对手的工作描述及它们用来吸引潜在员工的话术。将这些内容与你在招聘页面上提供的内容进行比较（如果你还没有设计招聘专栏，现在是时候设计了）。关注竞争对手如何描述它们的工作环境和特定的职位空缺。同样重要的是，弄清楚竞争对手的这些职位有多易于申请。

接下来，探索竞争对手的社交媒体表现。例如，它们分享企业的成功故事吗？它们推广自己的品牌吗？它们认为自己的工作环境适合工作吗？这些都是重要的招聘要素。

最后，不要忽略与供职于竞争对手的人联系，他们也可以作为信息来源。与他人交换信息，如一些招聘技巧，或者可能不适合自己的组织或职位空缺的应聘者信息，或许该应聘者正好可以满足另一家企业的需求。如果你一个人都不认识，可以考虑打电话给竞争对手人力资源部门，向他们解释说'你对交换信息感兴趣'，告诉他们你在寻找什么，并询问你能提供什么作为回报。

对现下流行的招聘方法了解多少

积极主动和保持消息灵通是任何企业经营成功的关键因素，在招聘方面也是如此。问题在于，新的、现下流行的招聘方法几乎一被发现就会失效。思考一下这些曾经使用过但现在已经过时的方法：要求应聘者在继续应聘之前必须成功赢

得指定的在线游戏。问应聘者一些与工作无关的问题，如："你最想成为哪种狗？为什么？"要求应聘者提交一篇文章，描述他们最喜欢的冰激凌口味，以及这与他们最大优势的关系。

雇用更多零工，对网页进行优化，确保网页在移动屏幕上显示时达到最佳效果，更加强调雇主品牌，这些越来越被视为产生积极招聘结果的步骤。本书将在第 4 章讨论能够在了解应聘者偏好的同时产生有效的候选人才池的、经过验证的其他可靠方法。

零工经济中的招聘

人们对同一事物的表达方法各种各样。想想《罗密欧与朱丽叶》中著名的一句台词，朱丽叶说："名字有什么关系？即便我们把玫瑰叫作别的名字，它还是一样芳香。"再回顾一下三百多年后由格特鲁德·斯坦（Gertrude Stein）创作的诸多变奏曲之一："玫瑰之所以是玫瑰，就是因为玫瑰像一朵玫瑰。"莎士比亚认为，一个人或一件事的重要性在于他是谁或它是什么，而不在于他或它被称为什么。对斯坦观点的普遍解释可以概括为：是什么就是什么。从本质上讲，人们只是用不同的词语来表达相同的情感。

现在回到正题，开始谈论招聘。在零工经济中招聘是当前的一个趋势。根据定义，零工指的是签订短期的、临时的合同的工人，或是自由职业者，而不是从事全职的、永久性工作的工人。这一工种并不是新出现的，这样的工人最初被称为临时工，然后被贴上"临时工人"的标签。现在又将他们重新命名为"零工"，这一新的定义不会改变他们的工作内容，也不会改变他们与雇主的关系。那么，为什么要在有关招聘预测的章节中讨论这个问题呢？答案是，它已经变得越来越流行，根据美国财捷集团（Intuit）的一项研究，人们即将看到 40%的工作将由零工完成。

强调零工经济的一个原因与当前数字时代的影响有关。零工在很大程度上依靠"平台经济"来获得工作。也就是说，人们直接通过登录网站和应用程序来接触潜在的雇主。这些平台有效地充当了雇主和零工之间的"媒人"或中介，越来越多的任务是远程完成的，导致雇主和零工之间实际上从未有过任何面对面的接触。

虽然任何人都可以做零工，但要知道，这里面有许多人是千禧一代和 Z 世代、儿童和老年人照料者、残疾人，以及为了在工作和学业上取得平衡而无法遵守固定的工作时间表的半工半读者。甚至有些有稳定工作的人也会寻找平台，看看是否有市场可以让他们用自己的技能和兴趣来获得一定的报酬。

零工经济的利弊

对雇主和个人而言，零工经济各有利弊。对雇主来说，有利的一面是，通过雇用零工，雇主可以节省大量的招聘和雇佣成本、薪水和福利。随着业务需求的变化，他们还能够更轻松地扩展规模。如果有必要将短期的工作任务转换为全职的永久性工作，雇主可以首先求助于已经熟悉该工作的零工，从而免去招聘及与新雇员相关的典型培训投入等环节。不利的一面是，根据雇主的报告，零工对公司目标的忠诚度较低，并且倾向于在组织文化之外工作。同样，工作关系的本质使他们无法接受教导、训练、指导或晋升。

而对零工来说，他们在工作地点、工作时间和工作频率方面比雇员享有更大的灵活性。他们还面临不同的管理方式，不受限于未来与竞争对手合作的合同约束。此外，如果双方愿意，零工工作也可以变成全职工作。然而，也有不利的一面。首要的问题是缺乏固定的工资和福利，特别是医疗保险，还包括没有稳定的就业机会、缴纳税款的负担，以及在动荡的经济环境中有会失业的总体不稳定感等问题。此外，他们与雇员互动的机会有限，就业权利也较少。

零工经济中零工与雇员的法律地位

大多数企业都遵循这样的普遍认识，即零工是独立合同工，因此他们无权享有工资、加班费、休息时间、费用报销、补偿金、失业救济金或雇主为其雇员提供的其他任何福利。正是由于缺乏福利，迫使许多零工提起诉讼，争取拥有他们作为合同工而非雇员的地位。

零工和雇员两者的区别并不明显，错误的分类可会产生严重的后果。从广义上来说，雇员是为他人工作以获得经济或其他补偿的人。根据这一说法，所有工人都可被视为雇员。但是，通常情况并非如此。

美国国税局（The Internal Revenue Service，IRS）会因为这些分类获得既得利益，如果雇主因失误或为了避免与雇用相关的支出而对工人进行分类的话，会受到 IRS 的重罚。IRS 有时会允许那些将雇员误分类为合同工的企业通过自愿分类结算计划来纠正这种情况。如果雇主希望利用该计划或就特定情况寻求指导，应向法律顾问寻求意见。

有两种测试方法可以帮助雇主确定工人实际上是否为雇员：普通法测试和经济现实测试。

普通法测试

IRS 使用普通法测试来确定个人应归为雇员还是独立合同工。如果企业为个人提供福利，报销他们的费用，为他们提供办公用品和工作场所，或者如果两者之间的关系是长期的、排他性的，那么这个人更有可能被视为雇员。如果雇主仅支付特定项目的费用，而不为个人提供其他福利，则这个人很可能被视为独立合同工。

然后要考虑控制权的问题：雇主能否控制员工的工作表现？如果能，可能意味着该人是雇员。这个人的工作是否在没有监督的情况下被分配和完成？如果是，现在我们可能正在谈论独立合同工或自由职业者。另外，如果仅向一个雇主提供服务，则这个人可能是雇员。这也是一些企业制定禁止员工从事第二职业政策的原因之一。为多个企业提供服务通常意味着这个人是独立合同工或自由职业者。

经济现实测试

经济现实测试的内容是个人是否在经济上依赖在企业持续就业。如果此人与雇主保持长期关系，则很可能被归为雇员。如果工作关系是针对一个特定的项目，时间有限，那么我们可能正在描述一个独立合同工。换句话说，雇员依靠雇主谋生，独立合同工是自力更生。

经济现实测试中的另一个重要因素是个人对企业的影响。如果个人的工作是企业不可分割的一部分，那么这个人很可能被归为雇员。如果个人的工作对企业的业务来说是次要的，那么这个人可能是一个独立合同工。

我们希望雇主在测试方法和其他评估个人就业状况的方法上保持与时俱进。

使用预测性分析进行数据驱动型招聘

招聘可能是一项艰巨而徒劳的任务。当你想从员工身上获得某些技能和特质，却发现自己要么看起来无法吸引拥有这些技能和特质的应聘者，要么需要花费大量时间和金钱才能做到这一点时，你会感到沮丧。如果出现这种情况，你可能需要考虑数据驱动型招聘。

数据驱动型招聘超越了传统的数据处理软件，它依靠分析来缩短招聘流程。该分析有三种形式：描述性分析，它定义了过去发生的事情；预测性分析，它使用历史数据对未来进行预测；规范性分析，它说明了采取的行为及可能的结果。将重点放在预测性分析上，与能力类问题（与能力相关的问题）类似，过去的事情在很大程度上决定了未来结果的可能性。

预测性分析的工作原理

预测性分析依赖准确的数据收集和处理。数据来源越多，你的预测就越可行。处理收集的数据首先要清理数据，包括识别和删除不准确的信息，并对其进行替换、修改或格式化，以确保与类似数据的一致性。实际上，你正在为一种预测模型准备其所使用的信息，该模型是一个对信息进行分类并依靠概率来预测结果的过程。根据期望的结果，你可以考虑使用多种类型的预测模型，包括线性模型、决策树、神经网络和集群模型。除非你对使用哪种工具及何时使用它们有深入的了解，否则你最好咨询数据分析专家。

使用预测性分析进行数据驱动型招聘的优点

总体而言，预测性分析缩小了选择范围，从而可以有效、迅速地找到最合适的应聘者。依靠预测性分析来招聘员工最初看上去是徒劳的，与人力资源的人性因素背道而驰。虽然它可能并不适合所有招聘，并且通常不建议将其作为唯一的招聘方法，但预测性分析的众多优点已经被证实。支持者称，预测性分析可以实现以下目的。

- 帮助招聘人员更有效地浏览大量应聘者数据，以找到适合组织、部门和岗位的员工。
- 允许对应聘者进行连续、准确的监控和跟踪，如性别、种族和退役状况，从而帮助企业实现多元化目标。
- 提供数据收集的一致性。例如，仅通过组织网站接受申请，而无须分析个人简历和手动输入数据。
- 提供自动生成的应聘者简历排名、筛选后名单和初试人员名单。
- 缩短从招聘到雇用的周转时间。
- 使招聘人员能够在短时间内填补众多职位空缺，如周期性或季节性工作的职位空缺。
- 协助寻找具有独特任职资格的应聘者，以胜任他人难以胜任的工作。
- 通过考虑来自特定工作环境的具有特定专业知识的应聘者——这些人最有可能非常适合雇主的企业文化，从而降低人员流动频率。
- 可帮助企业根据行业和地点等因素最大化地回应所发布的招聘信息。

数据驱动型招聘的相关术语/词汇

当你阅读或尝试学习新知识时，如果遇到陌生的词汇，是否会增加你的困惑？如果你必须靠查找新知识中的所有词汇来理解新的概念，那么定义的意义何在？由于数据驱动型招聘这一概念仍然相对较新，让我们来看看一些相关的术语/词汇，从而帮助你理解这一概念。

- 算法：描述如何执行特定任务或实现特定目标的自动化分步过程或准则集。
- 人工智能：计算机对智能行为的模拟。
- 大数据：通过计算机分析来帮助解决问题和做出决策的非常大的一组统计数据。
- 数据挖掘：是一个在大型数据集中发现其模式、异常情况和相关性的过程，用于预测结果。
- 数据可视化：以易于理解的方式选择和呈现数据，可为最终决策提供有意义的见解。
- 机器学习：一种可以访问数据、构建趋势并添加算法的计算机开发应用。
- 基于绩效的招聘广告：帮助雇主优化其招聘广告预算。
- 程序化广告：一种自动化系统，可以确定在何处、何时出现招聘广告，以及针对特定人群的广告投放成本。
- 实时工作匹配：一种根据应聘者的技能和经验，以及他们的偏好和兴趣，对应聘者进行排名的技术，同时确定雇主的偏好，以确保最佳匹配。
- 分类法：对与招聘相关的各种要素，如职称、技能和作为工作匹配基础词条的常用搜索词进行分类和归类。

成功典范

成功典范确定了高绩效表现者所需的核心能力和特质。此外，它们还可以识别出那些最有可能满足部门和组织目标的关键能力，并反映企业文化的关键特征。将这些要素与经验和行业知识结合起来，往往可以缩小候选人才的范围，从而使雇主能够最大限度地进行筛选。尽管不是万无一失，但成功典范为雇主提供了另一种工具，确保他们找到最适合每项工作的应聘者。

成功典范作为职位描述的补充时最有效。就目前而言，可以说职位描述的重点内容是要执行的任务和执行这些任务所需的技能，而成功典范则强调需要实现的结果。

成功典范的构成要素

构建一个成功的典范首先要确定工作的目的。这容易吧？不见得。从你自己的工作目的开始，考虑组织中的一些头衔。你能想出一个可以明确定义其角色的句子吗？假设你可以，你的描述与其他在职人员、同事、其他部门的员工、人力资源专员、经理、公司高管、客户或消费者的描述相同的可能性有多大？从尽可能多的渠道收集信息应该会揭示这些描述者足够多的共同点，使你能够提出一个几乎满足所有人观点的目标。如果不能，则需要确定谁的观点最重要。

接下来弄清楚你对成功的定义。你招聘的人是否产生了最高销售额或最大利润？是否获得了最高的客户满意度？是否带来了最多的客户？是否能成为很好的团队合作者？是否能够迅速地完成任务？是否能够快速学习新任务？是否表现出了杰出的领导才能？是否能够毫不犹豫地承担额外的责任？是否能够担任他人的导师？你是否想说"这些我都想要"？如果是这样，你很可能无限期地保留职位空缺。成功典范只有在你建立的期望切合实际时才能起作用。

你所识别的核心能力和特质应该支持你对成功典范构成要素的定义。假设你已经确定有效领导是作为项目经理取得成功的关键因素，那么你需要鉴别的技能可能包括决策、战略制定、团队管理、批判性思维和以结果为导向。完成此操作后，你就能够评估与这些能力相关的实际经验，并能够评估结果。

最后，展望未来。未来的成功是什么样子的？回答这个问题可能很棘手，但是通过借鉴组织先前已实现的目标并研究长期的组织目标，你可以很好地预测一年、三年或五年后的成功情况。虽然评估一个员工的潜力是很难做到的，而且往往是不可取的，但这一步可以帮助你合理认识你所寻找的高绩效者的特质。

降低招聘成本

第 4 章将探讨具体的招聘来源，在这里，将讨论雇主降低招聘成本的方法。雇用一个新员工要花多少钱？这在很大程度上取决于职位的性质和层级，请参考 2017 年美国人力资源管理协会有关员工流失的报告："研究表明，直接替换成本可能高达员工年薪的 50%～60%，与营业额相关的总成本占年薪的 90%～200%。例如，一名机械师的营业额成本为 102 000 美元，一家汽车制造商的人力资源经理的营业额成本为 133 000 美元，会计专业人士的营业额成本为 150 000 美元。如果这些估算值令你望而却步，请记住，除与营业额相关的显而易见的直接成本外，还有其他许多成本。"

接下来看一下其中的一些直接和间接招聘成本。

直接招聘成本示例

- 与特定招聘来源相关的支出，如广告费或中介费。关于后者，许多人将其与选定应聘者的起薪相挂钩。

- 招聘过程涉及的员工的薪水的一部分，包括人力资源招聘人员、招聘经理及参与该过程各个方面的其他员工的薪水。
- 如果使用外部资源，则包括进行背景调查和其他职前评估测试的成本。
- 离职或解雇费用。尽管不是强制性的，但大多数企业在员工离职时会产生一定程度的解雇费用。具体费用将取决于员工是否退休、被解雇或自愿离职。这些费用可能包括应计的带薪休假（如未使用的各种假期）的折算费、医疗保险费、股票估值及安置服务费用，以及帮助员工寻找工作的费用。

间接招聘成本示例

- 招聘过程中降低或损失的生产力。
- 职位空缺时损失或减少的业务。
- 支付离职员工的加班费。
- 员工士气低落，他们不得不承担离职员工留下的工作。
- 生产和服务延迟。
- 自愿离职现象增加时经常发生的生产率下降。
- 当高生产力的员工离职时，经常会出现创新减少和增长变慢的情况。
- 当优秀的员工离职时，同事们会怀疑他们是否也应该寻找新工作，这可能产生连锁反应。

如何避免高昂的招聘成本

在招聘过程中有两个简单而无可辩驳的事实：①为了填补职位空缺，你必须花费时间和金钱；②招聘过程花费的时间越长，成本就越高。当然，我们的目标是最大限度地缩短招聘时间（从而减少支出），以下是一些建议。

- 提升雇主品牌，并建立品牌知名度，以激发潜在员工的兴趣。企业希望人们在听到企业名字或看到企业标识时想到什么关键字、术语或图像？这一举措应该成为一项持续不断的尝试，并且在招聘之前就开始。
- 一开始就雇用最合适的人。当然，除了一开始就选择最合适的人，还有很多举措可以防止优秀员工产生离职的想法，但这是一个很好的开始。明确你的招聘目标，不要止步不前。这将大大降低未来的离职率。
- 关注现任员工。制定降低员工流动率的策略可以减少频繁招聘的需求。善待员工，确保他们保持幸福和敬业度，薪水高，获得良好的福利和待遇，这些因素可以减小他们寻找替代性工作的可能性。

- 不要依赖过去有效的方法。那些曾经产生有效的候选人才池的招聘方法可能已经不能满足企业现在的需求。当有空缺职位时，请搜索所有可能的招聘来源。
- 投资于现代化招聘管理系统。如果招聘成本对企业来说是个问题，请考虑安装一个现代化招聘管理系统或升级现有系统。现代化招聘管理系统将社交媒体招聘、在线评估、实时分析和详细的应聘者跟踪功能集成到招聘流程中，以帮助优化招聘流程。在一个集中的云平台收集所有与招聘相关的信息，使人力资源从业者可以对应聘者进行排序和排名，以确定最适合他们的位置。招聘经理也可以轻松参与此过程。

竞聘人才

如果有人问你"与其他雇主争夺最佳应聘者的最简单的方法是什么"，你可能倾向于说："为他们提供更多的钱和更好的福利。"乍一听，这个方法似乎是合理的：谁不想要更多的钱和更好的福利？事实是，为了填补更多的职位空缺，你必须让那些应聘者对你的公司感兴趣。当你在招聘时遇到强有力的竞争对手时，这可能尤其成问题。实话实说，即使你确实成功吸引了这些表现最好的人，但在薪水和福利方面，你可能也无法与行业巨头相提并论。当你在竞争人工智能和网络安全等专业领域的专家时，争夺人才就成为你需要特别关注的问题。

竞争的激烈程度在很大程度上取决于经济状况。当失业率较低时，雇主之间对优秀员工的竞争就会更加激烈；而当失业率较高时，雇主会认为他们可以有更大的选择性，提供更少的薪水，然后不着急做决定。最后这句话虽然在本质上是正确的，但已经被证明是一个陷阱：经济钟摆总是在动，建议雇主无论在自己还是应聘者占优势的情况下，都要采取行之有效的招聘技巧。因为历史证明，这种优势不是一成不变的。

制定人才竞争策略

找出你的竞争对手都说了什么或做了什么来吸引应聘者。这个过程很有可能始于品牌的推广。如果你是苹果公司或谷歌公司的人，向应聘者推广品牌时比较容易。每个组织都有独特的品质，以吸引目标受众。可以考虑与你的员工进行焦点小组讨论，问问他们是什么吸引了他们来到这家公司，以及在这里工作有什么特别之处。还要询问他们希望公司为他们提供什么，并考虑这些想法是否有可能实现。你可能问在其他公司工作过的员工，特别是在你的竞争对手那里工作过的员工，以前的雇主提供了哪些让他们怀念的福利待遇。你可能惊讶地发现一些不同之处，如现场健身计划、健身房会员资格和生日休假等无须占用其带薪休假时长的福利，这些都可以成为决定因素。

下面看一下 2017 年部分企业提供的一些福利。

- 宜家（IKEA）：储物柜、淋浴间、安静的房间及一家仅为员工提供服务的餐厅，每天提供不同的餐点，收费 3 美元；有些地方为新妈妈们提供健身房和哺乳室。
- 贝恩（Bain & Company）（被评为"2017 年美国最佳工作场所"）：每年两天的全球"贝恩世界杯"足球比赛，并向所有员工开放。
- 高盛（Goldman Sachs）：变性手术。
- 脸书（Facebook）：实习生免费住房。
- 星巴克（Starbucks）：全额支付在线学士学位学费和股票期权。
- 全食（Whole Foods Market）：向所有全职和兼职员工提供 20%的商店商品折扣。
- 快闪汉堡（In-N-Out）：为每班工作人员提供免费汉堡和薯条。
- 德勤（Deloitte）：两项公休假期计划，包括因任何原因的为期一个月的无薪公休假期，以及为个人或职业发展机会提供为期三至六个月的公休假期，其间发放 40%的薪水。
- 盖璞（Gap）：公司员工免费参观旧金山现代艺术博物馆，以及为员工免费提供休闲装。
- 微软（Microsoft）：每年 800 美元的"凯悦健美"报销计划，可用于健身房会员资格和健身计划的费用，最多可负担员工 401K 计划（一种养老保险制度，由雇员和雇主共同缴费）50%的费用（根据美国人力资源管理协会的数据，公司平均缴存比例为 6%）。
- 亚马逊（Amazon）：为新妈妈们提供控制权，使其轻松重返工作岗位。
- 美国西南航空（Southwest）：参与"晴空万里"计划，这是一项员工援助计划，该计划提供保密咨询服务、工作/生活服务、法律咨询服务，并为达到某些指标的员工提供现金奖励。
- 基因泰克（Genentech）：现场洗车、理发、育儿、流动水疗和牙科护理。

你想为以上提供这些福利的企业工作吗？你的企业目前有这些福利吗？如果没有，可以提供吗？它们是否能触发你提供一些用于吸引顶尖绩效者的想法？不要忽视或低估改善工作环境的重要性，在这样的环境中，周围都是积极上进的同事，员工可以获得专业成长，感觉受到重视，受到尊重。

现在，你需要确定如何把你的信息传达出去。通过确认你的价值观，传播你的文化，突出你的与众不同之处，展示你为员工做了什么，或者在社交媒体平台和其他招聘渠道上反复推广你的品牌。让信息保持清晰简洁，使用流行词汇或朗朗上口的短语来帮助未来的员工记住你发布的信息。邀请那些价值观、目标和你一致的人与你联系，即使他们没有马上看到感兴趣的工作机会。安排探索性面试（面对面或虚拟面试），鼓励他们为了未来的工作机会与你保持联系。可以说，这是真正节省时间和金钱的招聘方式。

一旦开始吸引应聘者，请迅速采取行动：在你的首选应聘者收到（并接受）来自竞争对手的录用通知函之前，进行面试并做出决定。对靠谱的应聘者加以比较无可厚非，但是等待太久会导致机会丧失。

如果你要在不同文化背景的国家/地区招聘，那么在制定招聘策略时，你还需要考虑地理因素和独特的文化需求。更好的举措是，为国际市场制订单独的计划。

⋯⋯ 本章小结 ⋯⋯

尝试预测招聘趋势往往会失败。尽管出现了新的趋势，许多雇主还是选择忠于过去的做法。有些人则将最新技术与现有的雇用实践相结合。当前的例子包括增加对零工的依赖，使用预测性分析进行数据驱动型招聘，并创建成功典范，用于识别高绩效表现者所需的核心能力和特质。对于招聘工作，也有一些新的方法，如考虑采用不同的方法来降低招聘成本和更好地竞聘人才。

考虑当前失业率的影响、填补空缺职位的必要程度、招聘总成本，以及竞争对手如何处理职位空缺这些信息，都有助于你更好地开展工作。然后，你可以用当前的进展来衡量过去招聘方法的利弊，在这两者之间仔细寻求平衡，从而找到最适合你的组织文化的员工。

第 2 章

招聘前的工作

招聘前的策略对于实现高效招聘和选拔高效员工至关重要。为了最大限度地使你在每次招聘时都能找到合适的人选，请在开始搜寻人才之前回答以下问题：所有招聘人员都了解自己在招聘过程中的角色和职责吗？我们是否清楚成为一名高效的招聘人员所需的技能？我们是否已经尽力展示了自己的企业品牌？我们是否对自己过去犯过的错误有所警觉，从而在未来招聘的时候避免它们？我们是否考虑了成本、时间、范围和豁免情况等因素？我们有可靠的招聘计划吗？在开始招聘之前回答这些问题，将为你找到合适的员工提供正确的路径。

明确招聘人员的角色与职责

成功的招聘流程能够反映组织的人力资源招聘人员与招聘经理之间的高度协作。如果他们不能协同工作，可能导致招聘时间延长，或者做出不当的选择，这往往会导致出现士气和绩效的问题，并最终导致人员流失。互相理解并尊重对方的角色至关重要。

招聘经理

管理者在理解工作与成功之间的关系方面处于独特的位置。他们往往从自己在升职之前就已经完成的工作中获取第一手经验，并从这些经验中了解到付出努力、应用知识和完成任务之间的关系。因此，他们在招聘前的过程中起着重要的作用。

招聘经理的职责首先是在得知某个职位将出现空缺或要求增加人手时，准备并提交一份人员招聘申请书。招聘经理对所需人员的经验、技能和特质了解得越具体，招聘人员就越容易找到合适的人选。此外，招聘经理主要负责根据职责、责任及执行这些任务所需的技能，确定每个职位的组成部分，并在职位空缺时报告人员变动情况。他们也能意识到自己部门的员工谁对换工作产生了兴趣，或者出现了相关苗头。

招聘经理还可能认识其他组织中从事类似工作的人员，或者其他组织中希望换工作的某些员工。对于这些人，招聘人员通常根本没有他们的联系方式，这可是非常宝贵且具有成本效益的招聘来源。

人力资源招聘人员

这里的招聘人员是指组织的人力资源部门中负责为招聘计划寻找合适的应聘者的人员。他们主要负责保持从开始到选拔的招聘过程的正常进行。他们的作用是多方面的，首先是明确招聘目标。这要求招聘人员熟悉组织的短期和长期目标，并了解特定职位如何有助于实现这些目标。例如，招聘人员不再说"我们需要增加生产量，因为我们在竞争中落后了"，而是根据以往的数据、竞争对手的产出和计划的人力资源需求来确定实际的、可实现的目标。这样，招聘人员对目标的描述可能是："我们公司的目标是在今年年底将产量提高 5%，明年 12 月 31 日前再提高 7%。这个目标首先能使我们在第一个阶段达到竞争对手的产量，并在第二年年底超过它们目前的产量。为了取得成功，我们需要雇用一些有领导才能和经验的人来扩大经营和加强质量控制。"

人力资源招聘人员应进行有针对性的招聘，最大限度地将业务需求与所需的技能和能力相匹配。通过确定拥有所需技能的候选人的所在地和来源可以实现这一目的。例如，如果你想填补技术支持岗位的空缺，你最好将重点放在网上有关特定行业的资源上。这种做法减少了在招聘过程中投入的时间和精力，并提高了增加投资回报的可能性。简言之，了解你的需求，并前往可以实现它们的地方。

作为定向招聘工作的一部分，招聘人员会考虑与每种特定工作相关的特征。例如，如果某个部门正在寻找经理，则招聘人员可能寻找能够证明自己可以很好地发挥团队合作精神、具有有效的解决冲突的能力，并能够在解决问题时保持镇定的人。雇用行政助理时，招聘专员会强调保持合作关系、灵活性和有效的时间管理技能等能力。人力资源招聘人员应具有敏锐的业务意识、人力资源专业能力和组织运作能力，应具有战略思想，并应是有效的沟通者。

职位描述

招聘经理主要负责确定部门中每个职位的任务和要求，而招聘人员试着将这些要求与最合适的应聘者相匹配。这两个前期工作可通过成功典范和职位描述来完成，形成了有效招聘的基础，还需要招聘经理和招聘人员的合作与配合，才能形成有效的招聘工具。

成功典范确定了高工作绩效所需的核心能力和特质。它们还可以鉴别出最有可能达到部门和组织目标，并反映企业文化的特征，强调需要实现的结果的个人的能力。

在第 1 章中探讨了成功典范，并指出当它们用作职位描述的补充时最有效，职位描述的内容主要包括要完成的任务和完成这些任务所需的技能。以下介绍一些职位描述的细节。

组织中的每个职位都需要职位描述，不管是通用的还是特定的。通用的职位描述的内容很宽泛，以广义的通用术语来编写，可用于同一公司不同部门中的多个相似职位。例如，行政助理这一职位的职位描述可能就是通用的，因为不可能给每个部门的行政助理都编写一份特定的职位描述。特定的职位描述规定了某个特定职位的职责和任务，如人力资源副总裁的职位描述。特定的职位描述只用于需要承担特殊责任的职位，这种责任把这个职位和其他相似名称的职位区分开来。

职位描述是多用途工具，几乎可以在招聘全过程中的各个方面使用。由于职位描述可以用于许多不同的目的，所以招聘经理和招聘人员应该合作，并尽可能全面、准确地编写职位描述。撰写职位描述一开始会花费相当长的时间，但事实证明这是值得的。

以下是撰写职位描述的几条准则。

1. 按逻辑顺序排列职责。把耗时最多、责任最大的职责排在最前面。
2. 准确、清晰地描述不同的职责。这样，任何人都可以一眼看到描述内容并轻松了解每个岗位的职责。将每项任务定义为基本任务或非基本任务，并列举出用于完成每项任务的大致时间百分比。
3. 避免使用笼统或模棱两可的词语。词语要具体且含义明确。例如，"处理邮件"可以更好地表述为"邮件分类"或"邮件分发"。
4. 不要列出每项任务。在职位描述的开头要写明"主要职责包括"字样，并以"根据需要履行的其他相关职责和责任"作为结尾。
5. 尽可能包括具体的职责示例。这将使阅读者能够更全面地了解所涉及的责任范围。
6. 使用非专业术语。一份好的职位描述应该是每个员工都能看懂的。
7. 描述职责的履行频率。常见的办法是在任务列表的左侧一栏注明完成此项任务在总工作时间中所占的比例。
8. 逐项列出职责，而不要使用叙述段落形式。职位描述读起来不应像小说一样。

9. 不要针对具体的人员。应该针对头衔和职位。在职者很可能会在职位调整或取消之前就换岗了。

10. 使用现在时，使阅读更流畅。

11. 描述职责时要客观、准确。描述任职者应该做的事，而不是你期望他做的事。

12. 强调任职者做什么，而不是解释要使用什么程序。例如，在职位描述中，使用"记录会议内容"而不使用"必须保留会议记录"。

13. 确保所有任职要求都是岗位所需的，并且符合平等就业机会法律和法规。这也减小了以后出现法律问题的可能性。

14. 消除不必要的冗词。大多数职位描述都可以在一两页内完成。职位描述多并不能提高岗位的重要性。

15. 使用行为动词。选择那些描述具体职能的词，如"组织……活动"。一句话中应该有一个词最醒目，这个词不仅可以独立描述任务，还能向读者传达一定程度的责任感。例如，比较一下"指挥"和"在……的指挥下"这两句话。尽量使每句话都由行为动词开始，第一个词要描述任务的功能。以下是雇主在撰写职位描述时经常使用的一些典型的行为动词。

接受	担任	执行	建议	分派
分析	预料	批准	安排	明确
分配	协助	审计	授权	平衡
批处理	计算	传递	分类	编码
收集	编制	组织	巩固	构建
商量	配合	改正	关联	商议
创造	委派	删除	设计	决定
发展	发明	指挥	传播	证明
起草	编辑	保证	建立	评估
核查	促进	描绘	提议	从事
发现	追踪	制定	布置	形成
指导	识别	实现	报告	发起
输入	检查	告知	解释	采访
调查	发布	列举	列表	定位
保持	管理	测量	修正	监控
谈判	通知	观测	获得	操作
组织	创建	概述	监督	参与

表现	计划	准备	加工	提出
提供	执行	评价	接受	评论
记录	描述	提交	报告	代表
要求	研究	复查	修改	传达
预订	筛查	选择	签名	指定
学习	呈递	概述	监管	制表
培训	记录	调换	修理	打字
利用	查证	撰写		

撰写完职位描述后，还应考虑下列几个问题来确认描述内容。

- 工作的目的是什么？
- 任职者在指挥他人工作方面有什么权利？是否能给出应聘职位及关于被监督者责任的简要综述？
- 任职者的职责是什么？按重要性列出来。
- 任职者受监督程度如何？
- 将工作分配给任职者时，哪些命令是必要的？
- 在工作中，应给予任职者多大的决策权或裁判权？
- 要成功地履行工作的基本职能，需要什么样的技能？
- 任职者的工作进行到哪个阶段需要对他们进行审核？
- 任职者将负责操作什么设备？能否描述设备的功能和复杂性？
- 任职者在履行职责时犯下重大错误需承担多大的责任？
- 任职者与哪些组织内部员工或外部客户打交道？

职位描述的实际内容要根据组织的具体环境和需求来确定，大多数职位描述包括下列信息。

- 日期。
- 职责分析。
- 岗位名称。
- 部门。
- 工作关系。
- 工作地点。
- 豁免情况。
- 薪酬水平和调整幅度。
- 工作计划。
- 工作综述。
- 岗位要求，包括教育背景、工作经验及专业技能和知识。
- 任务和职责，包括基本职责和非必要的职责。

- 工作环境和工作条件。
- 使用的设备和机器。
- 其他相关要素，如与公众或客户的接触程度、是否接触机密信息等。

附录 A 中的职位描述范例包含了以上信息。

优秀的职位描述资料库中应包括某个职位如何为公司的目标做贡献，并能为与该工作相关的雇用决策提供坚实的法律基础。当某职位的职位描述定稿之后，每当该职位有空缺时都要审查一次，或者每年对其审查一两次，以确保工作内容或要求没有大的变化。

成为合格招聘人员所需要的技能

成为合格招聘人员所需要的技能大部分是无形的（相对于那些具体的、可衡量的或有形的技能而言）。例如，计算机编程是有形技能，而创造性思维则被看作无形技能。无形技能与有形技能一样重要。实际上，前者可能更难以定义，这使得寻找最适合工作的人更具挑战性。

首先，也是最重要的一点，人力资源招聘人员需要以目标为导向。这意味着招聘人员要清楚每个职位需要什么样的经验和教育背景，以及执行与工作相关的基本任务和非必需任务所需的技能。此外，招聘人员需要保持对部门和组织目标的关注，确定每个职位的在职者如何帮助实现这些目标，同时还能满足自己的个人职业目标。这需要招聘人员了解应聘者的兴趣所在：某人擅长处理数字并不意味着他想成为会计师。因此，招聘人员需要将个人的技能、知识和兴趣与组织的目标有效结合起来。

找到合适的人是最重要的事。但这并不总是意味着必须雇用最符合要求的人。不可否认，潜力难以量化，它有时会超越经验、受教育程度和资历。只要你选择的人符合工作的最低要求，你就不需要雇用更优秀的人。有些人对此有疑问，仍然致力于精通一项任务。但是，一个人长期做一件事并不意味着他就擅长做这件事。同时，也要考虑态度和潜力，然后根据需要进行技能培训。换句话说，教一个人如何做事如使用软件、程序之类的有形技能是更合理的做法，但如果可能的话，教一个人如何保持开放的思想或良好的职业道德，是更好的做法，虽然这要难得多。具有最佳素质的人反映了组织的文化，组织文化可以描绘组织业务的特定特征。组织文化可能包括强调团队合作、战略思维、技术意识及其他许多技能和属性。高效的招聘人员了解自己组织文化的构成要素，并寻找具备与之相适应的工作风格和行为模式的人。

高效的招聘人员也明白，即便他们找到了一个想雇用的人，但这个人可能不会接受这份工作，有时是因为薪水和福利问题。但是，人们接受或拒绝工作机会还有其他很多原因，如通勤便利性、升职机会或工作时间。高效的招聘人员更像各种类型的销售人员：他们会推销为其组织工作的优点，并表现出愿意妥协的意愿。例如，假设一个有能力的应聘者需要每周两天在下午四点而不是五点下班，以便准时上课，那么招聘人员就会提出在这两天提前一小时上班，双方就此可能达成一致。

最后，高效的招聘人员不会妥协。虽然职位空缺太久可能让人沮丧，但他们知道，匆忙填补空缺只会更糟糕，只有在被聘用的人表现不佳时他们才会考虑重新招聘。当职位空缺的时间比预期长时，优秀的招聘人员将重新考虑他们所使用的资源，并确保他们的意见和招聘经理的一致。有时候，这只是耐心的问题。

雇主品牌的塑造

第 1 章已经提到了雇主品牌推广，它与招聘前的准备工作有关。具体来说，"通过确定你的价值观，明确你的组织文化，强调你与众不同的方面，以及展示你为员工所做的工作，在社交媒体平台和其他招聘渠道上反复推广你的品牌。使用流行语或易记的短语来帮助准员工记住你的信息，让你的信息清晰、简洁"。

品牌形象可以在竞争合格的应聘者时为你提供优势。重要的是，这不仅是招聘积极应聘者的重要策略，也是招聘被动应聘者（指那些没有认真考虑新工作的人，但如果有合适的机会，他们也不会说"不"）的重要策略。一个公司的品牌是指其产品或服务不同于其他公司的地方。对某些公司来说，展示品牌是一个简单的过程。例如，像脸书和亚马逊这样的知名企业，不需要向应聘者说明它们是做什么的。一听到这些名字，应聘者马上就会联想到它们的产品。有些公司，我们只要看到它们的缩写就能认出来，如 IBM、AT&T、IKEA。有些公司，我们只要看到它们的商标就能认出来，如肯德基（KFC）。与这些认知相伴的是对品牌意义的一种认同感。例如，耐克（Nike）代表体育运动，麦当劳（McDonald）代表快餐食品，哈根达斯（Häagen-Dazs）代表优质冰激凌。

这些公司都明白，顾客购买的不仅仅是它们的某个特定的产品或服务，还包括它们所投射的形象。在众多提供类似产品或服务的公司中，它们往往会脱颖而出，即使有时它们并不比其他产品更物美价廉、值得信赖或令人期待。品牌形象之所以重要，原因在于应聘者在同一个领域更倾向于选择品牌知名度高的公司。

如何提升雇主的品牌知名度

知名度低或没有知名度的公司在建设品牌形象方面必须更加努力，即使那些家喻户晓的行业巨头也在不断开发自己的品牌。可以说，每家公司都需要提升和维护自己的品牌形象。尽管你的组织可能没有太多预算，但是有相对便宜的方法可以优化品牌营销。首先要最大限度地利用社交媒体。如果你拥有几亿甚至几十亿名用户，毫无疑问，雇主需要建设社交媒体形象。根据 Clutch 和 Smart Insights 2017 年编制的报告，在美国，有 89%的公司认为脸书是最有价值的社交媒体平台，其次是领英（LinkedIn）（83%）、油管（YouTube）（81%）和推特（Twitter）（80%）。其后是 Instagram（56%）。在同一时期，《财富》500 强公司的情况略有不同，接受调查的公司中有 98%更喜欢领英，其次是推特（88%）和脸书（85%）。其他数十份报告指出，越来越多的公司认为社交媒体对其成功至关重要。

与社交媒体平台一样，请不要忽略组织网站的影响。将员工推荐、视频和公司活动的照片整合到职业专栏。确保向人们展示组织的各种功能，以便未来的员工可以在你的公司中展现自己。定期展示不同的"员工生活中的一天"。制定简短、醒目的标语，以反映公司文化，并在整个网站中反复使用。所有这些都向应聘者发出了积极的信息：了解公司的价值观、文化和与众不同之处可能激励他们将你视为下一位雇主，而不是竞争对手。

关注公司社交媒体平台被喜欢、分享和评论的数量及这些评论的性质，可以帮助公司确定如何修改社交媒体及其网站的后续使用，以吸引未来的员工。

回答下面这些问题可以帮助你开始思考当前组织整体形象在社会上的影响，以及你可以做些什么来提升组织形象。

- 我们的组织存在的意义是什么？它是否能够清楚地传达我们公司的形象？
- 顾客、客户和公众对我们有什么期待？
- 当提及我们公司的名字时，人们可能想到什么？我们怎样才能得知这些信息？
- 当提及我们公司的名字时，我们希望人们想到什么？
- 如何做才能使人们改变他们对我们的看法？
- 人们可能将哪些词语或术语与我们的产品或服务联系起来？我们希望他们如何描述我们的产品或服务？

还可以问自己一些自我指导的问题。

- 最初吸引我加入这个组织的是什么？
- 从我应聘成为一名员工到现在，我对组织的看法有没有改变？ 如果有，为什么？其间经历了多长时间？
- 我在这里工作最享受的是什么？

招聘前的常见错误

从错误中吸取教训固然值得称赞，但第一时间避免错误是更好的选择。以下是人力资源招聘人员在招聘前常犯的一些错误，以及避免这些错误的方法。

- 错误：对每句话的目的和性质缺乏清晰的认识。

  解决方案：一有职位空缺，就要彻底熟悉该职位的细节，包括具体的职责、报告关系、与部门内其他职位的关系，以及该职位在组织中的整体作用。当你对要招聘的职位缺乏第一手资料时，这一点尤其重要。

- 错误：沿用之前的工作方式来填补相同的职位空缺。

  解决方案：一旦有职位空缺，就可以探索所有可行的招聘来源，包括竞争对手类似职位使用的来源。

- 错误：忽略职位描述的作用和价值。

  解决方案：确保每个职位都有职位描述，然后在招聘该职位时对其进行复查，以确保职位内容或要求没有改变。

- 错误：人力资源招聘人员与招聘经理之间就达成特定工作的要求和资格缺乏共识。

  解决方案：从相关性、可行性和合法性方面讨论每个要求，以确定是否需要或必要。

- 错误：没有为招聘人员的具体工作制定招聘前议程。例如，有些招聘经理非常乐意退后一步，让招聘人员管理整个招聘过程；而另一些经理则认为，人力资源部门的职责仅限于提供正式职位，以及为员工入职提供必要的服务。

  解决方案：明确每次招聘中招聘经理和招聘人员的角色和职责，强调只有合作才更有可能产生合格的应聘者。不合作可能导致招聘时间延长、选择失误、士气低下和绩效不佳等问题，并最终导致人员流失。

- 错误：忽略从应聘者角度考虑问题。

  解决方案：从应聘者角度考虑招聘页面的呈现效果。例如，招聘页面是否便于浏览？内容是否清晰？视觉上是否吸引人？关注组织中现有员工群体对招聘页面的看法，邀请页面访问者反馈信息。

- 错误：忽略考虑多样化劳动力的优势，这些劳动力拥有各种各样的性格特质和经验。

  解决方案：招聘人员应了解多样化劳动力的优势及各种法律法规，同时确保招聘经理也了解相关内容。

其他招聘前注意事项

在招聘准备阶段要考虑四个因素：有多少资金可用、多久必须填补空缺职位、是否需要大范围面试及空缺职位的豁免情况。

招聘预算

在第 1 章中，探讨了雇主降低直接和间接招聘成本的方法。招聘预算的多少会大大影响对招聘渠道的选择。例如，刊登广告和与猎头公司合作可能要花费几千美元，但并不能保证吸引到大量的优秀人才。与此同时，一些很有效的招聘渠道，如员工推荐，成本非常低，而且有提振员工士气的额外好处。

快速的招聘来源

职位空缺可能突然出现，通常离职员工不会事先通知雇主，所以未雨绸缪是最好的应对方法。首先要确保你的员工数据库保持更新，这样你就可以将现有员工作为应急资源，尽管这只是你找到一位长期员工之前的临时措施。其次，制订员工推荐计划。在有职位空缺时，将信息尽可能广泛地传递给员工。同样，还要利用已有的成果，如在过去一年左右的时间里，已经被公司面试过并评估的应聘者。如果有事先准备好的录用前的人才培训池，你便可以轻松应对了。也可以雇用临时工以解决燃眉之急。

大范围招聘

有些岗位要求很专业，人才难得。为了增加人岗匹配的可能性，企业希望应聘者越多越好。就业机构和猎头公司会协助企业，当企业对人才的要求过于宽泛时，这些组织几乎会推荐他们手上的每个人。还要考虑一下为难以填补的空缺而开发外地资源的成本，并准备好满足合格应聘者的交通需求。

豁免情况

美国《公平劳动标准法案》(*The Fair Labor Standards Act*)将豁免员工定义为法律上禁止加班的工人，也就是说，对于这类人在工作时间之外的工作雇主不必支付加班费。"非豁免"一词的字面意思是不免除加班费，即员工有权获得加班费。这个区别很重要，因为有些招聘来源可以帮助企业找到合格的豁免应聘者，但找不到专业的非豁免应聘者。能够招聘到豁免应聘者的招聘来源有邮寄招聘、猎头公司、校园招聘、招聘会和行业协会。非豁免应聘者的招聘来源有高中职业指导咨询专家、政府机构、报纸广告和职介机构。一旦你发现了预期的职位空缺，请确定其豁免情况，然后就可以开始计划可行的招聘来源。

就上述的成本、紧急程度、招聘范围和豁免水平而言，每种招聘来源都可以满足其中一些要素。企业应探讨与这四个要素相关的各招聘来源所产生的影响，考虑优先满足上述哪个要素，以及对某一职位来说哪些要素是最重要的。

有效的招聘计划

对人力资源招聘人员和招聘经理而言，填补职位空缺可能是一项艰巨的任务。制订分步招聘计划可提供指导和结构。

第一步要求人力资源招聘人员和招聘经理就组织和部门的招聘目标达成一致。确定必须具备的能力或核心能力。例如，是否组织的所有员工都应该证明他们是团队成员？有职位空缺的部门是否需要善于分析的人？

第二步包括仔细审查成功典范和职位描述，由于上次的职位空缺，可能需要更改这些内容。如果是新创建的职位，则需要先构建成功典范和撰写职位描述，然后进行下一步。考虑执行工作的基本功能所需的技能、知识和经验，以及其他优选特质。

第三步与确定你的招聘时间表有关：招聘需要多长时间？如果所有在职者都提前四周发出离职通知，为招聘人员和招聘经理提供充足的时间来启动他们的招聘计划，那就太好了，但我们都知道，情况并不总是如此。我可以举出许多员工在不到一周内提出辞职的例子，许多员工休假后再也没有回来。我还记得，不止一位经理报告说员工离开公司去吃午饭，从此杳无音信。如果发生这种情况，制订适当的计划并准备实施将有助于降低焦虑程度。

工作的性质、技能和所需的经验也会影响你的招聘时间表。具有独特要求、在薪资或福利方面没有竞争力或需要经常出差和搬迁的工作将特别具有挑战性。当然，也可能你的一个空缺职位是目前最受欢迎的职位。根据 SHRM 的报告，以下是 2017 年最受欢迎的职位。

1. 数据科学家
2. 财务顾问
3. 总经理和运营经理
4. 家庭健康助手
5. 信息安全分析师
6. 医疗服务经理
7. 物理治疗师
8. 注册护士
9. 软件工程师
10. 卡车司机

第四步是明确招聘预算的影响。了解某一职位的招聘预算将在很大程度上帮助你确定可以利用的招聘来源。

第五步是确定所有可行来源。通过确定你选择某些人而非其他人的理由来挑战你的选择。注意不要陷入下意识地选择过去有用的来源的陷阱中，而不考虑这些来源是否仍然合适。职位要求及所需职责、管理和经济的变化是影响招聘来源是否仍然合适的因素。

第六步是关于各自责任的划分。请记住，"最成功的招聘流程能够反映组织的人力资源招聘人员与其招聘经理之间的高度协作"。

第七步是确定鉴别要素，这些要素将筛选出一些应聘者，同时进一步推进其他应聘者的应聘流程。人力资源招聘人员和招聘经理应该通力合作，以职位描述和成功典范为指导，就合格和优秀的标准达成一致。区分有悖于绝对定义的有形技能和无形技能，仔细权衡两者的优劣。请记住，无形技能与有形技能同样重要。实际上，在某些工作中，无形技能可能更为重要。例如，在决定是否聘用某人担任客户服务职位时，他的人际关系技能可能比此人之前与客户关系助理工作有关的经验更重要。

第八步是确定障碍及其处理方法。在你的招聘计划中，什么事情可能妨碍你进行以上任何步骤？你怎样才能有效地处理这些障碍？例如，假设人力资源招聘人员和招聘经理无法就筛选谁及谁将进入招聘流程下一阶段的标准达成一致，那么，先就具体问题展开对话：在经验技能、价值观、文化方面是否存在分歧？是否存在个人偏见？重新审视职位描述，以明确工作的具体职责、所需的特殊要求和期望。尝试对最重要的知识、技能和能力进行排名。确定所有可以通过培训获得的技能。排除明显的不合格因素（如人力资源部需要确认经理是否考虑了任何可能违反劳动法的要素），经理是每天都与员工一起工作的人，应做出最终的雇用决定。

虽然人力资源招聘人员和招聘经理都提供了影响招聘计划的观点，但他们可能需要定期提醒彼此，他们有相同的目标：找到最适合这份工作的人。齐心协力将增加实现此目标的机会。

本章小结

尽管各个组织的招聘方法会因规模和构成等因素而有所不同，但为了实现高效和富有成效的招聘流程，招聘前的工作对所有组织来说都是至关重要的。该过程的组成部分包括对角色和职责的清楚理解，对成为高效招聘人员所需的技能的了解，强大的企业品牌意识，对过去招聘错误的认识，对影响招聘过程的因素的考虑，以及可靠的招聘计划。

遵循这一招聘策略，招聘人员和招聘经理应该就聘用谁达成一致，而且这人将成为一名出色的员工。

第 3 章

应聘者与雇主视角

应聘者和雇主看待一份工作或判断一份工作对职业生涯和组织发展的重要性的方式，会对他们在公司中建立的人际关系产生巨大影响。意见分歧可能对双方的工作动力和奉献精神造成破坏。应聘者和雇主之间关于招聘阶段的观点分歧可能对双方都产生不利的影响：应聘者可能选择离开他们认为不利的工作环境，而雇主可能过早地认为应聘者不是最合适他们企业文化的人选。因此，在招聘前的准备阶段对应聘者和雇主的观点差异有所了解很重要。

毋庸置疑，应聘者和雇主会以不同的方式看待公司的工作环境和文化，从不同的角度看待平衡工作和个人生活的需求，或者对企业有不同的期望。雇主认为能激励员工的因素和员工自己认为的积极的工作环境也可能有所不同。我们的目标是防止这些差异造成劳动关系低效。

企业文化

在第 2 章，谈到了"企业文化"一词。下面深入了解企业文化意味着什么，以及它在招聘过程中所扮演的角色。

每个组织，无论是企业、非营利组织，还是服务和产品驱动型组织，都有独特的、可定义的文化。所谓企业文化，是指由组织结构、工作区分配、政策和流程、期望、职位名称、可接受的着装、福利和津贴等因素构成的一种特定的环境。虽然所有企业都有共同的特点，但它们还有各自的特征，从而使自己区别于其他企业。想想你过去的一些工作：工作环境可以互换吗？除了每个职位不可避免的培训投入，其他设施和周围环境是否需要调整？回想一下人们互动的方式，以及同事之间、上下级之间的关系：在不同的企业，这些方面都是一样的吗？规章都一样吗？是否有一些工作规章严格而另一些比较宽松？会不会你在一家企业迟到几分钟不会被批评，而在另一家企业出现同样的行为会被严惩？你的工作服看起来是什么样的？会不会在一家企业提倡穿传统工作服，而在另一家企业提倡穿便服？所有这些元素构成了一家企业区别于其他企业的独特性。这就是"企业文化"，它适用于每个工作场所，不管这个场所是不是一家企业。

当人们在一个与其个人风格、习惯和偏好相适应的环境中工作时，大多数人并不会过于关注企业文化，一旦换个工作场所，就会关注这一点。举个例子，理查德是一位勤奋而技术娴熟的经理，专注于自己的工作。在一心一意地为公司工作了八年之后，他因为经济不景气而被裁员。他认为自己很幸运，找到了另一份与之前的职责相似的工作，尽管工作环境与之前截然不同，但他认为工作环境根本不是问题，自己能够很快适应。结果，理查德很快就发现他新供职的企业与之前的企业在企业文化方面有很大的相同。例如，在原来的企业中，理查德清楚地知道听命于谁，工作有清晰的指挥链和职位描述。作为一名经理，他遵循着清晰的政策手册来处理各种各样的员工事务。同时，这家企业中的每个经理都遵循相同的流程做事。而在他新供职的企业中，每个人看上去似乎都按照既定的方式来做事，但经常会发生章程之外的事情。理查德发现自己由于注意力分散而越来越感到沮丧。他开始质疑自己的管理能力，并且怀疑自己当初是不是不应该接受这份工作。

再举个例子。杰奎琳是一家小农场的合伙人，她习惯于鼓励和褒奖员工积极参与到决策过程中的企业文化。尽管对自己的职位和工作环境很满意，但她还是一直在寻找一份能让她每天节省三小时通勤时间的工作，因此她接受了一份和之前职位很相似的离家更近的工作。但是，杰奎琳很快发现，缩短的通勤时间并不能弥补她所失去的，主要是因为新公司里的高级管理人员只宣布决策结果，而不提倡员工发表自己的看法。虽然杰奎琳用了几个月的时间努力适应这种文化，但她很难把自己的想法藏起来，尤其是那些她认为可以节省成本和改善服务的想法。不断增加的摩擦会导致积极性降低、绩效不佳、生产率下降。最终，杰奎琳在职业生涯中第一次收到了不满意的绩效考核结果。

理查德和杰奎琳认为，不管办公室气氛如何，他们都能有效地工作。但是他们关注的上述两个因素及其他许多可能难以言传的微妙因素都会直接影响工作绩效。部门中经常有亚文化，它们似乎有自己的规则，又或者没有。如果一个人不能适应这种情况，那么最终将导致问题重重。

在认识到企业文化的重要性后，一些组织确定了具体的企业行为准则，在任务陈述中提出了对员工行为、战略、目标和达成目标的手段的要求。不过，企业文化往往需要亲身体会。新员工入职后，应通过观察和与同事互动来接纳企业文化。有时会进展顺利，但通常困难重重。

注意事项

很明显，如果提前透露一些有关企业文化的信息，会对雇主和应聘者都更有益。招聘人员可以遵循一个简单的四步程序来完成此任务。

- 让应聘者描述他们熟悉的工作环境，然后请他们列出工作环境中自己喜欢和不喜欢的方面，并详细说明这两个方面。
- 让应聘者描述他们心中完美的工作环境。是什么让工作环境如此令人愉悦？他们所熟悉的工作环境和心中理想的工作环境差距有多大？对于理想的工作环境，他们最希望包含哪些方面？
- 将他们的答案与企业文化联系起来。例如，如果应聘者说他认为企业文化中最重要的方面是管理者不断接受反馈，而你知道你的经理从善如流，那么这个人可能很合适。然而，如果应聘者表示希望做一个"独行侠"，只在必需的情况下寻求建议或帮助，这就会产生问题，因为在你的公司，经理更倾向于微观管理，而"独行侠"的做法是不被鼓励的，那么这个人就不是很合适。
- 讨论那些能够反映应聘者熟悉的工作环境及你的企业与其理想工作环境之间联系的因素。不要回避任何消极因素——现在谈总比等他入职后这些问题浮出水面时再谈要好。你还可以使用一些方法将原本不一致的或应聘者不想要的事物转变成对大家都有好处的事物。例如，有些人习惯于在工作中获得健身房会员卡，企业可以据此研究健身的好处及其对工作效率的影响，如能降低福利成本。这些数据或许可以说服经理帮助员工在当地的健身中心注册登记。

以下列出了一些在招聘潜在员工时可以参考的企业文化的组成部分。

- 得体的着装。
- 与组织目标一致的职业目标。
- 员工职业规划和目标设定。
- 对工作之外的活动的期望，如参加公司赞助的活动或其他娱乐活动等。
- 对工作绩效的期望。
- 弹性工作时间。
- 工作场所的娱乐。
- 问题解决和决策制定的方式。

- 人们如何互相称呼。
- 独立工作。
- 工作空间分配。
- 关于工作绩效的持续反馈。
- 持续的教育和培训机会。
- 组织和部门目标，以及员工对实现这些目标的期望。
- 组织结构。
- 沟通的基本方式。
- 员工工作场所的布置规则。
- 企业认同和反对的技能、性格和行为。
- 释放压力的方式，如健身。
- 团队合作。

工作与生活的平衡

"工作与生活的平衡"这个术语广义上是指个人平等地专注于工作、个人责任和兴趣的能力。在过去 10 年，平衡工作内外生活的能力对员工来说越来越重要。在失业率较低的时期，这一点尤为重要，因为在这个时期，应聘者可以对工作地点更加挑剔。无论人们是否希望有更多的时间投入与家庭有关的活动、教育活动或娱乐活动，他们都越来越希望拥有更多的灵活性和对时间分配的控制权。这并不意味着人们对工作的投入更少，而意味着生活中除工作外还有更多的东西——不管一个人的工作多么令人满意。工作与生活的平衡问题在各国都存在。根据经济合作与发展组织的数据，在以下国家中，人们对工作与生活的平衡是最好的（按降序排列）：荷兰、丹麦、法国、西班牙、比利时、挪威、瑞典、德国、俄罗斯和爱尔兰。工作与生活最不平衡的国家有（按降序排列）：土耳其、墨西哥、以色列、韩国、日本、冰岛、南非、澳大利亚、美国和新西兰。

虽然在中国这一问题并不是很严重，但可以做得更好，向其他国家学习，如法国，该国法律允许员工在非办公时间忽略工作电子邮件，此外还有联邦政府规定的 25 个法定假日。

企业专注于最大化生产力以增加利润这一点可以理解，但代价是什么呢？提倡长时间工作而很少有个人生活的企业文化可能导致员工压力水平增加、动力减弱、沮丧、怨恨、低产出和糟糕的表现。

有些公司比其他公司更能认识到工作与生活的平衡的必要性，它们明白，工作与生活的平衡对于留住优秀人才至关重要。事实上，一家与就业相关的全球职位搜索引擎公司分析了 1 000 多万条公司评论，列出了提供最佳工作与生活平衡的前 20 家公司。

1. 布洛克税务（H&R Block）
2. 网络资本融资公司（Network Capital Funding Corporation）
3. 快闪汉堡（In-N-Out Burger）
4. H-E-B 超市（H-E-B）
5. 凯萨医疗机构（Kaiser Permanente）
6. 英特异软件（Intuit）
7. 美国西南航空公司（Southwest Airlines）
8. 耐克（Nike）
9. 21 世纪（Century 21）
10. 福乐鸡（Chick-fil-A）
11. 第一资本（Capital One）
12. 精神万圣节超市（Spirit Halloween Superstore）
13. 思科（Cisco）
14. 辉瑞（Pfizer Inc.）
15. 蜂蜜火腿公司（The Honey Baked Ham Company）
16. 美国运通（American Express）
17. 雷声（Raytheon）
18. 乔氏连锁（Trader Joe's）
19. 星巴克（Starbucks）
20. 伟格曼斯（Wegmans）

该名单中公司性质的多样性表明，任何规模或领域的公司都可以为其员工提供工作与生活之间的平衡，而这种平衡很容易用于招聘激励。推广灵活的工作时间表，包括压缩工作周、弹性工作时间、工作共享和远程办公，给予员工休假选择权，包括带薪休假，以及提供在岗或不在岗的照料儿童和老人的福利等，都是组织可以实施的鼓励工作与生活平衡的方式，这也给了应聘者选择你的公司而不是其他公司的动力。拥有更大的工作自主权的员工更有动力，他们能表现出更高的忠诚度，生产高质量的产品，提供更高的客户满意度，即使在经济困难时期也是如此。

应聘者的期望

我最喜欢的面试问题之一是："除了工资和福利，你认为老板还应该给员工什么样的承诺？"（自然，我也会反过来问："你认为员工应该给老板什么样的承诺？"）这是一个值得探讨的重要话题，因为应聘者和雇主的期望并不总是一致的。经常有一些有才能的员工因为这种期望差异而辞职或被辞退。这些期望通常和工资或福利以外的事情有关，因为工资和福利在聘用之前应聘者就已了解、讨论并与企业达成共识。而对于诸如劳资关系之类的其他无形因素，应聘者并不总能事先充分了解。这些问题通常被企业视为次要的（甚至不相关的），并且被忽略。但是，一个人在工作关系中对另一个人的期望可能成为衡量工作成功或失败的标准。

在将应聘者的实际技能、知识、兴趣与工作要求和任务进行比较之后，我通常会在面试快结束时问对方有关期望的问题。我也喜欢等待，直到我与对方建立了融洽的关系，此时面试氛围逐渐轻松，这意味着"困难"的部分已经结束了。这样，应聘者会更放松、更有可能真诚地回答问题。以下是我多年来收到的一些常见回复。

- 乐于沟通。
- 允许我加入决策流程。
- 始终遵循规章制度。
- 对我的工作表示赞赏。
- 随时获得帮助。
- 拥有职业发展机会。
- 让我知道我正在做的事影响重大。
- 提供积极的工作环境。
- 提供安全的工作环境。
- 尊重。
- 认真对待我的工作。
- 平等对待每个人。

无论在经济繁荣时期还是在经济衰退时期，我都听到过以上这些答案，不管应聘者的处境怎样，也无论他们生于哪个年代。

但是，每代人都有各自的性格特质，使他们在某些重要的方面（包括雇主的期望）彼此区分开。以下对几代人的描述只能从广义的角度来看，并不意味着某代人中的个体不表现出其他年代群体的特征。

传统一代（出生于 1946 年之前）

一般认为传统一代重视勤奋工作和标准化工作的道德规范，他们为自己的工作感到自豪，遵守规则，有强烈的责任感，并且不期待额外的认可或补偿。他们认为，应统一应用政策和流程，保持业务方针有条不紊，并坚持重点突出的公司愿景。事实上，他们认为自己接受的任何培训都有助于实现组织目标，而不是促进个人发展。工作安全、忠诚和承诺对这一代人来说至关重要。事实上，这代人普遍愿意其整个职业生涯都待在同一家公司，即使这份工作并不理想。传统一代更能容忍平凡而重复的工作，并认为晋升属于那些具有最高资历的人。他们倾向于将面对面的会议或电话作为首选的沟通方式。传统一代还喜欢可预测的结果。

婴儿潮一代（出生于 1946—1964 年）

与那些在经济萧条时期长大的传统一代不同，婴儿潮一代是在经济繁荣时期长大的。与传统一代相同的是，他们也崇尚努力工作，以及为工作投入大量时间。但是，与传统一代不同的是，他们希望自己的工作得到公司的认可，自己的努力获得回报，因此他们被贴上了"我的一代"标签。他们希望拥有一个竞争和独立的工作环境及灵活的工作时间，强调团队合作，鼓励员工发挥个人影响力。婴儿潮一代将自己与职业紧密联系在一起，即使他们完全可以承担退休后的生活，他们也拒绝退休。当然，还有很多人由于花光了积蓄，而不得不无限延长自己的工作时间。婴儿潮一代不仅需要养活自己，还要供养大学毕业不能自给的孩子和年老的父母，因此被称为"三明治一代"。

X 一代（出生于 1965—1976 年）

X 一代与他们的前辈有着不同的工作观。目睹多年来尽职尽责奉献的传统一代的祖父母和婴儿潮一代的父母被解雇后，X 一代发现没有必要在工作中投入更多时间或格外的努力来使雇主对其印象深刻，因为雇主一般不会考虑他们生活的好坏。相反，他们坚信"更聪明地工作"，这通常被理解为发展可迁移的技能及在工作中投入更少的时间。与传统一代和婴儿潮一代相比，X 一代对权威的态度更为随意，对政策的重视程度有限。他们对自己的忠诚胜过对雇主的忠诚，也更容易向雇主要求工作与生活的平衡。进一步说，X 一代重视独立工作，更注重结果而非任务本身。另外，X 一代期望获得培训和发展的机会，以利于自己职业目标的达成。

千禧一代（出生于 1977—1995 年）

千禧一代的首要和重要特质是技术，他们希望雇主为他们提供一个技术先进、设备先进的工作场所。在交流方面，他们更喜欢发短信和微信等，对电子邮件的耐心有限，对电话交谈或面对面会议更没耐心。他们推崇将乐趣与工作融为一体，喜欢多元化的工作场所，并且认为只要努力就会有所作为。千禧一代还期待即时的反馈和迅速的结果。像 X 一代一样，他们在职业发展方面也很积极，并推崇获得尽可能多的经验。因此，他们不会长时间依附于任何一位雇主，而是定期寻找新的工作机会。尽管传统一代甚至婴儿潮一代都认为这是不忠诚的，但千禧一代认为这是务实之举：为什么要守着一份既没有激励又没有回报的工作呢？

千禧一代中，在前八年（1977—1985 年）出生的这一群体被称为"Xennials 一代"。之所以被称为"Xennials"，很大程度上是因为该群体中很多人不知道自己到底属于 X 一代还是千禧一代，不知道自己看重什么，也不知道自己如何看待工作。Xennials 一代成长于模拟时代和数字时代，他们对新旧做事方法都有体会，能领悟到面对面交流的好处，乐于利用社交媒体而不沉迷于它。他们同样乐于从书本或博客中获取信息。他们适应性强，能够抽象思考，具有团队精神，并且易于训练。Xennials 一代尊重指挥链，并将其视为职业发展的一种方式。

Z 一代（出生于 1996 年之后）

出生于 1996 年之后的 Z 一代开始崭露头角。这代人中最年长的成员已经大学毕业，现在已经成为劳动力的一部分，但应该注意的是，这代人中有一部分预计不会上大学，而是在高中毕业后马上找工作，希望最终能够创业成功。由于无数应用程序的开发，Z 一代比其他几代人处理信息的速度更快，而且他们处理多任务的能力也比千禧一代强。但是，这需要付出一定的代价：Z 一代的注意力持续时间要短得多，这还有待于以生产力来衡量。说到忠诚，他们更倾向于将其视为企业欠他们的：如果得不到赞赏，他们可能离职。随着全球越来越多的人上网，Z 一代被视为第一代"全球一代"，有望成为种族和文化最多样化的群体。

雇主的期望

除了一系列特定的能满足特定工作需要的有形技能，雇主对员工还有哪些期望？大多数人都认为员工还应具备一种或多种基于一种无形标准的特质和资质，包括有效沟通的能力、分析思维、技术素养、适应能力、人际交往能力、多元文化意识、组织能力、解决问题的能力和团队合作能力。这些都可以在面试中通过措辞谨慎的问题来确定，从而帮助雇主做出明智的决定。

这些技能很可能得到大多数来自不同年龄段的应聘者的认同。雇主还列出了一张希望雇员表现出来的特质和特征的列表，这些都是在多项调查中发现的。

- 诚实，尤其是在犯错误时。
- 具有良好的职业道德，如准时上班、不早退，以最佳的能力水平执行任务并按时完成任务。
- 适应不断变化的业务需求和环境。

- 坚持克服障碍，解决问题。
- 与人相处的能力，无论性格是否相同。
- 忠于组织的使命宣言。
- 承担其他任务或根据需要向他人提供帮助时的可靠性。
- 即使出现影响工作的内部或外部问题，也要保持积极的态度。
- 努力成为团队合作者和致力于实现特定目标的积极合作的成员。

此外，要获得相关的答案，需要一定的面试技巧，所以很难识别这些特质和特征，而且它们也不太可能与每一代人都有联系。例如，忠诚更可能与传统一代和婴儿潮一代联系在一起，而不是千禧一代和 Z 一代。尽管这不一定是所有应聘者的准确写照，但这是一个常见的假设。因此，如果招聘人员把忠诚度作为一个关键因素，他们可能更青睐年长的应聘者。如果你要寻找一个有毅力并决心克服困难的人，情况可能恰好相反：人们认为年轻的员工有能力获取更多的信息，因此有更强的解决问题的能力。当招聘人员考虑汇报关系时，事情就变得更加复杂了：传统一代能否成功地为千禧一代工作？Z 一代如何向婴儿潮一代汇报工作？

调整应聘者和雇主的期望

说到底，究竟有没有办法使应聘者的期望与雇主的期望保持一致？假设双方都愿意做一点工作，答案是肯定的。应聘者可以将网上大多数有关公司的信息拼凑起来，从而在一定程度上确定组织认为哪些员工特质很重要。然后，将这些特质与自己的特质进行比较，从而决定是否继续申请。应聘者还可以通过阅读员工感言、与现任和前任员工交谈，了解公司是否重视并满足应聘者的期望。当然，应聘者也可以在面试中提出具体问题。

对雇主而言，首先要认可典型的世代性人格特质和个人特征，同时避免全盘假设。其次要熟悉早先确定的一般员工期望，并切实确定与其特定的企业文化相一致的期望。完成这两个步骤后，招聘人员会提出一些问题，看看应聘者的要求与雇主的期望是否相符。

创造灵活的工作场所可以使组织受益，也可以在满足多代员工的愿望的同时，仍然满足整个组织的目标。如果招聘人员和招聘经理在招聘过程的前期阶段就清楚地认识到，应聘者永远不可能完全符合其所属的某代人的特征，那么，他们更有可能成功找到最适合职位空缺的人。

应聘者的提问

招聘人员在主导与应聘者的面试交流的时候，也应该预测一下应聘者可能问他们哪些问题。应聘者只询问福利和薪水的日子已经一去不复返了。如今，应聘者更加精于世故，并关心工作与他们的整体生活是否协调，因此他们如今更可能就公司本身及他们未来的工作提出详细的问题。尽管当前的经济形势和应聘者的职位会影响他们问题的广度和深度，但我建议雇主始终从雇员的角度审视每份工作，并为此做好准备。以下是来自应聘者的一些可能的问题清单。即使所有这些问题都没被提出——也不太可能提出，知道这些问题的答案并像应聘者一样思考也能更好地帮助你为面试做好准备。

有关职位描述的问题

- 是否有该职位的职位描述？我可以看看吗？
- 谁准备的职位描述？有任职者参与吗？
- 是否每个职位都有职位描述？
- 我可以看看这份工作要汇报的上级职位的职位描述吗？
- 职位描述的审核情况如何？

关于招聘人员的问题

- 你在这家公司工作了多长时间？
- 是什么让你决定在这里工作？
- 公司是否在帮助你实现个人职业目标方面提供支持？
- 从你被录用到现在，是否一切都如你所愿？
- 在这里工作最好的方面是什么？最不好的方面呢？

关于公司的问题

- 我已经阅读了有关贵公司在过去十年中的发展及未来五年的预期目标。在帮助贵公司实现下一个目标方面，这份工作将如何提供支持呢？
- 贵公司过去为避免裁员做了哪些努力？

- 在受保护的人员中，高层管理人员占多大的比例？这个比例与五年前相比如何？贵公司里有多少高层管理人员被提拔了？
- 贵公司目前面临的最大挑战是什么？
- 谁是贵公司最大的竞争对手？是什么使它们成为公司威胁？我正在申请的职位可以做些什么来帮助减少这种威胁？

关于企业文化的问题

- 你如何描述贵公司的企业文化？
- 贵公司对员工付出的重视程度如何？贵公司鼓励哪种形式的员工付出？
- 政策和流程执行得严格吗？它们一直都被遵守吗？
- 团队合作有多重要？
- 贵公司对员工有什么期望？员工最重要的品质是什么？
- 贵公司的员工多样性如何？

有关该职位的上级负责人的问题

- 他任职多久了？
- 你如何描述他的管理风格？
- 他目前有几名直属下级？他们的职务是什么？
- 他任职后，其所在部门的离职率是多少？
- 以前他拒绝应聘者的原因有哪些？
- 他最看重什么特质？

关于前雇员的问题

- 你能告诉我现任员工和前任员工的优点吗？
- 他们为什么离职？
- 他们在职多长时间了？
- 他们的工作风格是否类似于经理或部门负责人？
- 如果我被录用，我应该避免哪些他们犯过的错误？

关于工作的问题

- 除了我在职位描述中已经读到的，你还能告诉我一些这个职位负责的其他日常事务吗？

- 我花在每项任务上的时间比例大概是多少？
- 你认为这个职位最合意及最不合意的方面是什么？
- 雇员能够为这个职位带来的最有价值的技能是什么？
- 与这个职位相关的最大挑战是什么？
- 我能否在工作与个人生活之间取得平衡？
- 谁来最终决定是否录用？
- 我何时能从你那里得到录用反馈信息？

关于这个职位与其他部门联系的问题

- 这个职位如何与其他部门相联系？
- 这个职位在帮助所属部门及其他部门实现目标方面扮演什么角色？
- 我多久会与其他部门的代表互动一次？
- 各部门的目标之间是如何关联的？
- 不同部门是否会一起完成一个项目？哪些部门？多久一次？你能列举一个不同部门一起完成项目的例子吗？

关于薪水、升职机会和福利的问题

- 就我的技能和经验来看，你们会为给我多少薪水？
- 多久加薪一次？
- 升职是否与绩效考核挂钩？
- 贵公司是否有正式的度量计划来测评和奖励员工的表现？
- 贵公司内部有职位空缺时，是否有优先录用内部人员的政策？
- 我申请的这个职位是不是同类职位之一？
- 假设表现出色，那么我在晋升方面下一个合理的步骤是什么？
- 贵公司是否有正式的职业发展规划？
- 有指导项目吗？
- 贵公司的职业培训政策是什么？
- 贵公司提供学费补偿吗？
- 我知道如果我被录用了，我会得到详细的福利信息，但是你能告诉我你认为贵公司为员工提供的最佳福利是什么吗？
- 我可以在这里获得哪些在其他地方不太可能获得的好处？

本章小结

　　应聘者对工作的看法与雇主不同,这很正常,但这些不同之处的表现方式及其对劳资关系的影响程度各不一样。以工作环境的独特文化来说,有能力的应聘者被录用后,可能发现自己在新的工作环境里感到不舒服,甚至严重到缺少工作动机且生产率低下的程度。招聘人员可以通过在招聘之前清晰地传达有关企业文化的信息并为应聘者创造舒适的工作环境来避免这个问题。

　　另一个可能导致劳资关系紧张的工作事项是应聘者和雇主怎样看待工作与生活的平衡问题。可以理解的一点是,企业着重于生产率的最大化以增加收益,并且大多数员工很愿意帮助企业实现这一目标。但是,员工也要求在工作与生活的投入时间和精力上取得平衡。你可以通过提高工作的灵活性、可选择性及其他方式,将工作与生活的平衡作为招聘的激励因素。这会使潜在员工知道你了解并尊重他们对平衡的需求,从而激励他们选择为你的公司工作。

　　雇主与员工之间最大的摩擦可能源于他们对彼此的期望。双方都有令人信服的观点来说明他们的期望是合情合理的。但是,双方的期望并不总是一致的。如果你将四个世代群体的特质也考虑进去,问题就会变得更加复杂。这四个世代分别为:出生于 1946 年之前的传统一代;出生于 1946—1964 年的婴儿潮一代;出生于 1965—1976 年的 X 一代;出生于 1977—1995 年的千禧一代;出生于 1996 年及之后的 Z 一代。尽管不提倡一概而论,但雇主必须承认各代成员都有区别于其他代成员的特质,其中就包括雇主期望。雇主要熟悉各代人的需要,并找出哪些需要与其企业文化是一致的。然后,在招聘面试中提出问题来确定员工要求的与雇主愿意给予的、雇主所期望的是否匹配。

　　最后,招聘人员和招聘经理需要预测并准备好回答应聘者可能提出的问题。即使所有这些问题都没有被提出,知道这些问题的答案并像应聘者一样思考也能帮助他们为面试做好准备。

第 4 章

招 聘 来 源

"上次这个职位招人的时候是三年前，我在网上的工作招聘平台发布了
职位空缺，然后立即招到了人。但现在，我收到了一堆回复，但没有
一个人合格。我搞不懂这是为什么。""我们最强劲的竞争对手和我们
在同一时间失去了最好的技术专家，一周后他们找了一个极佳的替
补。我们却仍然一筹莫展。我们哪里做错了？""首席人力资源官告诉我，我需
要瞄准更加多样化的群体。我该怎么办？"

你说过上面的话吗？事实上，很多人都说过这样的话。填补职位空缺或新增
职位会带来无尽的挑战，但是通过分析第 2 章中的招聘前的工作，让自己变得积
极主动，探索在线招聘蓝图，考虑各种电子和传统的招聘方式，并遵循一些基本
的招聘准则，你就能成功地将应聘者的范围缩小到少数几个候选人，并准备好进
入招聘流程的下一个阶段。

主动招聘

主动招聘是指在人员需求迫在眉睫之前未雨绸缪。在第 2 章中，讨论了有针对
性的招聘：利用那些容易找到并具有所需技能的应聘者来源。这意味着你要知道自
己需要什么样的人并前往应聘者可能去的地方，这才是主动招聘的本质。

主动招聘早在真正的工作机会出现之前就开始了。这个过程始于两个重要的
文档：准确反映工作高绩效所需的核心能力和特质的成功典范，以及最新的职位
描述。确认职位空缺后，积极的招聘人员会立即探索第 2 章中描述的招聘前的四
个因素：有多少资金可用、多久必须填补空缺职位、是否需要大范围面试和空

缺职位的豁免情况。这四个因素将指向特定的招聘来源，最大限度地减少你的焦虑。

积极主动的招聘人员总是在寻找新员工，甚至在他们得知职位空缺之前就开始了。他们扩大了招聘范围，超越了传统的招聘来源，并确定了潜在的应聘者，这些潜在的应聘者大多是被动的，也就是说，他们不主动找工作。主动招聘的一个例子是职前培训，该类培训可以提供足够的劳动力，针对的都是通过常规方式招聘并接受过特定岗位和行业培训的人。这些劳动力属于备用员工。一旦有职位空缺，企业就会在备用员工中选一位合格的应聘者。虽然无法保证备用员工中一定有合适的人在等待某个职务，但在失业率较高的时期，如果提供一些激励，情况会对雇主更有利。行业协会和人才网也可以为企业提供主动招聘的机会。与潜在员工进行面对面接触或与同行进行面对面沟通可以使企业找到合格的应聘者。

积极主动的招聘人员明白职位空缺时间太长会导致混乱：现有员工不得不承担该职位的工作，这很快就会导致士气下降和劳资关系恶化。同样，管理层可能开始怀疑长期空缺的职位是否真的需要填补。一个很可能的结果是，为了确保这个职位不被裁掉，公司雇用了不合格的应聘者。一旦这种应聘者入职，就很可能导致与绩效相关的问题。这时，主动招聘的作用就体现出来了：与以前面试过且合格的应聘者联系，通知他们再次面试。当然，他们可能不再对职位感兴趣，但这一尝试不仅没有危害，还会有很多收获。不出意外的话，这些前应聘者将很高兴你对他们印象深刻，并考虑给他们另一个工作机会，即使他们第一次就被拒绝了。如果你最终聘用了他们，那么他们从加入公司开始就具备了雇主通常认为重要的品质之一——忠诚。

以下是主动招聘的一些其他技巧。

- 让员工参与。让他们有机会与家人、朋友、客户和陌生人谈论为公司工作的好处。向员工发放可促进公司业务发展的可穿戴商品，如 T 恤和帽子。无论佩戴者走到哪里，这些都是行走的广告，而且是免费的。你永远都不知道他们会看到谁，或者谁会看到他们。如果你最终因为某位员工的推荐而雇用某人，一定要奖励这个员工，并在公司网站上公开认可他的贡献。

- 让经理参与。在一个部门的所有员工中，还有谁比对工作流程负责的经理拥有更多的既得利益？鼓励经理与行业内的同事互动，并密切注意裁员、合并和收购消息。所有这些消息都可能意味着优质的潜在应聘者正在寻找新工作。有些企业甚至将正在进行的主动招聘纳入经理的职位描述和绩效评估中。

- 关注你的竞争对手。他们使用什么技术来发现新的人才？ 他们是如何吸引你的目标人群的？浏览他们网站的招聘版块，并在各种社交媒体平台上关注他们，知道他们如何在某一领域找准自己的定位，以及他们在描述职位空缺和就业机会中使用哪些关键字。

- 跟进那些拥有骄人业绩的公司。无须局限于向自己所在领域的公司学习，考虑那些拥有你欣赏的营销策略的组织，看看它们是如何吸引应聘者的。对我来说，最典型的是迪士尼乐园。当然，迪士尼拥有一个全球品牌，几乎能让每个人都笑着开始哼唱"这是一个小世界"，但迪士尼的意义远不止于此。它称自己的员工为演员，这样一来，任何一个在那里工作的人都会感到与众不同。迪士尼的座右铭是："在迪士尼，我们是讲故事的人。我们利用和开发尖端技术，通过电影、产品、互动游戏、公园和度假村、媒体网络，将故事带入生活，从而将不可能变为可能。现在正是你加入我们的天才团队的机会，我们的团队为世界各地的观众提供无与伦比的创意内容。我们创造快乐。"最后一句话出现在迪士尼网站上的一则警犬训练师广告中。谁能想到呢？

线上招聘平台

当谈到具体的线上招聘来源和策略时，人们几乎不可能了解到最新情况。有一天，流行的网站和来源突然就出现了，然后它们又突然失去吸引力，似乎在一夜之间消失了。那么，管理线上招聘的最佳方法是什么？从整体来看，可以将线上招聘视为一个平台，然后使用公司的特定电子招聘来源作为补充。以下是针对公司线上招聘平台的一些建议。

使用移动互联网

据 Glassdoor 的调查，将近 90%的应聘者在寻找工作时会使用移动设备，这一数据在不到一年的时间里增长了近 8%。许多接受调查的人表示，如果他们在职位发布后立即提出申请，他们就有更大的机会被考虑，44%的人确实这样做了。还有人反馈，移动设备使他们能够保存招聘信息，以便日后使用电脑申请工作。尤其重要的是，有 45%的应聘者说他们每天至少使用一次移动设备来找工作。

尽管使用移动设备进行搜索和申请工作两者是有区别的，但重要的是，两者都是从移动设备开始的。这表明雇主需要用较短的搜索词和广告来吸引移动用户，并开发对移动设备友好的网站界面。

此外，还有三个有趣的现象：①数据显示，移动互联网求职是跨代际的，而不仅限于 Z 一代和千禧一代；②在大多数职业中，用移动设备找工作占所有找工作的方式的一大半；③全球所有求职搜索中有一半以上来自移动设备。

移动求职的流行有力地表明，移动战略应成为每个组织招聘蓝图的一部分。

视频招聘

招聘视频基本上是录制好的带有动态视觉图像的广告。为了吸引喜欢看而不喜欢读、喜欢娱乐、注意力短暂或时间有限的应聘者，可以考虑将视频招聘纳入招聘蓝图。这些可视化招聘工具会持续一到三分钟（时间越短越好），并且通常侧重于以下几个方面。

- 为什么浏览者应该考虑通过员工推荐为公司工作。
- 着重突出那些公司可以提供的独特的好处。
- 晋升机会。
- 员工的多样性。
- 公司价值观和公司使命。
- 普通员工的一天是由哪几部分组成的。
- 员工需要具备的无形特质。
- 有关如何申请工作的信息。
- 公司文化和品牌。
- 是什么让公司在竞争中脱颖而出。

除了吸引喜欢看视频而不是阅读招聘信息的人，视频招聘的好处还包括提供创意空间、接触广泛的受众、节约成本和提高时间效率。

社交媒体是很受欢迎的招聘视频平台。你还可以在你的招聘网站上展示招聘视频，将其纳入招聘公告，并在招聘会上展示。

社交媒体

社交媒体是指使用户能够创建和共享信息的各种电子通信形式，如网站和应用程序。它为寻找员工的公司提供了众多选择。

首先是公司网站上的招聘页面。将你的公司提升为理想的工作场所，突出公司的价值观和公司使命，并邀请人们提交简历以供将来的招聘考虑。这些都是积极的行动，同样重要的是，让你的招聘页面和具体的职位空缺保持更新。别忘了附上工作场所和员工执行各种任务的照片。

应聘者经常在社交媒体（如微博、微信朋友圈等）上寻找工作机会。有些网站更多的是提供专业职位。有些网站则倾向于吸引更多的非专业的应聘者，如赶集网、58 同城等。不论你选择哪种形式的社交媒体，都必须让你的存在有价值。例如，考虑将公司当前的招聘页面导入公司 App 中的职位空缺栏，从而增加潜在应聘者的数量。也可以考虑使用 LinkedIn 的高级账户，它可让你使用高级搜索过滤器，如按地点、当前和过去的雇主及工作经验进行搜索。

与视频招聘一样，社交媒体招聘的好处包括提供创意空间、接触广泛的受众、节约成本和提高时间效率。

负责招聘的聊天机器人

技术的进步导致人与人之间的互动减少。许多人认为聊天机器人可以将技术与人和人之间的互动结合起来。聊天机器人是指模仿人类对话能力的计算机程序，如 Siri 和小度，聊天机器人也使用人工技术来处理人的信息，从而知道如何回应。它们经过编程，可以理解书面和口头语言并正确回答。以下是聊天机器人可以执行的一些功能。

- 询问与技能、知识、经验和兴趣有关的筛选问题。
- 根据条件（如资历）对应聘者进行排名。
- 创建应聘者资料。
- 回答有关职位和申请过程中的常见问题。
- 安排真人面试。
- 收集联系信息。

根据收集的数据，聊天机器人越来越了解它们应该寻找哪类标准的人，并相应地对应聘者进行排名。数据表明，通过筛选出不合格的应聘者，聊天机器人可以自动完成很大比例的招聘工作，并大大缩短招聘时间。

与使用聊天机器人相关的一些挑战仍然存在。例如，要让它们理解俚语、缩写和表情符号等语言信息，还存在一些问题；人们还担心应该如何编程，使聊天机器人能根据性别和方言来发声。

电子招聘注意事项

作为一名资深人力资源专家，你一定收到过一堆又一堆的简历，这些简历通常要么是招聘服务机构发出的，要么是应聘者看到报纸上的招聘广告之后投出的。在上班期间，你实在太忙了，以至于无法公正地评阅它们，于是，你只能在上下班的路上或在吃晚饭时再评阅。如果碰到一份超过两页的简历，你就会抱怨，竭力遏制自己想将它丢到一边不予考虑的念头，因为你知道这不公平。在忙碌的一天结束时评阅一份冗长的简历对招聘人员来说实在太累了。

随着雇主越来越依赖互联网招聘，接收和审查简历的过程发生了巨大变化。应聘者也更多地以电子方式提交简历，从而减轻了招聘人员评阅成千上万份纸质简历的负担。应聘者和雇主之间的交流在很大程度上已经成为电子设备之间的互动。

网络应聘者的定义

在考虑特定的电子招聘来源之前，请熟悉网络应聘者的定义。

2006 年，美国劳工部联邦合同执行程序办公室（The Office of Federal Contraot Compliance Programs，OFCCP）在对上一年的定义进行了一些修改之后发布了网络应聘者的最终定义。该定义认为，网络应聘者是符合以下条件的个人。

1. 个人通过互联网或相关电子手段提交就业意向书。
2. 雇主将考虑应聘者在特定职位的雇用情况。
3. 个人的兴趣表达能够显示本人拥有符合该职位要求的基本资格。
4. 如果应聘者在收到录用通知之前不再关注招聘流程，则意味着他对该职位已经失去兴趣。

"职位的基本资格"必须是客观的（如作为工程师必须有相关经验），与工作绩效相关，并使公司能够实现与业务相关的目标。此外，这些基本资格必须是应聘者的非比较性特征。换句话说，如果一位应聘者具有一年的相关工作经验（在招聘流程开始之前已确定），那么即使雇主拥有具备更多经验的应聘者，也不能将这位应聘者排除在考虑范围之外。

OFCCP 的定义仅适用于互联网和相关技术，包括简历库、职位公告板、企业网站、简历数据库和在线工作列表。

OFCCP 在发布对网络应聘者的定义时，电子招聘远没有今天流行。这导致了一个法律问题：如今企业通常使用相关软件来搜索大型简历数据库，以寻找至少在招聘流程的这一阶段最合适的应聘者，并使用"时髦"信息来识别并对符合工作资格标准的应聘者进行排名。电子招聘实际上具有比较性，超越了"个人是否符合工作的基本资格"这一审查，将各位应聘者进行比较排名。使用电子方式招聘员工的雇主应就平等就业机会委员会（Equal Employment Opportunity Commission，EEOC）调查和 OFCCP 审计中的潜在责任，包括记录保存义务，咨询法律顾问。

全球招聘

SHRM 2018 年发布的一项哈里斯调查（Harris Poll）显示，70%的美国公司认为外国员工对其人才战略非常或极其重要，这一比例在短短一年内就上升了7%。超过一半的受访者（53%）预计将招聘更多的外国员工，其中 20%的受访者表示他们正在积极寻找外籍员工。

该调查随附的文章指出，"技术是使全球招聘有效的关键。"社交媒体被认为是企业参与国际竞争的最可行的手段之一。但要谨慎选择社交媒体，因为一些国家禁止在国内使用某些社交媒体软件。企业应该探索目标国家/地区的热门社交媒体。此外，请注意，常用的求职网站和在线求职网站因国家而异。

基于云技术的人力资源管理系统可帮助查找、招聘、跟踪和共享有关应聘者的信息，无论他们住在哪里。在欧盟成员国或地区进行招聘时，这些系统可进一步确保企业遵守 2018 年 5 月生效的《欧盟通用数据保护条例》，这些规则也适用于从欧盟应聘者和雇员那里收集个人信息的外国公司。

在全球范围内进行招聘时，尤其重要的一点是，要考虑当地的风俗和信仰，请注意不要歧视或冒犯他人。这一点适用于公司网站的招聘版块。以下是一些招聘准则。

- 避免行话。行话可能干扰信息传达的清晰性和准确性。行话的含义可能使应聘者感到困惑，或者在无意识中暗示了一些其他信息。但业界无歧义的流行词或缩写词是可以的，前提是你可以确定绝大多数应聘者都能理解其确切含义。对于指代不明的词，则应加上注释。其实最好的方法是让外行人来读招聘信息，从他们的角度来审视理解信息的难易程度。哪怕只有一点点会令应聘者产生困惑的信息，也应解释清楚，或者提供更清晰的选择。

- 选择恰当的用词。我们的语言中有很多词的含义容易混淆。例如，你是否知道建议、通知和报告之间的区别？如果使用英语，你是否知道 assure、ensure 和 insure 之间的区别？还有 affect 和 effect、adapt 和 adopt、advise 和 inform，以及 accept 和 except 之间的区别？我们当中的一部分人可能接受过良好的教育，因而知道这些词的意思，但当把它们都放在一个句子里面呢？这就变成了猜词游戏。因此，在语言比较丰富的环境下，正确使用词语非常重要。例如，部分应聘者可能知道 continual 和 continuous 的区别，但有些文章会混淆使用这两个词，因为这两个词会让应聘者感到困惑。

- 使用正确的语法、标点和拼写。对第二语言是英语的人来说，他们更清楚英语的语法规则，因而更容易挑出错误。语言上的低级错误代表了企业粗心大意的形象，同时也会影响应聘者提交申请的决定。
- 可以使用十分通俗的词语。如果是正式的商业写作，要避免使用过于通俗的词语。但是，在为大部分英语为第二语言的人群编写互联网络文本时，使用通俗的词语确实能让他们更容易理解。因为那些已经被重复使用过很多次的词语也是他们所熟悉的词语，这种词语也能够让你准确表达意思。
- 注意数字的使用方式。一些简单的事情可能被不同国家的人错误地解读。以提交简历的日期为例。在欧洲，日期的书写顺序与中国是完全相反的。因此，申请日期 12/11/19 在欧洲会被理解为 2019 年 11 月 12 日，而在中国会被理解为 2019 年 12 月 11 日。
- 注意图表的颜色。对许多国家来说，特定的颜色是有特定的宗教含义的。乱用颜色可能让你丧失很多招揽人才的机会。例如，在许多文化中，紫色代表尊贵，而在其他文化中，紫色又可能与哀悼和死亡联系在一起。

电子招聘来源

本书编写时引用的任何电子招聘来源会随时变化和更新。但 2018 年常用的一些电子来源仍然值得一说。

- 在线招聘网。在线招聘网与职位公告板的不同之处在于前者更像一个搜索引擎。如果你的招聘广告缺少正确的关键词，应聘者可能看不到它。在线招聘网会从职位公告板中收集招聘信息并将其整合到一个网站中，从而使应聘者根据关键词和位置轻松地进行搜索。
- 测试和评估。许多雇主依靠职前测试来评估应聘者与工作相关的知识、技能和能力。常用的测试和评估平台有 HackerRank、Pymetrics 和 Self Management Group。
- 人工智能与自动化。这类软件的行业领导者有 Ideal、Textio 和 Zoom.ai。
- 应聘者跟踪系统。这可能是占比最大的招聘软件，该领域的领导者有 Bullhorn、Greenhouse、SAP SuccessFactors、iCIMS、Jobvite、IBM Kenexa BrassRing、Lever 和 Taleo。
- 招聘候选人关系管理软件。客户关系管理系统越来越多地被用于吸引应聘者。比较著名的客户关系管理软件有 SmashFly、Yello 和 Phenom

People 等。

- 人力资本管理软件。人力资本管理系统有助于找到合适的应聘者。提供此服务及其他与员工相关的服务的公司有 BambooHR、Ultimate Software 和 Workday 等。

非电子招聘来源

你是否有使用电子招聘来源的不愉快经历？例如，很难将不同的电子招聘来源区分开，而且当你刚刚习惯了其中一种时，它就已经消失了。或者你就不喜欢用电子来源来完成招聘工作。事实上，很多人都有这样的经历。传统的招聘来源仍在使用中，其中许多来源仍然取得很好的成效。

扩充你的招聘来源

你不应该将电子或传统招聘来源中的任何一种作为寻求应聘者的唯一途径。主要有两个原因：首先，组织内部和外部的变化会影响就业市场，进而影响应聘者群体。其次，使用相同的招聘来源会使你容易被贴上"系统性歧视"的标签。

在第 2 章中，我们讨论了有效的招聘计划的各个要素。在提及确定可行的招聘来源时，第五步是"通过确定你选择某些人而非其他人的理由来挑战你的选择。注意不要陷入下意识地选择过去有用的来源的陷阱中……职位要求、所需职责、管理和经济的变化是影响招聘来源是否依然合适的因素"。以下是一些示例。

- 该职位责任级别的变化导致职位名称和薪资等级的变化。
- 公司被并购，现在由一位来自其他公司的管理风格不同的高级成员负责该部门。
- 失业率的下降使应聘者变得更加挑剔。

当内外部事件的发生可能间接影响某个职位空缺且该职位上次就已经空缺时，就要探索其他招聘来源了。

每次有职位空缺时都要寻找各种招聘来源的另一个原因与系统性歧视有关。重复使用相同的招聘来源可能使你被贴上"系统性歧视"的标签。所谓"系统性歧视"，是指通过既定的商业实践（如招聘）剥夺他人平等的就业机会。即使歧视可能是无意的，但歧视产生的后果可能使雇主更容易受到指责。如果每次有特定职位空缺时都依赖相同的招聘来源，可能对某些受保护群体的成员产生不利影响，因为他们无法像其他人一样获得这种机会。这可能导致剥夺平等就业机会这种无心之失（但同样是非法的）。

以员工推荐这一招聘来源为例。该方式带来的好处是成本效益高，员工士气高涨，因为如果员工推荐他人成功通常会得到奖励，这种招聘来源看起来是双赢的。除非有系统性歧视的指控出现，否则确实如此。如果一个部门完全或几乎完全由一类成员组成，如 40 岁以下的白人男性，就会发生系统性歧视的指控。如果该部门的雇员介绍具有以上特征的家庭成员或朋友，并且雇用了一名成员（即使他有资格），则该组成员以外的其他应聘者也可以主张系统性歧视，因为他们从未有过申请机会。那么，实际上就是这个系统（在这个案例中，指的是员工推荐这一招聘来源）歧视了所有年龄在 40 岁以下的非白人男性。

面向特殊利益群体

基于上面关于系统性歧视的例子，为了减少触犯公平就业机会相关法律的风险，一些特殊利益群体需要得到关注，以最大限度地减少对某些平等就业机会法的无意违反。这种方法可能提高应聘者的多样性，从而提高生产力和盈利能力，并提升公司的国际形象。寻找更有可能吸引受保护群体成员的招聘来源，根据平等就业机会相关法律的规定，有资格获得保护的个人的类型包括但不限于种族、肤色、宗教、性别、年龄、残疾或国籍。例如，可以通过联系相关退休人员协会来找到年长的工人，也可以通过国家残疾人组织的残疾人就业专业服务来招聘残疾人。

非电子招聘来源抽样

当有职位空缺时，你可以同时使用非电子招聘来源和在线招聘来源。实际上，在很多情况下，这是明智的选择，尤其是当你需要广泛招聘以吸引具有不同技能的合适应聘者时。有许多非电子招聘来源可供选择，这些方法对许多类型的组织都是合适的，并且适合填补各种职位空缺。以下是一些非电子招聘来源的例子。

校园招聘	内部招聘信息
公司赞助的社交活动	实习生
顾客、客户和客人	招聘会
员工推荐	人际关系网
职业介绍所和猎头公司	开放参观日

前应聘者　　　　　　　　　　　专业协会

行业活动和展销会　　　　　　　电视广告

　　还有一种非电子来源特别值得一提：你自己。每当去星巴克喝咖啡，去宜家家居买家具，去 7-11 买食物，去盖璞买衣服，去某运动馆锻炼，去某健康中心寻求健康的生活方式，或者去银行进行金融交易时，你都要展示你的公司所重视的核心能力，以及对当前工作的任何特殊要求。其中大多数能力和要求都是无形的，如耐心、注意力、沟通技巧、效率、领导能力和解决问题的能力。你可能还会见证具体的能力，如产品知识和技术专长。如果你看到一个你认为对你的组织有价值的人，请告诉他，向他提供你的联系方式，并邀请他跟进。说不定什么时候，你就为公司找到了下一个最佳员工。

招聘指南

以下是一份如何最大限度地利用招聘来源的指南。

- 推广公司的独特之处。
- 确定并专注于 3～6 项对公司所有员工都很重要的能力，并在所有形式的招聘中强调这些能力。
- 确保招聘人员和招聘经理在有助于工作成功的员工特质要求方面保持一致。
- 交替使用不同的招聘来源，以确保多样性。
- 了解竞争对手使用的招聘来源。
- 在把应聘者与职位进行匹配时要进行合理的判断。
- 完全熟悉招聘职位的特征，以及它与其他职位、部门和公司的关系。
- 回顾你目前的招聘工作，并思考你还可以做什么。
- 主动招聘新员工。
- 继续探索各种招聘来源，直到找到最合适的人选为止。
- 要现实一点。你要做的是为一个职位寻找最合适的应聘者，不是执着于寻找可能只存在于你的脑海中的理想的员工。
- 不要放松。如果你放松了招聘工作，那么另一家公司很可能得到你没有得到的应聘者。
- 保持警惕，关注所使用的招聘来源是否产生了理想的结果。

本章小结

　　为什么有些公司能很快就招到优秀的员工，而你却一筹莫展？毫无疑问，填补职位空缺是很有挑战性的，但是，你的竞争对手并没有做任何你无法完成的事情。成功的关键在于了解如何更有效地利用现有的招聘来源。首先从积极主动的招聘流程入手，考虑你的公司希望在线上招聘中包含哪些内容，了解网络应聘者的定义，确定在任何给定时间都最能满足你的需求的电子招聘来源，并将它们与非电子招聘来源进行权衡。然后，定期回顾上述准则，以期最大限度地利用招聘来源。

第 2 部分

面　试

第 5 章

面 试 准 备

人们通常错误地认为，面试不需要准备，不过是两个人坐在一起谈话，招聘人员和应聘者一问一答。也可能是几位招聘人员面试一位应聘者，但内容都一样：招聘人员提问，应聘者回答。能否得到工作就看招聘人员对应聘者回答的满意程度及应聘者与职位的匹配程度。

人们之所以这么认为，是因为他们看到那些经验丰富的招聘人员在面试时，就像在进行一场轻松自如的对话。其实不是这样的，在轻松自如的背后，招聘人员做了大量的准备工作。

进行职位分析

面试的准备工作从职位分析开始，包括了解招聘职位的责任、要求、工作关系、环境特点、豁免情况、工资、福利和发展机会。完成这一任务需要回答下面四个问题。

1. 我是否完全了解应聘者所应具备的素质？
2. 这些素质要求是否既与工作有关，又是可实现的？
3. 我是否能向应聘者讲清楚招聘职位的职责？
4. 我是否准备好了与招聘职位和公司有关的其他信息？

职责和责任

在招聘流程开始之前，招聘人员就应该深入掌握招聘职位的职责和责任。

为了补充书面的职位描述所没有的信息和了解相关内容，招聘人员应该花时间去访问拟招聘部门，观察在职者所做的工作并与他们交流，向部门主管请教该职位的职责范围。多访问几次，你就能掌握他们一天的工作情况。如果不能亲自访问，就多打几次电话，向拟招聘部门的员工了解一下情况。这样的访问和沟通会帮助你确定这些职责和责任与其他因素的关联，如经历和教育背景。同样重要的是，要确定这些职责是否与整体工作职务相关，是否与其他工作的职责重合。

教育背景和过去的经验

之前说到，撰写职位描述是招聘工作开始前的一个重要步骤，职位描述包括对教育背景和过去经验的要求。既然已经进入面试准备阶段，我们就来进一步分析这两项要求。要想确定对教育背景和过去经验的要求，人力资源部门经理和工作人员首先需要考虑以下关键的问题。

- 履行岗位职责需要哪些技能和知识？
- 为什么这些技能和知识是必要的？
- 一个人若没有这些技能和知识，为什么就不能履行岗位职责？
- 招聘要求与实际的岗位职责一致吗？
- 我们受谁的教育背景的影响？现任工作人员还是前任工作人员？
- 我们是否对该职位有主观期望？
- 我们是否会因为招聘任务紧而妥协？
- 我们是否有不现实的想法：招聘一个完美的应聘者？
- 我们是否会在职位要求方面屈服于别人（如最高管理层）？
- 招聘要求是否符合所有的公平就业机会条款和规定？

随意设置较高的最低招聘要求，期望能招聘到最优秀的人才，结果往往相反。假定你想招聘一位一线检查员，你希望聘用的人不仅具有丰富的实践经验，并且是个全才。也就是说，这个人要有五年的检查经验，接受过四年的本科教育。如果你问过自己上面几个问题，你就会发现，这些要求对一线检查员来说太高了。而且，为了避免引起歧视问题，你也应该修改招聘要求。因为如果你碰到缺少经验和教育背景的应聘者，他们只满足一部分要求，却又被强烈推荐，你将无法雇用他们。你很难找到正当理由来雇用一个不符合最低工作要求的人，尤其是当你拒绝过超过这些标准的应聘者之后。

除了问自己有关教育背景和过去的经验这些基础性问题，还有一种设定职位要求的方式，既不会把你逼入死角，又可以让你有很大的选择余地。通过使用措辞严谨的术语，你可以挑选出既符合有形素质要求又符合无形素质要求的最佳应聘者。建议使用以下表述。

- 要求表现出＿＿＿＿＿＿能力。
- 要求具备较深的＿＿＿＿＿＿知识。
- 要求具有＿＿＿＿＿＿方面的丰富经验。
- 具备＿＿＿＿＿＿知识是一个优势。
- 要求具备经过验证的＿＿＿＿＿＿能力。
- 我们希望招聘到一个卓有成效的＿＿＿＿＿＿。
- 需要具备已被证明的＿＿＿＿＿＿纪录。
- 具有＿＿＿＿＿＿经验是基本要求。
- 最好精通＿＿＿＿＿＿。
- ＿＿＿＿＿＿等相关专业优先考虑。
- ＿＿＿＿＿＿专业优先考虑。
- 具有更高学位是加分项。
- 本科专业最好为＿＿＿＿＿＿。
- 教育与经验相结合。

以上表述为雇主提供了人员甄选方面的自由，如果应聘者在某一方面（如学历）有所欠缺，他具备的经验可以弥补这一点。但这不意味着要降低招聘标准，而是为了避免招聘要求与具体岗位职责不符，同时也有了较大的选择范围。

无形的素质要求

为了弥补教育背景或过去的经验等有形要求的缺失，或者为了完善有形的职位要求，与职位相关的无形的素质要求会派上用场，相关内容如下。

- 合作关系。
- 决断力。
- 时间管理技巧的有效性。
- 性格。
- 灵活性。
- 组织能力。
- 解决问题的能力。
- 自信心。
- 工作分配技巧。

这些因素只有与空缺职位的要求相关时才有意义。也就是说，除了确定教育背景、经验要求和责任大小，你还要考虑什么样的人与职位相匹配。要想解决这个问题，最好的办法就是尽量了解该职位的工作压力有多大，有多少工作需要独立完成，拟招聘部门主管的管理风格等。这些信息有助于确定什么样的人与职位最匹配。

对这些素质要求做到心中有数之后，当两个或更多应聘者都符合空缺职位的有形要求时，你就可以根据这些无形的素质要求来做最后的决定。这些无形的素质要求还可以帮助你评估初级职位的应聘者，因为初级职位一般没什么教育背景和经验要求。

当你基于无形的素质要求对应聘者做比较时，一定要谨慎，因为一些词汇的意义很大程度上取决于你的主观判断。例如，对于比较常用的应聘者评语——态度恶劣、个性迷人、仪表堂堂等，不同的人有不同的理解，而且这样的描述并不能体现出拥有这些特质的人会对工作有怎样的贡献。因此，不要过分依赖这些无形的素质要求，抑或单纯根据这些因素选聘人员。如果一定要考虑这些因素，那么这些因素必须与工作相关，而不是基于个人偏见。

最佳素质

在确定职位要求时，要单独整理出最能服务好整个部门和组织的素质要求。思考应聘者在过去的经历中展现出了哪些与工作相关的有形和无形技能，以及他们是如何展示出乐于执行空缺职位的必要工作任务的。此外，还要考虑与组织结构和非正式文化最相符的工作风格和行为，它们往往能决定公司业务的特征。

以下清单列出了一些最佳素质，包括各种技能、特质和行为。最匹配工作岗位的应聘者会展现出其中许多素质。在开始面试之前，要确定哪些素质最符合当前的职位空缺，并增加表格中没有的素质。一定要确定这些素质与工作相关，并且你可以区分哪些是必要素质，哪些素质虽不必需但是拥有的话也不错。

可同时处理多项工作的能力	动机
责任感	专业素养
适应能力	尊重多样性
分析推理能力	对反馈做出积极反应
投入	善于捕捉新观点
沟通能力	结果导向
创造性	持续学习
客户导向	战略思维
以工作为荣	职业素养高
灵活性	支持组织目标
有远见	有技术观念
创新	不拖延
诚信	乐于分享专业知识
领导力	乐于与拥有不同思维和不同工作风格的人共事

汇报关系

职位分析的另一个方面就是汇报关系。你可以问自己下面几个问题。

- 这一职位分别直接和间接受谁指挥？
- 哪些人直接和/或间接向该职位的人汇报工作？
- 该职位与部门中其他职位之间有什么样的责任关系？
- 该职位与组织中其他职位的关系如何？

这些问题都是针对职位而不是针对个人提出的。一旦确定了汇报关系的性质和程度，你就可以把任何与该职位汇报对象相关的性格特征包括在内了。举个例子，如果一个部门的负责人脾气暴躁，而他需要一位助理，那么你就可以寻找在过去工作中有处理类似状况经验的人加入这个部门。

工作环境

工作环境包括以下内容：实地工作条件、地理位置、出差情况和工作计划等。附录 B 是一份工作环境清单范例。

实地工作条件

实地工作条件包括通风条件好坏、有无化学或有毒气体、空间是否狭窄、环境是否嘈杂、站立时间长短等。如果工作环境理想，招聘人员会很爽快地告诉应聘者，这样有助于推销企业和职位，也能弥补工作条件的其他不足，如起薪不高或福利待遇不好等。但是，如果工作环境有待改善，招聘人员在介绍工作时会有意识地忽略工作环境介绍，希望员工在上班后如果发现工作环境不好，选择去适应而不是辞职。遗憾的是，新员工对此深恶痛绝，他们要么辞职，要么形成不良工作习惯，或者对此耿耿于怀。

恶劣的工作条件引起的辞职和士气低落是容易避免的。先让应聘者描述过去和现在工作的实地条件，然后告诉他空缺职位的工作条件。如果工作条件暂时不尽如人意，那就如实相告，不要掺杂虚假信息。问清楚应聘者以前是否在类似的条件下工作过，他们回答时，不只要听，而且要看着他们回答，因为一个人的语言反应和非语言反应之间可能会互相矛盾。有经验的招聘人员可以对它们进行区分并做出评价。

了解应聘者对不良工作环境的反应的另一种方法就是把他们带到工作场所。除非这样做不现实，否则带应聘者参观工作场所应该是面试的一部分。这样，新员工第一天上班时就不会对工作环境感到意外，他很清楚等待他的是怎样的工作环境。

地理位置

如果可能，让应聘者了解工作地点。如果是公司总部为其分支机构招聘员工，要介绍工作地点，用视频做具体、真实的介绍。

有时，职位要求员工从一个工作地点换到另一个工作地点。就实地工作条件而言，在描述工作地点的环境及在每个地点工作多长时间之前，应询问应聘者先前有无工作轮换经历。根据你的提问和他们的回答，确定他们是喜欢在熟悉的环境、熟悉的通勤路线、熟悉的人员中从事稳定的日常工作，还是喜欢工作轮换带来的变化。这会帮助你决定谁是最适合这个职位的人。

出差情况

和应聘者聊聊他们在之前的工作中是否有出差的经历，然后讨论出差的地理跨度和频繁程度，告诉应聘者他们会提前多少天被告知要出差。如果是就近出差，应聘者想知道是否交通自理，更想知道出差补贴怎么计算。

工作计划

应聘者需要了解一周工作几天，每小时工资是多少，每天什么时候上班，什么时候下班。告知应聘者其他工作安排，如弹性工作时间。此外，应聘者还想知道用餐时间有多长，每天例行的休息时间有多长。

豁免情况

美国《公平劳动标准法案》规定，"豁免"是指免除雇主支付超时工作报酬。也就是说，公司不必为豁免员工的超时工作支付报酬，这里的豁免员工一般指高管、经理和一些管理者。"非豁免"是指不免除雇主支付超时工资。全职的非豁免员工，如办事人员，他们的超时工作是要求支付薪水的。

美国劳工部为了帮助人们区分豁免和非豁免员工，提出了豁免工作必须符合的一系列要求，具体可登录 www.dol.gov 查询。

薪酬水平

是否在面试一开始就告诉应聘者其应聘职位的薪酬水平，这取决于公司的政策，但是招聘人员应该知道薪酬水平，从而确定应聘者有没有兴趣接受工作机会。例如，如果招聘的职位是 IT 专员，年薪是 48 000～60 000 美元，然而应聘者期望的年薪是 60 000 美元，那么应聘者就会掂量一下了。你的公司对于按照最高薪酬水平支付新员工工资有什么政策？这会对随后的工资增长产生什么影响？对于已经拿到最高薪水的员工，你是否会把他们的名字用红笔圈起来，把他们的薪水限定在一定范围内，直到你重新调整薪水结构或重新对职位进行分类？

如果在职员工发现新员工做同样的工作却有更高的薪水，这是否会对他们产生消极影响？

与薪水有关的一个问题是签约金或聘用金。这笔费用以前只用于总经理、高级专业人才、难以招聘的人员，现在也用来吸引不同水平的优秀人才。一些公司将这笔费用和与员工签订在一段时间内不得离开公司的协议捆绑在一起。

福利

介绍公司的福利政策是一个不错的营销手段，尤其是对难以招到人的职位而言。招聘人员要花 45～60 秒的时间来介绍公司的福利，如医疗和残疾保险、补充医疗保险、人寿保险、利润分享计划、持股计划、休假、事假、学费补贴等。

介绍公司福利时要避免给应聘者造成这样的错觉，即介绍福利意味着要聘用他。你要让应聘者明白，介绍福利只是面试流程的一个组成部分，入选的应聘者会在收到录用通知书后得到更为详细的福利信息。

成长机会

应聘者都关心他们在组织中是否能逐步晋升，因此他们需要了解绩效评估、薪水复核和加薪的频率、晋升政策、职位关系、责任范围、内部招聘政策、升职可能性、学费补贴和培训等信息。

详细地介绍成长机会十分重要，因为这样可以避免后期可能出现的士气问题。例如，如果应聘者申请的职位在该职位系列中离最高职位只差一步，而最高职位的人已经任职十年，那么他几乎没有晋升机会。但是，他可以寻求其他成长途径，如承担更多责任，从而产生新的职位类别。

审查职位申请表和简历

职位申请表

有些人认为在如今的电子时代填写职位申请表已经过时了，这可未必。尽管越来越多的招聘人员使用附带应聘者跟踪系统的在线招聘流程，该系统的编程设定允许招聘人员搜索特定的就业历史、教育背景和其他与工作相关的具体因素，但精明的招聘人员还是会要求应聘者填写职位申请表，原因很简单：保持一致性。每位应聘者都会回答相同的问题，这样，招聘人员就可以公允地对相同的要求和条件进行对比。简历就不同了，简历的方式、格式和内容都因人而异，并且应聘者的简历很少包含所有你需要的信息。

职位申请表的一致性不仅会分门别类地为招聘人员提供应聘者的信息，还会保护招聘人员在这个阶段免受歧视指控——假设所有类别的设定都是无偏见的。附录 C 展示了一份通用的职位申请表范例，其中的项目适用于大多数工作环境中的职位。

要求应聘者填写职位申请表还有两个重要原因。第一，应聘者的亲笔签名可以证明所有信息属实，招聘人员可以做背景调查。如果你发现应聘者声称曾在某家公司工作是假的，雇用日期不准确，或者从未上过大学，填写职位申请表就显得尤为重要。如果这些信息你是在应聘者被雇用之后才知道的，那么伪造信息可以作为解雇的理由。第二，应聘者的亲笔签名证明他们已经阅读和理解了有关雇用条件的信息，如聘用和解雇。

建议让律师定期审查公司的职位申请表，以确保遵守所有关于平等就业的法律法规，还需确保这些法律法规和其他雇用法律适用于全球招聘。对法律的忽视和无知不会使你免于受罚。

简历

现在大多数雇主都要求应聘者提交电子版简历。电子版简历使用简单的字体，排版方式基本都一样，以确保最大的可读性。下划线、粗体、斜体和编号只会让简历看上去很乱。如果你需要特定的文本格式，如 Word 格式，一定要确认清楚。

我承认我怀念纸质简历的呈现形式，上面有要点、行为动词、合理的留白和合适的间距。实际上，现在我仍然鼓励应聘者在面试的时候带上纸质简历。这样做有一个现实原因：电脑阅读和人工阅读的方式不同。更重要的是，应聘者通过简历展示自己的方式可以在很大程度上透露出他们是什么类型的员工。例如，如果有人应聘公共关系专家的职位，简历上却有语法、拼写和标点错误，可以想象这样的人在工作时会有多粗心。应聘者写简历时必须仔细认真，这个时候出现任何错误都会让招聘人员有所警惕。

审查职位申请表和简历时应重点考虑的问题

以下是审查职位申请表和简历时应重点考虑的问题。如果与某一特定职位的责任相关，这些信息需要审查。

- 浏览职位申请表和简历，看其内容是否简洁易懂。手写部分要字迹清晰，纸质简历要打印版的，并且通常不要超过两页，电子版简历要符合规定的要求。职位申请表和简历内容要语法正确，语言简单易懂。

- 审查应聘者的工作经历，确认是否有空白、遗漏，记录前后两次就业的间隔期或重叠时间。在这方面，职位申请表的审核要比简历简单。审查简历时，你需要仔细检查应聘者的工作经历和教育背景。记下所有让你心生疑问之处，在面试时直接向应聘者询问。一些职位申请表设计得很糟糕，电子简历有时也设计得很糟糕，应聘者还可能会有意识地漏填一些信息。若是后一种情况，你需要了解应聘者为什么漏填，漏填的内容是否重要。

- 记下其他不一致的地方。例如，一名应聘者具有广泛的教育背景，却受聘于非豁免性工作，一种原因可能是她的专业过于冷门，找不到合适的工作；又或者她展示的教育背景并不代表她真正的受教育水平。在之后的面试环节可以就此向应聘者询问。

- 考虑工作的变动频率。人们自主地离开一个工作单位有很多原因，包括聘用时雇主对职位的描述不够准确、职位不合适自己、个人的性格特质与工作冲突、涨薪幅度不够大、成长机会有限、雇主没有履行诺言等。有些员工知道自己表现不好，会在进行例行的绩效评估之前自动辞职。有些员工的离开与绩效无关：公司由于经济原因倒闭了；组织改革需要取消某些职位；应急任务完成了，没有其他工作可做。当然，员工也会因表现不好被解雇。在审查应聘者的工作经历时，不要提前下结论，尤其是针对工作变换频繁的负面结论。确定频繁变换工作的原因带有很大的主观性，并且经常受到经济影响。招聘人员常常会任意地设定一些原则，有时他们会根据自己的工作经历来设定一些标准。例如，有的招聘人员认为两年内换了不止一次工作就太频繁了，说明此人不可信赖。然而，在当前这个阶段，你还没有足够多的信息来下结论。毕竟，你还没有见到应聘者。记下你希望与应聘者讨论换工作的问题，然后审查下一个栏目。

- 谨慎审查应聘者上一份工作的离职原因，寻找规律。例如，如果应聘者好几次离职都是因为"没有发展空间"，那么有可能是这位应聘者的工作期望不现实。尽管这一解释基本可靠，但也可能掩盖了其他让人难以接受的离职原因，这是在面试时要探讨的问题。

- 要记住，如果一个人的工作职责没有在职位申请表或简历中写清楚，一定要让他解释清楚。职位名称也需要解释。有些名称描述不准确，不能显示职责范围，如"行政助理""副总裁"等职位名称。有时一些职位名称涵盖内容很宽泛，但深究下去，你就会发现这些职位几乎没有什么实际的职责。

- 审查职位申请表或简历中的"重点"内容，即任何不合理或让你感到不舒服的信息。

合理分配时间

关于面试需要多长时间，要从全局出发，不要只计算面对面沟通的时间。面试之前需要时间来审查职位申请表和简历；面试期间需要介绍职位和公司，并充分交流，提出问题；面试过后需要整理文档，回想一下面试过程中发生了什么，计划接下来的面试时间，核对职位申请表和简历。在面试前或面试后可能还需要留出测试的时间。

把以上工作都考虑到，再来计算一次面试到底需要多长时间。这主要取决于职位性质：豁免性的还是非豁免性的。一般而言，面试专业人员需要更多的时间，通常是 90～120 分钟，其中，有 60～90 分钟用来进行面对面的面试。这样长的时间足够让你收集到有关应聘者的任职条件，并且判断应聘者是否适合这份工作，以及应聘者的兴趣。如果实际上面对面的面试超过 90 分钟，应聘者和招聘人员都会感到疲劳。60～90 分钟的面试时间中可以留出大约 30 分钟来进行面试前的准备工作和面试后的善后工作。

面试非豁免性工作总共需要 45～75 分钟，面对面的面试只需要 30～45 分钟。需要澄清的信息包括：具体的岗位职责、出勤记录和其他信息。在评价诸如管理方式、创新水平和创新能力方面，非豁免性岗位花的时间要远远少于豁免性岗位。

以上只是提供一个时间分配的参考，在实际的时间分配上要更有弹性，但也要注意这些通用的规范，因为这些规范可以帮助你获得更多的信息，并避免讨论一些不相关的内容。例如，如果你发现你的面试时间只有 15 分钟，你提问的方式可能就会不恰当。也就是说，你可能问的都是封闭式问题，而不是开放式问题。可能你没有时间彻底地探究存在疑问的地方，又或许你不知道该问什么。另外，如果你面试一位非豁免性员工的时间超过了 45 分钟，而面试一个豁免性员工的时间超过了 90 分钟，要么是你说得太多，要么是应聘者掌控了面试局面。缺乏工作经验的应聘者常常会转移招聘人员对他们任职能力的询问。通过转移招聘人员注意力和谈论一些不相干的问题，应聘者希望避开问题的实质——他们是否适合招聘职位。当然，一些人喜欢谈话，不是有意识地跑题。然而，撇开动机不谈，招聘人员也要避免应聘者掌控面试局面，如果有意识地限定了面试时间，这个问题就可以避免。

为了最大限度地利用时间，要遵守以下三项原则。

- 在你状态最佳期间面试。如果你上午精力不充沛，但是到下午 1 时左右精神最足，那你就下午面试。同样，如果你早上最精神，那下午面试就不是明智的做法。

- 面试中间要有几分钟的休息时间。在这段时间里，你可以走一走，喝杯咖啡，伸展一下身体，回几封邮件，或者做点别的事情。休息可以让你感到你掌控了整个面试局面，并且可以让你集中精力去面对下一位应聘者。

- 一天最多面试 5 个人。尽管通常情况下这并不可行，但是如果你能够将面试与其他工作穿插安排，你就会发现，你在面试和做其他工作时的注意力会提高。

创造合适的环境

如果期望与应聘者自由交谈，你一定要保证你们的谈话不被其他人听到，尤其是在讨论敏感话题时，如询问他们为什么要离开现在的公司。因此，招聘人员有责任保证应聘者的隐私。尽管不是每个人都有自己的办公室，但每个人都可以找到独处的空间。例如，你可以借用他人暂时不用的办公室、公司餐厅（在非营业时间），或者在没有人经过的公司大厅的某个角落。如果你的办公室不够隔音或封闭，上述这些选择都值得考虑。

招聘人员应该保证把干扰降到最低水平，常见的干扰有：电话响了；有人在面试期间走进你的办公室，或者桌子上有一堆需要处理的工作。一些招聘人员认为这些干扰可以帮助自己评价应聘者对干扰做出的反应。实际上不是这样，干扰会浪费应聘者和招聘人员的宝贵时间，并且招聘人员及整个组织都可能会给应聘者留下不好的印象。

另一个更不易被察觉的干扰，是招聘人员自己的注意力。如果一直关注于所有需要做的工作，不仅会使你不能集中精力考察应聘者，甚至会导致你对应聘者心生怨恨，因为他让你不能完成工作。为了防止这种事情发生，在面试之前你要提醒自己，越早招到合适的员工，你就可以越早着手开始其他的工作。你也可以在应聘者进来坐下面试前清理好办公桌，关掉电脑。

招聘人员应该打造让应聘者感到舒适的环境。如果应聘者感到舒适，面试就会更加有效。应聘者是否感到舒适并不取决于你的办公室里有多少家具，是否有地毯，或者窗外的风景是否优美，而在很大程度上取决于你的行为和对待面试的态度。如果你态度友好，对应聘者所讲述的内容表现出很大的兴趣，并且保证面试在独立的空间进行，不会被打扰，那么面试环境就显得不那么重要了，重要的是让应聘者感到自己是受欢迎的。

座位安排

下面是应聘者和招聘人员最常见的座位安排。

- 应聘者与招聘人员面对面坐在办公桌的两端。
- 应聘者与招聘人员坐在桌子的一边。
- 应聘者与招聘人员面对面坐，中间没有办公桌。
- 应聘者与招聘人员肩并肩或面对面地坐在桌子前面。

招聘人员与应聘者的座位没有所谓的最佳安排。有的招聘人员认为桌子是他们与应聘者之间的障碍物。如果你也这样认为，那么桌子的确就成了障碍物。有的招聘人员希望尽量多地看到应聘者的状态，这样他们就可以更好地评估应聘者的非语言沟通行为。但是，如果你觉得坐在桌子后面会更舒服，那就这样坐。

准备好面试问题

准备一些问题作为面试提问的基础。可以根据职位描述来决定提出的问题。根据职位描述，你可以轻松地掌握招聘职位基本的技能要求，然后拟订面试问题来判断应聘者是否具备这些技能，是否与职位相匹配。你也可以准备一些假设性问题，让应聘者能够展示他们的潜能。

注意不要准备太多问题，准备的问题也不要太具体。如果你列的问题过于具体，就很容易倾向于根据问题清单逐条提问，这样会显得过于程式化，应聘者也会因此感到紧张。此外，如果问题清单过长，招聘人员也会觉得有压力，常常到最后觉得没有必要问这么多问题。同样，应聘者也会感到不舒服，他会怀疑招聘人员是否在认真倾听他的回答。

一般准备 6 个问题就可以。一旦进入面试状态，其他问题可以根据应聘者的回答再深入下去。实际上，如果你的第一个问题是开放式问题，那么应聘者的回答可以引出更多的问题。一个比较好用的"第一问"是："你能否描述一下你平时上班时都做些什么？"当倾听应聘者的回答时，你会注意到有一些回答能引出更深入的问题。

只要仔细倾听应聘者的回答，并根据他的回答提出下一个问题，你就可以在整个面试过程中得到足够的信息。例如，应聘者目前的工作是客服代表，在你问他"请描述你当前职位的日常工作"这个问题时，他可能会做出一个简短的回答："嗯，让我想一下。每天都不一样，因为我与客户打交道，你永远不知道他们要说什么，但是基本上我的工作就是接听客户热线，研究问题，并处理客户投诉。"

如果你听了这些回答后就跳到另一个问题，你会忽视很多信息。这位应聘者至少提供了四条有价值的信息待你进一步询问。

1．他的工作要求他在不同的情境下与各种各样的人打交道。

2．他接听客户热线。

3．他研究问题。

4．他处理客户投诉。

根据应聘者的回答，你还可以继续询问以下问题。

- 你需要处理什么样的情况？
- 给你打电话的都是什么样的人？
- 投诉人应遵循什么样的投诉流程？
- 你在这个流程中扮演怎样的角色？
- 客户热线是怎么一回事？
- 你说你要接听客户热线，具体指什么？
- 当客户打热线时，你对他讲什么？
- 如果客户来电涉及具体问题，你怎么回答他？
- 如果不能马上解决客户提出的问题，你怎么回答他？
- 如果客户对你的回答不满意，你怎么办？你能否举个例子说明一下？
- 请你讲一件客户感到十分愤怒的事情，以及具体发生了什么。
- 请你讲一下客户要求找其他人的情景。
- 请你描述一下你一次面对许多苛刻的客户的情形。
- 如果一位客户反复打电话说他的问题没有得到解决，面对这样的客户，你是怎么处理的？
- 你花费多长时间来研究问题？
- 请你描述一下你研究问题的过程和你用到的资源。
- 在知道自己每天都要处理客户来电中提到的各种问题的情况下，你是如何准备一天的工作的？

应聘者对开放式问题的模糊回答会引发上述提到的各种问题。这些问题的答案又会引出其他的问题。这些进一步的问题会帮助你构建有关应聘者职责和工作水平的清晰画面。

这个开放式的"第一问"涉及的信息非常广泛，在面试开始前准备这一个问题就足够了。但是，大多数招聘人员会准备一系列问题以做到心中有数。例如，没有工作经验的应聘者就无法说明他一天里都干了什么。下面是招聘人员面试之前可能会准备的一些问题。请注意这些问题都问得十分宽泛，可以引出更多的问题。

对有工作经验的应聘者，你可以问：

- 你最喜欢和最不喜欢当前/最近一份工作的哪些方面？
- 请讲一讲你现在的工作中涉及××的情况，你是如何处理的？
- 现在或过去你在工作中感到最难做的是什么？最容易做的是什么？为什么？
- 为什么你要离开现在的工作单位？
- 对于工作中你不喜欢做的事，你怎么办？请讲一个具体的例子。

对有正式教育背景却没有工作经验的应聘者，你可以问：

- 在高中/大学/其他学习期间，你最喜欢或最不喜欢的学科是什么？
- 请描述一下你的学习习惯。
- 你为什么选择××专业？
- 你认为你的专业将如何为这份工作助力？

对没有正式教育背景和工作经验的应聘者，你可以问：

- 下面我向你讲一些工作当中可能会出现的情况，请告诉我你会如何处理。
- 你为这个职位做了哪些准备工作？

本章小结

即便非常有经验的招聘人员，也会在面试之前提前做准备。首先，招聘人员要仔细进行职位分析，分析内容包括职责、工作要求、汇报关系、环境因素、薪水、福利、发展机会等。此外，招聘人员需要决定与职位最匹配的人员。也就是说，招聘人员需要审查应聘者展现出了哪些技能，他是否愿意将这些技能和知识投入新工作中，以及他的哪些无形技能和特点对工作和组织有益。

招聘人员应该在面试之前浏览应聘者的职位申请表和简历，这可以保证对应聘者的证书、背景、任职资格有所了解。唯有如此，在面试过程中招聘人员才会明白应该就哪些方面进行深入提问。

招聘人员应该花 60~90 分钟与豁免性岗位的应聘者进行面对面的交谈，花 30~45 分钟与非豁免性岗位的应聘者交谈。此外，还需安排额外的时间来浏览简历、进行测试、记笔记、回顾面试流程、约定另外的面试时间，以及核查参考资料。

招聘人员应该为应聘者提供一个私人的、舒适的面试环境。招聘人员还应该提前准备 6 个左右的问题来作为面试提问的基础。

第6章

针对能力类问题的提问技巧

如果你不知道在面对面的面试中应该涵盖哪些内容，不知道如何设计问题答案，最重要的是，不知道如何将答案与当前的任务联系起来，即设计最合适的答案，那么算法、成功典范及前文介绍的所有内容都无法让你做出高效的雇用决定。随着时间的推移，对成功的人力资源从业者来说，提出能力类问题是最有可能实现"做出高效的招聘决定"这一目标的方式之一。

我参与过上百次面试，其中有一些让人印象深刻。有次面试因为一个叫丹的经理参与其中而显得与众不同，他证明了以能力为导向的面试方法的价值。在面试第一天快结束的时候，丹坚定地说："人们过去做了什么并不重要，重要的是他们愿意做什么。"当我告诉他我赞成他的说法时，丹满脸错愕地接着说："你刚刚说过，以能力为导向的面试是最有效的方法，因为它们会评估应聘者表现出来的能力，从而判断他们是否符合工作要求。而我只是认为应聘者唯一重要的品质是他们愿意做什么，你怎么会赞同我呢？""很简单，"我回答，"在我回答之前，我先问你一个问题。你如何确定一个人愿意做什么？"

丹思考了片刻，然后回答："答案很明显，那就是直接去问！"我笑了，这正是我预料之中的回答。我继续问："丹，假设你有一个项目经理的职位空缺，该职位的一项关键能力是团队合作，你打算怎样去问你的应聘者呢？"丹回答："我可以请他们描述如何与团队中的其他成员一起工作。"

"你觉得他们会怎么说？"我问。

"我想他们会说他们与团队中的其他成员合作得很好。"丹回答。

"对，"我说，"那么，关于他们的合作你了解多少？"

"很少，"丹承认，"好吧，那么我会问一个具体的问题，例如，'假设你作为团队的一员，你遇到一个障碍，你的一位同事不承担他那份工作，你会怎样做？'"

"好多了，"我说，"但是，难道你认为他会告诉你你想听的答案吗？"

丹变得有点沮丧，所以我决定回到最初的问题："丹，我承认应聘者重要的品质是他们愿意做什么，我也承认以能力为导向的面试方法是一切面试的基础，那是因为以能力为导向的面试能让你确切地了解人们愿意或想做什么。例如，在团队合作的例子中，你最后提出的问题很好，但不完整。你还是不知道他是否言行一致，或者这仅仅是他给出的'正确'答案。想一想，你可以继续问：'告诉我你在上一份工作中遇到过类似的情形吗？'他的回答将引出关于团队合作的特定工作经验，因为大部分人都遵从于习惯，所以他可能用以前的方法来处理未来遇到的类似有关团队合作的问题。"

丹很懊恼，但他很乐于听取更多有关以能力为导向的招聘面试方法。

主要能力类别

为方便起见，我们把能力定义为帮助人们有效履行工作职责的某种技能、品格或特征。能力是衡量工作成功的尺度。确定与工作相关的能力可以帮助你评估一个人过去的工作效率，从而预测他在你的组织中的业绩水平。虽然不同的职位要求有不同的能力，但有四类能力是最基本的。

1．有形的或可衡量的能力。

2．知识能力。

3．行为能力。

4．人际交往能力。

大多数职位都更强调对其中一类能力的需求，但是每位员工都应该在一定程度上表现出这四类能力。

有形的或可衡量的能力类

对当今许多职位而言，拥有具体、有形或可衡量的能力是成功的关键。有形能力证明了一个人在过去的工作中取得的成就。例如，对一份技术性工作所需能力的抽样研究说明，完成该工作需要全面掌握技术诀窍，向不同受众提供恰当的技术信息，运用技术专长解决公司的问题，紧跟最新的技术发展，了解公司的各种工艺，对工艺进行最大限度的优化，权衡多项工程，以及汇报项目进展情况。

尽管有形能力毫无疑问是绝对必要的，在面试技术性职位时必须加以考察，但对其他三类能力也应进行考察。理由很简单：使一个人积极投入工作的远不止有形能力。人类是复杂的生物，会运用各种知识、行为和人际交往能力，所有这一切都会影响工作的成败。不论人们从事的工种和级别如何，情况都是如此。

看看下面这种情况。同一个职位有两个空缺，并且雇用了两个人，这两个人在技术上都能够胜任。保罗的经验比贾斯汀略多，但两人都具备出色的技术知识。一年后，贾斯汀的绩效评估表明，他的工作表现超出平均水平，而保罗则接近临界点，勉强令人满意。为什么？因为保罗很难将精力集中在工作上，不能很好地与客户交往；贾斯汀能对反馈信息做出良好的反应，而保罗将建议视为批评。保罗的绩效差是由一系列非技术因素造成的。问题出在什么地方呢？

回头想想，你就能发现出现问题的原因：招聘人员将所有问题都集中在应聘者的技术能力上，错误地认为对其他能力类问题的询问与技术性职位无关。如果他问过保罗在过去的工作中如何与客户互动，或者问过保罗是如何处理过往项目的，那么保罗便不太可能得到这份工作，尽管他有技术专长。

知识能力类

第二类能力——知识水平，涉及应聘者的知识面和思维方式，此类别中包括项目管理能力、解决问题的能力、决策能力、注重项目关键因素的能力、时间管理能力和有效利用资源的能力。其中的很多内容都被视为无形能力——比有形能力更难衡量和量化，但两者同等重要。每个职位，无论级别高低，都需要一定的知识。即使入门级职位，也需要一定的决策或解决问题的能力。招聘人员应提出与工作水平和工作性质相符的相关知识问题，以确定应聘者的知识面和思维方式。当一个职位既不要求对应聘者的以往工作进行测量，也不要求招聘人员根据应聘者的工作经历做出判断时，这一点显得尤为重要。

行为能力类

行为能力类的能力涉及应聘者在特定情况下采取的行动。假设该职位需要较高的客户满意度，那就需要了解以下问题：应聘者在以往面向客户的职位上，是否致力于发展与客户的长期伙伴关系？是否将关键进展信息随时向客户汇报？是否采取过进一步的措施来确保客户满意度？假如应聘者是团队的一员，他是否帮助同事全力满足客户的需求？是否将客户的意见纳入决策？ 你可以就应聘者的特定行为向他提出很多问题，这些问题将揭示他的行为是否可以有效地与公司的情况相匹配。

人际交往能力类

第四类也是最后一类能力涉及人际交往能力，即应聘者如何与他人打交道：

他是否积极地听取他人意见？心情不好的时候能否自我控制？能否自发行动，与各部门的人一起有效工作？能否尊重他人的意见和观点？能否接受反馈的信息？能否有效地处理矛盾？

每个职位都需要与他人进行某种程度的互动。一个人在自己的岗位上不论多么称职，知识水平多么高，表现多么好，如果不能有效地与他的经理、同事、下属或客户沟通，那么他本人及其他人的工作都会受到影响。招聘人员应就应聘者在以往工作中面对类似情况如何与他人沟通提出问题。

各类能力的影响

无论你是人力资源部门的经理还是普通员工，如果只注重一类能力，而忽视其他三类，你的工作就会受影响，进而影响公司形象，这一点是毋庸置疑的。如果你雇用的人出了问题，这不仅反映了你的判断力和能力，还会给日常工作带来更多的困难，有可能引发生产效率、员工士气和工作动机方面的问题。而雇用错误的人会让你付出更高的代价。

通过雇用拥有以上四类能力的应聘者，你会从中获得更多的收益。因为这些人更可能享受他们的工作并留在公司，从而降低员工离职率，减少招聘费用，提高生产率及客户满意度。

职位相关能力

综上所述，每个职位都需要四类能力：有形的或可衡量的能力、知识能力、行为能力和人际交往能力。除此之外，还需要与职位相关的能力，且因工作职责的不同而不同。

每个空缺职位所需要的相关能力取决于各种资源。有关职位本身的信息可以从职位描述中获取。此外，浏览职位需求和公告，与部门领导、经理和管理监督人员谈话，也可使你获得对空缺职位的深入了解，这些资源可以提供有关有形能力和知识能力方面的有用信息。在职人员也会对你有所帮助，因为他们可能为你提供有关该工作的行为能力和人际交往能力的有用信息。

收集了有关职位的信息后，将与职位相关的能力挑选出来。该过程分两个步骤：①列出所有必需的能力；②将能力归入其所属类别。以客户代表这一职位为例，以下是通过审核人力资源部门提供的职位描述，以及与一名销售经理和两名在职人员谈话后确定的该项工作所需能力的不完全清单。注意，该清单既包括要求，也包括职责。

要求：

- 具有管理和执行产品销售的经验。
- 具有检测、质疑、评估和报告销售状况的能力。
- 具有协调时间并按时完成任务的能力。

职责：

- 销售产品。
- 协助制订和执行销售计划。
- 记录报价，审查销售合同。
- 向销售主管汇报销售业绩。
- 解释涉及公司产品销售和合同的技术性文件。
- 与技术性和非技术性人员进行有效的面对面沟通。

接下来，你可以将各项能力归入其所属类别。回顾每类能力所代表的含义：有形的或可衡量的能力类反映应聘者能做什么；知识能力类是指应聘者所了解的事物和思维方式；行为能力类揭示了应聘者的行为方式；人际交往能力类表示应聘者如何与人交往。现在回到上文列出的清单，在各项能力后面做一个标记：用 T 表示有形能力类，用 K 表示知识能力类，用 B 表示行为能力类，用 I 表示人际交往能力类。归类后清单如下。请注意，各项能力可能不止归入一类中。

要求：

- 具有管理和执行产品销售的经验（T/K/B）。
- 具有检测、质疑、评估和报告销售状况的能力（T/K/B/I）。
- 具有协调时间并按时完成任务的能力（B）。

职责：

- 销售产品（T/K）。
- 协助制订和执行销售计划（T/K）。
- 记录报价，审查销售合同（T/K）。
- 向销售主管汇报销售业绩（T/K）。
- 解释涉及公司产品销售和合同的技术性文件（T/K）。
- 与技术性和非技术性人员进行有效的面对面沟通（B/I）。

现在再仔细看看你的清单，以确保所有四类能力都有体现。你肯定会发现有些能力所占的分量超过了其他能力（就客户代表这一职位而言，强调的是有形的或可衡量的能力），并且当一项能力同时归属于两大类时，往往同时归属于有形的或可衡量的能力类和知识能力类，或者行为能力类和人际交往能力类。只要这四类能力都涉及了，分类工作就结束了；否则你就要回过头去再收集一些信息。招聘人员在面试应聘者之前，必须确保自己在面试中能了解所有相关领域，这一步很关键。

确定了与工作相关的能力之后，你就可以将工作要求与应聘者所提供的内容结合起来。应聘者的情况可以通过诸多资源获得。提供信息最全面的两种资源是填好的职位申请表和简历。因为职位申请表和简历上的信息可能不同，所以最好要求提交职位申请表的应聘者再提交一份简历。应聘者对所有的问题都应当回答，而不能使用"见简历"这样的措辞来回答某些问题。

有关应聘者的情况还可从其提供的证明人处获得。如果应聘者因为某位员工的口头推荐而来，那么推荐他的这位员工便可提供有用的相关工作信息。也许过去两人作为客户代表一起工作过，那你便可以得知该应聘者的技术、知识和行为能力方面的信息；也许你的员工在过去的工作中监督过被推荐人的工作，你可以从这种关系中获得有关他在人际交往能力方面的重要信息。审阅应聘者提供的材料时，不要被一些无关因素左右。例如，如果你并不看好推荐人，你可能在面试他介绍来的人之前就对应聘者产生成见。必须严格按照根据四类能力挑选应聘者的标准来衡量，只有这样才能避免这一误区。

能力类问题的特点

能力类问题的重点是将过去的工作表现与未来可能的在职行为联系起来。这些问题基于与特定职位相关的技能、能力和特质等信息，相关答案揭示了应聘者未来展示类似的工作表现的可能性。该过程之所以有效，是因为过去的行为被证明是未来行为的表征。注意不要将最后这句话理解为"过去的行为预示了未来的行为"或"未来的行为与过去的行为相同"。以能力为导向的面试法的支持者明确指出，过去的行为仅是一个表征，没有人可以绝对确定地预测某人将来的工作表现。太多变量会影响一个人的业绩，举例如下。

- 工作环境发生重大变化。
- 管理者的方法、态度或性格。
- 员工的个人生活困难。
- 部门严重背离既定的工作步骤。
- 兼并、收购或经济衰退。
- 新的组织哲学的推出。
- 被视为不公的绩效评估或加薪。
- 在晋升中被他人超越。

上述任何一种因素都可能影响员工的工作，即使最随和、最自觉、最努力的员工也会受到影响。由于招聘人员初次与应聘者见面时无法预料到这些影响，因此他们需要提出一系列能够尽可能准确推断应聘者今后表现的问题。要达到此目的，最好让应聘者说说过去的事情。

例如，假设你有一个职位空缺，该职位的特点是任职者会经常遇到一些紧急情况和紧迫的时间期限。据此你可以向应聘者提出以下问题。

- 在平常月份，这种紧急情况发生了多少次？
- 说说你为了有效地处理这些紧急情况所采取的工作方法，以及这套方法对你其余工作的影响。
- 为按时完成工作，你还需要其他人的配合吗？
- 你和其他人分别起到怎样的作用？
- 工作中是否出现过你认为无法按截止日期交付产品的情况？你是如何处理的？

能力类问题要求对方给出具体的例子。根据这些例子，你可以推断出应聘者在你的组织中的可能表现。如果此人当前或以前公司中的环境、条件和情况与你的公司基本相同，那么你的任务就变得简单了。当然，这种情况很少发生。因此，你需要提取四类能力中每一类的相关信息。你不仅应了解应聘者是否知道该做什么，以及如何去思考，还应该知道他是否懂得如何去表现，如何与人沟通。对这些后续问题的回答，能说明应聘者在面对棘手的紧急情况时，其四类能力中各项所能达到的水平。

由此可见，以能力为依据的面试能使你根据事实做出聘任决定。这种面试组织严密，围绕具体工作，并注重相关的有形能力和无形能力。此外，这类面试在法律上无懈可击，并且赋予了招聘人员更大的控制权。

招聘人员应注意，围绕能力问题进行的面试并非只包括能力类问题，我们将在第 7 章讨论招聘面试的其他提问技巧。尽管如此，能力类问题应占大约 70% 的比例，其他类型的问题只作为补充。能力类问题能从以下方面提高面试质量。

- 确定胜任某一职位所需要的技能和性格特点。
- 列出某一具体工作所需的能力。
- 标定获得这些能力所需的相关经历。
- 明确应聘者从其经历中所掌握的知识和技能。
- 判断应聘者能否将其知识和技能运用于某一具体职位和工作环境。

能力类问题的导入语

准备能力类问题时，请记住两件事：一是相关问题要求应聘者举出以往工作中的具体事例，二是应当直接针对具体职位的相关能力提问。

能力考核问题的措辞是最容易敲定的。如果一个职位要求应聘者具备监督工程的能力，则可以问应聘者以下问题。

- 说说你监督某项工程时的情况，该任务有什么职责要求？
- 说说你参与的一个具体项目。该项目是怎么分工的？
- 当上次你们完成一个特别困难的项目时，你是如何做到的？

如果一个职位要求应聘者作为一名团队成员与他人广泛合作，那么你可以提出如下问题。

- 描述一下你最近作为团队成员的工作情况。
- 说说你在一个多元化团队中的情况。你是怎么解决差异化问题的？
- 说说你的建议未被采纳的具体情况。
- 当你认为自己有能力领导一个团队，但领导者另有人选时，你会怎么想？怎么做？

这些能力类问题都是由导入语开始的，要让应聘者认识到一个重要的事实：你需要具体事例。以下是能力类问题的导入语示例。

- 说说当你……时的情况。
- 举个例子，说说你在……时的情况。
- 告诉我当你在……时的情况。
- 告诉我你在……时的具体工作经历。
- 给我举个例子，说明你在……时的情况。
- 描述一下当你被派去……时的情况。
- 描述一下最有意义的……
- 在上一份工作中，为了……你是如何做的？
- 告诉我你不愿意做……的情况，那是怎么回事？
- 描述你感到……的情况，结果如何？

当你问到第三个或第四个能力类问题时，应聘者就会意识到每当你用导入语提问时，他们要用具体事例回答你的问题。附录 D 总结了能力类问题的特征。

提出能力类问题的时机

要取得最佳效果，这类面试应包括五个阶段：建立关系阶段、初步介绍阶段、核心阶段、确认阶段和结束阶段。每一阶段都有具体目标和规定的时间比例。能力类问题在某些阶段非常有效，在其他阶段则效果极差，甚至毫无效果。表 6-1 总结了面试的五个阶段，列出了各阶段大致的时间百分比及在各阶段提出能力类问题时的效果。

1. 建立关系阶段。在这个阶段，应鼓励应聘者放松，从容面对面试官，所问问题应与工作无关，如天气或应聘者上下班路途往返情况。这一阶段的时长应占面试总时长的 2% 左右。在此阶段提出能力类问题是毫无效果的。

2. 初步介绍阶段。在这一阶段面试官最初提出的问题是为了帮助仍旧很紧张的应聘者放松，鼓励他聊一些熟悉的话题，如目前或最近所从事的工作。此外，最初的几个问题应有相当的广度，能引出其他问题，并让面试官开始对应聘者的相关语言和组织能力做出判断。这个阶段的时长应占面试总时长的 3%。在本阶段提出能力类问题效果极差。

3. 核心阶段。面试官在此阶段可收集有关具体的技术、知识、行为和人际交往能力的信息，对应聘者以往的绩效进行考核，并根据具体的工作相关事例对其今后的绩效进行预测。最终面试官可以根据事实而不是直觉或偏见做出雇用决定。核心阶段的时长应占面试总时长的 85% 左右。在核心阶段提出能力类问题效果极佳。

4. 确认阶段。面试官在此阶段可对在核心阶段所了解的工作相关能力进行核实。所讨论的话题应仅限于上一阶段已经提及的那部分工作经历和教育背景。确认阶段的时长约占面试总时长的 5%。在此阶段提出能力类问题效果极差。

5. 结束阶段。结束阶段可帮助面试官确保自己了解了做出有效雇用决定所需的全部相关能力。这也是应聘者推销自己的最后机会，也就是说，应聘者在这一阶段应表明他能够为公司做贡献的方式和原因。结束阶段的时长约占面试总时长的 5%。其中大部分或全部内容都是能力类问题，在此阶段提出能力类问题效果极佳。

表 6-1　面试的五个阶段

阶　　段	目　　的	时间百分比	能力类问题的效果
建立关系阶段	让应聘者放松	2%	无
初步介绍阶段	开始评估应聘者	3%	极差
核心阶段	收集有关工作技术、知识、行为及人际交往能力的信息	85%	极佳
确认阶段	核实已获得的信息	5%	极差
结束阶段	最后询问相关能力	5%	极佳

能力类问题的设计

如果知道如何恰当地提出问题，那么你通过职位描述和其他渠道收集的信息，再加上应聘者的背景资料，就能为你判断应聘者是否满足匹配的应聘条件提供大量的资料。因为 3/4 的面试内容是询问与以往绩效相关的具体事例，雇主必须将其所要了解的信息主体转换成能力类问题。注意，你不必总是用疑问句的形式提问，陈述句往往会同样有效。

最好的办法是先列出该职位的主要职责和义务。假设有一个人力资源总监助理的职位空缺。其部分职责如下。

- 招聘和面试非豁免性职位的应聘者；将合格的应聘者推荐给相应的部门经理。
- 对应聘者的情况进行查询。
- 帮助人力资源总监制订和实施每月的职前培训计划。
- 协助执行政策和程序，可能需要解释或说明某些政策。
- 协助开发和维护整个公司中非豁免性职位的最新职位描述。
- 帮助维护和实施公司的薪酬计划，对工资增长实行监督管理，以确保工资增长不违背业绩提高的原则。

现在只看第一项职责：招聘和面试非豁免性职位的应聘者；将合格的应聘者推荐给相应的部门经理。

请参阅本章前面确定的能力类问题导入语列表，将其用于该职位的具体面试内容，你会毫不费力地提出如下问题。

- 如果你有一个非豁免性职位空缺了相当长的时间，最终你怎么去招聘？
- 比方说，你曾将你认为应当聘用的应聘者推荐给部门经理，但你的推荐被拒绝了。你是如何解决与部门经理之间的意见分歧的？
- 说说你遇到过的因应聘者过多而难以做出决定的情形。
- 具体说说你曾雇用但后来被证实不符合职位要求的应聘者的那段经历。
- 请举例说说你与一位部门领导在对某一非豁免性职位的职位要求不能达成共识的情形。结果如何？
- 描述一下你被要求为某一部门一次找到好几个空缺职位人选的情形。
- 描述你迄今为止最有意义的招聘经验。
- 在你上一份工作中，为了说服某一部门领导雇用某人，你是怎么做的？
- 对于那些特别难以找到合适人员的职位空缺，你去年每隔多长时间需要进行一次招聘？说说最终的结果。
- 说说你不愿意继续使用某一长期利用的招聘资源的情景。发生了什么事？
- 说说当你对个别应聘者的回答感到不安时的情景。结果如何？

当然，你不必将所有的导入语都用上，你可以用自己的话代替。对于第二项工作职责"对应聘者的情况进行查询"，可提出以下问题。

- 描述一下你进行情况查询的步骤，对没有给你回电话或信函答复的应聘者，你是如何采取进一步行动的？
- 当你收到了关于某一应聘者的负面推荐，而部门经理无论如何都要雇用这个人时，当时及后来的情况如何？
- 假设你去找一位遭到负面推荐的应聘者，并请他解释一下为什么他的前雇主会给他提供不利的证明，说说当时的情形。
- 请说说你遇到的推荐信看起来优秀得令人难以置信，而后来的情况证明的确如此的情形。
- 说说你是如何向那些只肯证明聘任日期的前雇主进行情况查询的。
- 说说你为了确定应聘者是否称职而向他的前雇主提出的问题。
- 描述你从应聘者的两个前雇主那里收到相互矛盾的推荐信的情形。你是怎么做的？
- 说说你曾打电话给公司有意聘用的一位应聘者的前任经理，而她让你去找人事部门了解情况的情形。
- 你是如何核实学校成绩的，请举例具体说明你的做法，结果如何？
- 说说当你遇到应聘者很明显地伪造了文凭时的情形，你是如何处理的？
- 说说当你遇到应聘者已经开始工作，你却收到了有关她的不利证明时的情形，结果如何？

接下来的职责是"帮助人力资源总监制订和实施每月的职前培训计划"，对此可提出以下问题。

- 在上一份工作中，你是如何平稳有效地进行职前培训的？
- 说说在组织培训过程中，当你被问到一些无法回答的问题时的情形。
- 你是否遇到过被你邀请来做职前培训的人没有到场，印刷材料没有准备好，或者设备出了问题的情形，你是如何处理的？
- 说说你为第一次职前培训所做的而现在已经不需要再做的准备工作，为什么不做了？
- 描述一下你与职前培训内容开发人员和参与人员之间的关系。
- 说说当你被要求跟进职前培训人员的反馈却没有跟进时的情形，发生了什么事？
- 说说你有过哪些能使职前培训对新员工更有意义、更有帮助的一些想法，还有哪些是你未考虑到的？

下一个要探讨的职责是"协助执行政策和程序，可能需要解释或说明某些政策"，一些有益的问题包括以下几种。

- 谈谈你在执行和解释员工政策方面所起的作用。

- 当有员工打电话向你询问政策和程序方面的问题时，他们的目的是什么？
- 你是否遇到过员工要求对某一人力资源政策做出解释并对解释感到不满的情形，具体说一下你是怎么处理的？
- 是否出现过员工对某一政策或程序的准确性提出质疑的情况？
- 举例说说某项长期政策被修订的具体情况，你在其中起到了什么作用？
- 描述一下引发疑问和关注最多的某项政策或程序，你认为原因何在？

对于"协助开发和维护整个公司中非豁免性职位的最新职位描述"这一职责，提出以下问题将非常有帮助。

- 说说你在撰写职位描述这项工作中的职责。
- 告诉我你所负责的职位种类。
- 描述一下你是如何为撰写职位描述收集信息的。
- 你在撰写职位描述时是否遇到过困难？说说当时的情形。你认为原因何在？
- 你是否遇到过任职者及其经理对某一职位的职位描述意见不同的情形，结果如何？
- 你如何确保职位描述不过时？
- 你是否遇到过工作职责与相应的职位级别和工资等级不匹配的情形，举个例子，结果如何？
- 你如何才能熟练地撰写职位描述并保持其准确性？

针对最后一项职责"帮助维护和实施公司的薪酬计划；对工资增长实行监督管理，以确保工资增长不违背业绩提高的原则"，应提出如下问题。

- 描述一下你在公司的薪酬计划中所承担的职责。
- 说说绩效评估与薪资增长之间的关系。
- 你是否遇到过某位部门领导建议为一位绩效较差的员工涨薪的情形？
- 描述一下你在薪酬计划中所承担的最具挑战性的工作。
- 你是否遇到过员工对所建议的涨薪幅度提出异议的情形，请举出具体事例。你在解决异议的过程中发挥了什么作用？
- 是否出现过这样的情形：某位员工的职位已达到其所属领域的最高级，但据其表现应给予加薪，结果如何？

仅这六项职责就产生了数十个问题，这些问题提供了与工作相关的四类能力的信息。此外，通过运用积极的倾听技巧，你还可以根据应聘者的回答想出更多与职位相关的问题。

有了第 5 章中几个预先设计好的问题，加上职位描述中包含的信息及应聘者的职位申请表和简历，能力类问题应该在整个面试中自然而然地不断涌现。

提出这些问题并不难，整个过程也会效果显著，最终帮助你做出有效的聘任决定。

通用的能力类问题

有效的能力类问题可以根据职位描述、简历和求职申请表产生。这些问题使职位与应聘者之间有了直接的联系。不过，有时候招聘人员需要全面了解应聘者，以判断应聘者能否更好地适应合作氛围，为团队做贡献，以及在特定的管理模式下履行职责，仅仅与职位相关的能力类问题可能不能有效判断应聘者这些方面的能力。

去掉某些关键的职位相关能力，提出一系列通用的能力类问题，能够弥补专业考核的缺陷，最终挑选出完全适合职位的人才。

豁免性职位的通用能力类问题

下面列出了适用于众多豁免性职位的通用能力类别，以及相关的能力类问题。

决策能力

- 说说你做过的不受欢迎的决定，结果如何？
- 描述一下你关注的某个不公平决定的情形，你是如何做出反应的？
- 说说你的决定没有按照计划发展的情形。发生了什么？如果有另一次机会，你会怎么做？
- 说说你曾为一个不现实的截止日期做的决定，发生了什么？
- 告诉我你做出的最有效的决定，再告诉我你做出的最无效的决定。

解决问题的能力

- 告诉我你最近工作中遇到的一个问题，你是如何解决的？
- 在上一份工作中，你是如何鼓励员工独立解决问题的？
- 描述你在当前工作中必须解决的最具挑战性的问题，是什么使它具有挑战性，你是如何解决的？
- 给我举一个你最初认为是问题，后来被证明不足以成为问题的例子。
- 描述一个你无法解决的难题，结果如何？

沟通能力

- 描述你向上级的一次汇报交流，你是怎么准备的？

- 举个例子说说当你做汇报遇到无法回答的问题时，你会怎么办？
- 说说当你被迫向员工宣布坏消息时，情形如何，结果如何。
- 描述一下你怎样使员工了解部门和公司范围内的工作进展。告诉我你和员工交流失败的经历，结果如何？
- 当你被要求写一份报告，但内容被误解时，接下来发生了什么？

工作分派能力

- 说说当你将工作分派给某位员工，他却没能执行时的情形。发生了什么？
- 描述你曾经主动承担超过工作范围的任务而非将其委托给别人的经历。
- 说说你分派的一个长期项目。你是怎么决定的，又是怎么和项目执行者交流的？
- 员工是如何抱怨你分派的任务的？举个例子。

时间管理能力

- 描述一下当你给一项任务留出的时间不充分时，如何弥补。
- 说说你有多项任务需要同时完工的情形。
- 举一个你未能在最后期限前完成任务的例子。如果再有一次机会，你会有哪些不同的处理方法。
- 你如何确保始终有足够的时间完成工作，说出一种奏效的方法。告诉我这种方法在什么时候没有奏效，发生了什么？
- 你如何优选任务和分配时间？
- 假设有一个需要很多员工合作完成的项目，员工各自负责不同的方面，现在告诉我你为这个项目设计的交付时间，以及怎样保证每个阶段都能做好。

非豁免性职位的通用能力类问题

下面列出了适用于众多非豁免性职位的通用能力类别，以及相关的能力类问题。

执行命令的能力

- 讲讲你接到了命令但执行起来有困难的经历。
- 讲讲你接到一个不完整命令的经历，你是怎么做的？
- 举例告诉我你没有理解所接到的命令，但是你不知道是否应该去询问时的情形。发生了什么？
- 讲讲你对任务指令有异议的一次经历。
- 你所接到的最容易的指令是什么，最难的呢？

电话沟通能力

- 告诉我一个具体的工作经历：一位愤怒的客户不断给你的老板打电话，你的老板让你处理，你会怎么办？
- 举例说明当你的上级说你的电话录音不完整或不正确时，你会怎么办。
- 举例说明当你通过电话无法理解对方的意思时的情形。
- 举例说明当你有大量工作但电话不停响起时，你会怎么办。
- 举例说明当某位管理人员向你的上级抱怨你对她说话的方式时，你会怎么办。

处理多项任务的能力

- 说说某次你同时被多个上级布置了任务，需要同时完成，你会优先做哪个？
- 说说当你因为任务过多无法完成时的想法。
- 告诉我某次你不想加班，但知道这将是完成所有工作的唯一方法时，你是怎么做的？
- 给我一个例子，你感觉自己的工作比部门中其他人多很多。
- 描述一下主管对你处理多项任务的能力表示赞赏的情形。

豁免性和非豁免性职位通用的能力类问题

下面列出了适用于众多豁免性和非豁免性职位的通用能力类别，以及相关的能力类问题。

工作环境

- 告诉我你曾经工作过的最佳工作环境，它与你心中理想的工作环境相比如何？再告诉我你工作过的最糟糕的工作环境，它与你心中理想的工作环境相比如何？
- 如果你能改变当前的工作环境，你想改变哪三个方面？
- 说说你接受的一项在一个并不理想的工作环境中完成的任务。你是如何应对的？
- 举例说明你曾经经历过的表面上工作环境很理想，之后被证明并不理想的情形。
- 说说你因为工作环境而不想接受某份工作，之后却庆幸自己接受了的情形。

劳资关系或同事关系

- 说说你不得不与一个难相处的同事打交道的情形。你是怎么处理的？

- 告诉我你之前最有成效的劳资关系。是什么让它如此富有成效？效率最低的劳资关系又是什么情况？
- 当你在当前工作中提出一个有关执行流程的更好方法的建议时，你的雇主对此有何反应？这对你们的关系有何影响？
- 举例说明当你的同事抢了你的功劳时，你会怎么办。
- 当你的同事在老板面前因你从未犯过的错误责怪你时，你会怎么办？

自身的优势与不足

- 说一个你把自己需要改进的领域变成优势领域的例子。
- 你在上一份工作中做了哪些努力来改善需改进的特定领域？
- 说出你三项最大的优势，告诉我你可以展现这些优势的三个不同场合。
- 说说你需要改进之处对同事产生不利影响的情形。如果再给你一次机会，你会有什么不同的做法？
- 面对危机时，你怎样发挥自己的优势？

重压下工作

- 你如何缓解工作压力？
- 说说你是如何因为工作压力太大而犯错的，结果如何？
- 具体说一说你在重压下工作仍有所成就的例子。
- 请说说你对"重压下工作"的认识。举例说明在你上一份工作中此类情况普遍存在的情形。你是如何应对压力的？
- 说一说如果因为效率低下的领导使你不得不在重压下工作，你会怎么办。

工作动机

- 告诉我一个有激励性环境的职位，请详细描述一下该环境。
- 描述一下当前工作中你觉得最激励人的一个方面。
- 告诉我你如何激励自己完成一项不喜欢的工作。
- 描述一下你工作时没有动力的情形，发生了什么？又是什么使你有了动力？

本章小结

能力是一个人所表现出来的与特定工作的要求和职责相关的技能、特质、品质或个性。确定具体的职业能力能够使你判断应聘者在过去是否有效地工作，进而判断他能否在你的组织里高效地工作。基本能力包括四类：有形的或可衡量的技能类、知识能力类、行为能力类和人际交往能力类。大部分职位对某一类能力的需求胜过其他类，但每个员工都应在一定程度上表现出这四类能力。每个职位根据其特定的要求和职责，也有一套具体的能力要求。

能力类问题的重点是将应聘者以往的工作表现与未来可能的在职行为联系起来。这些问题以与职位相关的技能、特点等信息为基础，答案揭示了应聘者未来面对类似情形的可能表现。该过程之所以有效，是因为从过去的行为中可以预测未来行为。

能力类问题寻求具体的例子，并通过引导语来提出，引导语以提醒应聘者为目的。面试应组织严密，围绕具体工作，法律逻辑严密，使面试官能根据事实做出雇用决定。

能力类问题在任何面试中都应占 70% 的比例，并辅以其他类型的问题。

为了达到最佳效果，能力类面试应包括五个阶段：建立关系阶段、初步介绍阶段、核心阶段、确认阶段和结束阶段。每个阶段都有特定的目标，其时长占比各有不同。

尽管有效的能力类问题可以根据职位描述、简历和职位申请表产生，但招聘人员仍需发掘应聘者其他方面的资格，以判断其是否完全适应企业文化。挑选一些关键职位类别，提出一系列通用的能力类问题，有利于最终确定最适合该职位的人选。

第 7 章

其他类型的问题

位完成我教授的面试技巧课程的学生在三个月后发邮件给我，说他已经能够自如运用所学的技巧。同时，他认为我夸大了提出不同类型问题的重要性。在上课前，他认为简单提问"请介绍你自己"就足够了。

我回信说很高兴他认为课程有用并提出质疑。我问他："你认为在招聘面试过程中提问时最重要的事情是什么？"

他很快回复："我学到的是可以用多种不同的方式来表达任何想法，你选择的措辞将决定你接收的信息量及做决定时这些信息的有用性。"

我知道他的回答是我在课堂上讲的原话，但我并不介意。他的回答是对面试时所用措辞传达出的力量的一种理解，并显示了提问时使用不同的措辞对结果的影响有多么广泛。我很高兴他不再提"请介绍你自己"这种不会产生效果的问题，因为这个问题缺乏指向性和结构性，也会使应聘者主动说出不需要提供的信息。

我回信说："对你、你的组织和所有经过你面试的应聘者来说，这是件好事！那你能进一步跟我说说你提问的类型吗？"

几分钟后我收到了他的答复："在大多数面试中，我除了提能力类问题，还问一些开放式问题、假设性问题、探索性问题和封闭式问题。有时，我还会用情景（Situation）、任务（Task）、行动（Action）和结果（Result）提问方法（简称'STAR 法'），对某些职位还需要使用顶级评级法问题。我还提脑筋急转弯问题并设置解决实际问题的场景。尽管你没有问我，我也想告诉你在提问时需要避免的提问技巧：华而不实的问题、多项选择问题和强迫选择问题，因为这些问题经常导致无意义或诱导他人的信息。"

又是我在课堂上讲的原话，但同样无所谓。他在刚走进我的课堂时认为提问用语无关紧要，离开后反而懂得了良好措辞在甄选过程中发挥着重要作用，那么我的使命也就完成了。

开放式问题

开放式问题要求人们给出完整的、有较多字数的回答。回答本身往往能引发讨论，并在根据此问题得出的信息的基础上，招聘人员可进一步提出问题。这类问题鼓励应聘者畅所欲言，使招聘人员能有机会积极倾听，对应聘者的语言沟通能力进行评估，并观察其非语言沟通模式；还能使招聘人员有时间计划下一步的提问。同时，开放式问题尤其有助于鼓励腼腆、内向的人开口讲话，还避免了要求应聘者回忆具体事例时可能带来的压力。

本书第 5 章对客服代表一职的应聘者的部分面试问题便说明了这几点。应聘者对"请描述你当前职位的日常工作"这一开放式问题的回答有些含糊："嗯，让我想一下。每天都不一样，因为我与客户打交道，你永远不知道他们要说什么，但是基本上我的工作就是接听客户热线，研究问题，并处理客户投诉。"这些回答提供了四条有价值的信息。

1. 他的工作要求他在不同的情景下与各种各样的人打交道。
2. 他接听客户热线。
3. 他研究问题。
4. 他处理客户投诉。

接下来你可以提出很多开放式问题。

- 你需要处理什么样的情况？
- 给你打电话的都是什么样的人？
- 投诉人应遵循什么样的投诉流程？
- 你在这个流程中扮演怎样的角色？
- 客户热线是怎么一回事？
- 你说你要接听客户热线，具体指什么？
- 当客户打热线时，你对他讲什么？
- 如果客户来电涉及具体问题，你怎么回答他？
- 如果不能够马上答复客户提出的问题，你怎么回答他？
- 如果客户对你的回答不满意，你怎么办？
- 在知道自己每天都要处理客户来电中提到的各种问题的情况下，你是如何准备一天的工作的？

　　记住，提出应聘者熟悉的开放式问题，这些问题可以帮助形成能力类问题的基础，进而直接引导应聘者用例子补充具体细节。以"如果客户对你的回答不满意，你怎么办"这个问题为例。这是一个合规且与客服代表职责相关的问题。应聘者可能回答："我告诉他们我很抱歉他们不满意我的回答，我希望我能帮上忙。"这个衍生问题不能说明这位应聘者与客户的互动情况——也就是这个职位的本质内容。现在是追加提能力类问题的时候了："请用具体事例描述一下发生了什么。"应聘者必须回忆与客户互动的真实场景。他的回答有助于你评估与工作相关的重要技巧。

　　开放式问题会产生描述性独白、缺少实物或有效信息等问题。如果不进一步询问，那么这些回答对判断应聘者与工作的匹配度没有太大用处。

　　任何开放式问题都可以通过转化成能力类问题或以能力类问题作为支撑而变得具体。例如，"描述一下你处理难缠客户的能力"就是一个开放式问题。这个问题转换成能力问题就是"描述一下生气的客户让你对不是由于你的错而导致的问题负责的情形，你会怎么做。"

　　使用开放式问题会产生另外两个问题。一个问题是应聘者的回答可能包含了不相关的或违反平等就业法律的信息。一旦发生这种情况，面试官必须让应聘者重新关注相关问题。一种解决方式是说："我们看起来已经离题太远了，我看还是继续这个话题吧。"另一种解决方式是说："这些信息和工作都不相关，我们还是回到描述你的日常工作内容上来吧。"如果应聘者主动提供的信息可能被用于非法途径，这两种解决方式就非常合适。

　　另一个问题是开放式问题涉及的范围太广。经典的问题"请介绍一下你自己"就说明了这个问题。要求应聘者用一句话总结多年的工作经验并不太有效。举个例子，你对一个工作超过 30 年的应聘者说"描述一下你的工作经验"，就不太好，相反，你可以说"描述一下你过去 5 年的工作经验"。这仍是个开放式问题，但它确定了有效时间的边界。

　　以下是另外衍生出来的与工作相关的一般性开放式问题。注意，当几个问题一起出现时，应该单独提问。同样，继续提出能力类问题也会提高许多问题的有效性。例如，思考第一个开放式问题："描述一下你心目中理想的经理。"为了使面试更有效，面试官会问："说说你起初认为是理想中的经理但最后发现不是的人，讲讲你为他工作的经历。这之中发生了什么变化？""描述一下远不符合你心目中的理想经理的人的特质""说一下理想中的经理对你的工作产生的作用，可对照非理想中的经理具体说明。"问完这些，你就能明白它们所起的作用。

与工作经历相关的一般性开放式问题

- 描述一下你心目中理想的经理、员工、合作者、工作环境、工作计划。

- 作为员工、合作者、经理，你如何评价自己？
- 你认为和哪种人共事很困难/容易？为什么？
- 你认为"雇主应该给员工什么样的承诺"？那"员工应该给雇主什么样的承诺"呢？
- 你上份工作中的哪项职责让你觉得很困难/容易？是什么原因造成的？
- 在目前的职业生涯中，你如何看待自己取得的进步？从职业角度来说，你 5 年前思考过你现在的职业轨迹吗？后来发生了什么？
- 你的上份工作和上上份工作有什么不同？你更喜欢哪个？理由呢？
- 在你做过的所有工作中，你认为最有/没有回报的是哪个？理由呢？你认为是什么决定了工作回报？
- 你认为当前工作为你准备好承担其他职责提供了哪些方式？
- 这份工作提供了哪些你上份工作没有的前景？
- 你为什么要离职？
- 你在公司中寻求什么？
- 你在军队的经验与你现在所选的领域有什么相关性？
- 你为自己设立了什么样的短期和长期目标？
- 你在未来的工作中想避免什么？理由呢？
- 你认为你的优势是什么？你希望在哪些领域提升自己？你如何提升自己？到目前为止，为了提升自己，你做过什么？
- 工作的哪方面让你十分满意？
- 你如何处理不喜欢的工作？这种处理方式与你处理喜欢的工作的方式有什么不同？
- 你如何管理时间？
- 你如何做决定？
- 过去的雇主因为什么表扬/批评过你？
- 与工作相关的什么场景让你觉得很舒适/不舒适？
- 如果你被要求做不属于你职责范围的工作，你如何应对？
- 作为_____，最困难和最有回报的方面是什么？
- 你如何与老板探讨你对工作的不满意之处？
- 老员工是怎样劝说你不要离职的（如果有这种情况的话）？

与教育背景相关的一般性开放式问题

- 在高中/大学里，你最喜欢/不喜欢的科目是什么？理由呢？
- 你最擅长/不擅长的科目是什么？

- 你决定主修_____科目的原因是什么？
- 你决定参加_____的原因是什么？
- 刚上大学时，你的职业计划是什么？有发生变化吗？
- 你在上高中/大学时准备如何应对"真实世界"？你为什么觉得难以应对？
- 上高中/大学让你获得了什么？
- 如果有机会重新上学，你会有所改变吗？
- 你认为你的学业在哪些方面能帮助你做好应对准备？
- 说一下你的学习习惯。
- 说一下你在高中/大学期间做过的兼职，你认为哪种最有趣/无趣？
- 对于想边工作边读书的人，你会给什么建议？
- 边工作边读书最难的是什么？
- 你专业的系主任做过哪些事情让课程变得有趣？
- 你如何处理不太感兴趣的课程？
- 说一下你心目中理想教师的特点。

假设性问题

假设性问题是与工作相关的一些设想，以问题的形式呈现给应聘者，让他们寻求解决的方法，通常表述如下。

- 如果……你会做什么？
- 你如何处理……
- 你如何解决……
- 在……情况下你会怎么做？
- 如果……
- 设想……
- 你如何避免……
- 考虑一下……场景。
- 关于……你会说什么？
- 假设……
- 如果……你会怎么做？

假设性问题可以评估应聘者的解释能力、思维过程、价值观念、创造力、工作风格和处理不同工作的方法。

尽管应聘者对假设性问题的回答可以产生重要信息，但面试官对特定的答案应保持警惕。应聘者对公司不熟悉，只能根据他们先前的经验做出回答，因此这些回答是基于他们所思考而不是所了解的内容做出的。

假设性问题与能力类问题的重要区别是，假设性问题要求应聘者在一个尽可能真实的虚构场景里做出反应，而能力类问题是根据应聘者的实际经验提出的。前者基于设想，后者基于事实。

以不合理的工作要求为例，让我们来看一下这两种问题在语言表述上的不同之处。首先用假设性问题来表述。

假设你是一位经理，你的团队抱怨不得不满足公司顶级客户提出的不合理要求，你能让客户和员工双方满意吗？你会怎么做？

现在我们用能力类问题来表述。

作为经理，说一下当你的团队抱怨不得不满足公司顶级客户提出的不合理要求时，你如何让客户和员工双方满意。

假设性问题的措辞将引导应聘者回答他所做工作的可能性。例如，应聘者很可能回答"我会的"或"我可以"。但是你不知道他给出的答案是他认为正确的，还是他认为你想听到的。而在能力类问题中，应聘者就必须抽取真实的工作场景，描述发生的事件。这个场景是他编造出来的吗？可能是，但应聘者无法确定你已经了解或确认了关于他的信息。对可以核实的事情，撒谎比构想还未发生的事情要难得多。

自然而然，能力类问题要求根据应聘者的类似经历提出。如果在看过应聘者简历后，你仍不清楚他过去是否有类似的工作经验，你应使用如下的表述方法。

作为一位经理，你曾经历过这样的情形吗：团队抱怨不得不满足公司顶级客户提出的不合理要求？如果经历过这种情形，你如何让客户和员工双方满意？如果没有经历过这种情形，根据你的经历，想象一下这种情形，你如何让客户和员工双方满意？

以下是一些假设性问题示例，所有这些问题都可以作为更具有实质内容的能力类问题的基础。

- 你如何处理一个经常迟到的员工？
- 你如何与老板讨论你对工作的不满？
- 你如何处理一个长期以来都很优秀，但是最近开始在工作中犯错的员工？
- 你会对挑战你权威的员工说什么？
- 如果员工越级，你会怎么做？
- 想象以下场景：你做了一场演示，被问了很多你不知道答案的问题，此时你怎么做？
- 假设你是团队中的一员，不满意其他人处理项目的方式，你如何尝试改变他们的想法？

- 你如何处理因个人问题影响工作的员工？
- 如果你被分配了一项压力巨大的任务，你会怎么做？
- 你如何避免与合作者/员工/经理/客户发生冲突？

假设性问题对经验有限或无工作经验的人（如应届毕业生）来说非常合适，对几乎没有要求或要求很少的工作来说也很有用。

探索性问题

探索性问题是指能让面试官挖掘更多信息的一类问题。最好的提问方式是用短句和简单的词汇。以下是 3 类探索性问题。

1. 合理型，寻求的是原因，使用短的问句，如"为什么""怎么办""什么时候""几次""谁"。

2. 解释型，是对上一个问题答案的延伸，使用问句如"什么原因导致事情的发生""还有谁参与了决策""接下来发生了什么""当时是什么情况导致了这种事情的发生"。

3. 确认型，核实陈述的真实性。例如，"你的简历上写着你当前的工作与客户公司的领导关系密切，准确说一下你的工作内容"。

无法完整回答问题的应聘者通常会感激你提一些探索性问题来帮助他们。这些问题同样表明你对他们所说的话很感兴趣，并想了解更多。

面试官要注意不要提太多的探索性问题，因为这可能让应聘者开始戒备。另外，要用肢体语言表现出你的兴趣，如保持眼神交流、点头、微笑。避免盯着对方或挑眉毛，因为这些表情预示着不赞同。

以下是一些合理型探索性问题。

- 你认为难以/容易打交道的是哪种人？为什么？
- 经理不在的时候你需要接管她的职责吗？这种事经常发生吗？
- 你前进的动力是什么？为什么？
- 到目前为止，你职业生涯中最大的成就是什么？为什么？

以下是一些解释型探究性问题。

- 谁/什么影响了你的职业目标？以什么方式？
- 你前面说过你的团队无法在截止日期完成任务，你认为是什么原因导致了这种情况？
- 之前你说你参与了调整公司薪酬结构的决策，还有其他人参与该决策吗？
- 你描述了你们公司缩减规模时发生的一些情况，那接下来又发生了什么？

- 在上一份工作中你碰到了什么问题？你是如何解决的？
- 举例说明一件没有按照你的计划进行的事情，当时发生了什么？
- 你如何定义公司忠诚度？如何延伸这个概念？

以下是一些确认型探索性问题。

- 你的前任经理对你处理××事务的评价是什么？
- 你的前员工如何评价你的管理风格？
- 你的同事如何评价你对上一个小组项目的贡献？
- 早前你说你领导公司团队和世界能源公司团队对接，一起开发新的通信设备。请说一下世界能源公司团队中 3 名成员的工作职责和具体发挥的作用。

封闭式问题

封闭式问题是用简单的词汇，如"是"或"不是"，来回答的问题。这种问题有多种好处：让面试官掌控面试；让应聘者感到舒适；帮助解释信息；帮助确认信息；通常可以得到准确的回答。同样，如果有可能导致面试结束的情况，如应聘者缺乏一项重要的工作技能，那直接用封闭式问题能使你足够迅速地了解你想知道的内容。

但是，面试官应避免主要依赖封闭式问题来获得应聘者是否适合新职位的信息。除了特定情况，一般封闭式问题的答案只能提供有限的信息，导致面试官对应聘者的个人能力和经验缺少了解。还有，使用封闭式问题将不能评估应聘者的语言沟通技能，如果这项技能与职位要求相关的话。

封闭式问题不能替代开放式和能力类问题。任何可以用一个词回答的问题都可以转化成开放式问题。例如，"你认为你的上一份工作有意义吗"这个问题可以被轻松转化成"你认为你的上一份工作中哪些方面有意义"。大多数情况下，通过问开放式问题会得出更有价值的信息。

封闭式问题也可以转化为能力类问题。例如，"你做过大量公开演讲吗"这一问题会导致一个字的回答（"是"或"否"），但无法了解应聘者公开演讲的经验。而开放式问题就好很多，例如，"你公开演讲的经验是什么"，但仍不会透露太多信息。不过，将其转化成能力类问题就会得到更为详细的与工作相关的信息："说一下你公开演讲的经历，你是如何准备的？"

以下是一些与工作相关的封闭式问题。

- 在目前的工作中，你多久出差一次？
- 你知道这个职位现在每小时的起薪是 37.35 美元吗？

- 根据目前你提供的信息，我的理解是你更喜欢独立工作，而不是团队工作，是吗？
- 在过去的 3 个月内，你与经理交流了多少次？
- 之前你说工作中最有挑战性的部分是招新，而刚才，你表示最喜欢招聘面试的工作，所以你认为这两方面是同等重要的，对吗？

以下是一些关于教育背景的封闭式问题。

- 你最擅长/最不擅长的科目是什么？
- 你的专业是什么？你选修了哪些科目？
- 你在大学里要想拿满学分，一周要学多长时间？
- 你最喜欢/最不喜欢的科目是什么？

其他类型问题的提问技巧

通过提能力类、开放式、假设性、探索性、封闭式问题可以得到更多的信息，并为招聘决策奠定基础。因此，我们要关注在能力考核面试五个阶段中所使用的这五种类型的问题。除此之外，还应使用以下两种类型的问题。

STAR 问题

STAR 问题是行为能力面试的正式分支。对于每项需要探索的能力，面试官要让应聘者描述以下内容。

- 场景（Situation）：此类问题要求应聘者详细描述所参与的具体事件，或者完成的一项任务。
- 任务（Task）：此类问题要求应聘者描述他们努力达成的目标的性质。
- 行动（Action）：此类问题要求应聘者详细描述他们处理不同情况的行为，强调他们的个人行为而不是团队行为，面试官想听到以"我"而不是"我们/他们"开头的句子。
- 结果（Result）：应聘者行为的结果是什么？任务和目标一致吗？为什么一致或不一致？应聘者实际上完成了什么？

STAR 问题在日常行为能力面试中非常有效。例如，你可能要求应聘者描述他必须处理涉及其他员工的极具挑战性的状况的情形。STAR 问题首先要求应聘者详细描述场景，然后描述他如何通过一系列详细的步骤来确认希望完成的任务，最后描述结果。这种方法步骤清晰，本质上是一种层层递进的方法，它在达成有效性的同时，也不会让应聘者和面试官觉得疲惫。

顶级评级法问题

顶级评级法问题是高度结构化的团队面试方法，询问应聘者过去的经验、动力、成功和失败，最后导向当前的技能、知识和价值观。该方法具有时序性：从高中经历开始，到未来目标结束。根据应聘者过去的工作经验，向其提出高度细节化和具有深度的问题。

以下是此类面试中的典型问题类型。

- 相关成就及每项成就是如何达成的。
- 失败和失误：为什么会造成这种结果？如果有机会重来，会怎么做？
- 才能。
- 应聘者的主管如何评价他的优缺点？
- 整体表现评级。

在其他类型问题中也可以询问应聘者的计划和未来的目标，以及提一系列详细的自我肯定问题：价值观、缺点和喜欢/不喜欢自己哪些方面。

要根据应聘者对关键问题（如智力、性格、人际、管理、领导力和激励问题）的回答来下结论。将他们划分为 A、B、C 三类。

顶级评级法面试可能持续 3～6 小时，如果用于招聘初级岗位，面试时间也要 1 小时左右。

不同阶段的面试问题

第 6 章明确了能力考核面试的五个阶段：建立关系阶段、初步介绍阶段、核心阶段、确认阶段和结束阶段。能力类问题在核心阶段占 65%，在结束阶段占 5%，剩下的 30%可以被分成开放式、假设性、探索性、封闭式问题。因为 STAR 问题和顶级评级法问题不在能力考核面试问题的范围内，所以本节不再赘述。

建立关系阶段的问题

该阶段在面试总时长中占比不足 2%，但是非常重要，它奠定了面试的基调。该阶段的目的是让应聘者放松，鼓励他们畅所欲言，并由你决定他们的职位匹配度。随意提与工作无关的封闭式问题可以完成这一目标。

以下是一些可以建立和谐关系的合理型封闭式问题。

- 你觉得我们这个地方难找吗？

- 你能在附近找到停车的地方吗？
- 来这里的交通情况怎么样？
- 我们给你的指引有没有用？
- 今天天气真不错！
- 你认为什么时候雨会停？
- 今年 10 月下旬连续好多天温度都达到了 26℃，你感觉怎么样？

正如你所知，所有这些问题都有着同样的话题：通勤和天气。很无聊？也许吧。但这些是可以询问又不会引起争议的安全问题。不要担心在这个阶段问重复性的封闭式问题，应聘者不会刻意把这些问题记下来与他参加的另一场面试对比。

初步介绍阶段的问题

如第 6 章所说，初步介绍阶段占面试总时长的 3%，旨在实现两个重要目标：让依然紧张的应聘者放松；让面试官开始评估应聘者的工作匹配度。可以提两三个开放式问题，这也是此阶段最为有效的提问方式，因为应聘者一旦开始讲话，就会放松很多，同时你也能积极倾听并做一些初步的决定。

初步介绍阶段的问题应该是应聘者较为熟悉的，一来不会给他们制造很多压力，二来宽泛的话题可以引出其他问题。满足这两个条件的一个问题是"描述一下你当前职位的日常工作内容"。这个问题有很多好处。

- 让应聘者谈论熟悉的话题，帮助他们放松。
- 开放式问题鼓励应聘者开口说话，让你有机会评估他们的语言表达和组织技巧。
- 让你有时间观察应聘者的肢体语言。
- 提供能让你提出其他问题的信息。

不过，这个问题并非一直有效。应聘者可能回答："嗯，这很难描述，并没有什么日常性工作。"如果是这样，你可以将提问的用语再具体些，帮助应聘者开口，你可以加上："很感谢你的回答，那为什么不挑一天来说？比如，昨天你做了什么？"

一旦应聘者开始描述具体的任务，你可以打断他："你每天都这么做吗？"通过拆分问题，鼓励应聘者继续说，最终得到与你第一个问题相同的答案，然后进行下一个话题。

有效的其他开放式问题如下。

- 你能大体介绍一下你过去在员工福利管理方面的经验吗？
- 让我们从你当前的工作开始，描述一下你们部门逐步推进的项目中你都参与了哪些工作。
- 作为公共关系经理，你如何释放压力？

- 如果你被要求撰写一份主要工作职责总结，你会写什么？
- 我很想了解如何成为一名内部顾问，说一下你在该职位上的工作内容。

核心阶段的问题

核心阶段是面试环节中最具实质性的部分。面试官针对应聘者的四类能力（有形的或可衡量的能力类、知识能力类、行为能力类和人际交往能力类）收集了所有相关信息，并将它们与具体的工作要求和职责联系起来。此阶段占面试总时长的 85%，在这段时间里，有 65%用于提能力类问题，剩下的时间用于提封闭式、开放式、探索性和假设性问题。其中，封闭式和开放式问题的占比略高于探索性和假设性问题。

封闭式问题能让你关注具体问题，以确认和澄清信息。如果你为了推进面试需要紧凑的回答，这种提问方式非常有效。

开放式问题一般关注应聘者如何处理工作，为提出能力类问题构建有效的基础，并证实之前答案的有效性。

探索性问题让你从应聘者对能力类、开放式和假设性问题的回答中收集额外信息，不论这些问题是合理型、解释型还是确认型，它们的主要作用都是让你挖掘得更深。问太多的探索性问题就像审问，也可能意味着你问了一堆不具有实质意义的问题。

假设性问题和能力类问题应保持平衡。前者呈现解决当前工作相关问题的现实情况，后者关注过去工作经验的具体事例。前者关注的是假设，后者关注的是事实。面试官可以比较一下应聘者已经做过的和可能做的，寻找共同点，进一步检查重点内容。假设性问题对工作经验有限或没有工作经验的人来说很有价值。记住，假设性问题评估应聘者的想法而不是他们的知识。

回顾第 6 章中人力资源总监助理的职位空缺的例子，其部分职责如下。

- 招聘和面试非豁免性职位的应聘者；将合格的应聘者推荐给相应的部门经理。
- 对应聘者的情况进行查询。
- 帮助人力资源总监制订和实施每月的职前培训计划。
- 协助执行政策和程序，可能需要解释或说明某些政策。
- 协助开发和维护整个公司中非豁免性职位的最新职位描述。
- 帮助维护和实施公司的薪酬计划，对工资增长实行监督管理，以确保工资增长不违背业绩提高的原则。

我们根据上述职责，提出了许多能力类问题。现在模拟核心阶段的一部分内容，融合开放式、假设性、探索性和封闭式问题，为能力类问题构建基础。将能力类问题标注为 C，开放式问题标注为 OE，假设性问题标注为 H，探索性问题标注为 P，封闭式问题标注为 CE。

面试官：请描述一下当你和部门领导对招聘职位的要求不一致时，你处理这一问题的能力。（OE）

应聘者：我想我非常灵活。

面试官：请以最近发生的情况来说明一下。（C）

应聘者：嗯，两周前，公司分部招聘保安，经理要我招一个至少身高 180 厘米、体重 90 公斤的人。

面试官：为什么？（P）

应聘者：我们分部发生了一连串抢劫案，经理认为体型高大的人会震慑窃贼。

面试官：接下来发生了什么？

应聘者：我解释说，身高和体重对某些族裔的男士和女士有歧视，因此，要求是不合理的。

面试官：经理是如何回应的？（P）

应聘者：实际上，他坚持要又高又重的。

面试官：你是如何说的？（P）

应聘者：我说如果你能用数据证明，身高 180 厘米、体重 90 公斤的保安能成功阻止抢劫，我就按照这个标准来招聘。否则，我们可能有歧视行为。

面试官：然后呢？（P）

应聘者：他意识到他的要求不切实际，这个职位还在招聘中。

面试官：你认为你和经理之间的和谐关系被这次交流影响了吗？（CE）

应聘者：没有。

以下是另一个示例。

面试官：请描述一下在一场非常严肃的招聘中，你核实应聘者的推荐信的技能。（OE）

应聘者：很棒。

面试官：说一下以下情况：你核实某部门很想聘请的应聘者的推荐信时发现，这名应聘者的前雇主说了一些不好的话。（C）

应聘者：从没发生过。

面试官：想象一下，如果发生了这种事情，你如何处理？（H）

应聘者：嗯，我不确定。

面试官：好吧，那你遇到过应聘者的简历与你收集的信息不符的情况吗？（CE）

应聘者：遇到过。

面试官：回想一下这种情况发生的次数，告诉我你做了什么。（C）

电子工业

应聘者：好的。我知道你想了解什么了。我问过很多探索性问题，也比较了相关信息，直到我发现真相。在你描述的情况下，我想我会问很多问题，再决定他的前雇主说的话是基于事实还是偏见。

面试官：你会问什么问题？（P）

应聘者：我会让他用具体事例来证明他的观点，然后比较他的回答和我在面试中了解的信息，我还会接触他的更多前雇主以验证这些信息。

上述两个示例结合开放式、假设性、探索性、封闭式问题，为能力类问题构建基础，让面试官更好地评估应聘者与职位的匹配度。

确认阶段的问题

确认阶段让面试官有机会确认到目前为止其所了解的应聘者的工作能力，此时不再引入新的话题。该阶段占面试总时长的 5%，相关问题应该由开放式和封闭式问题组成，更强调开放式问题，可以适当使用能力类问题。

以下是人力资源总监助理职位面试的核心阶段描述的封闭式问题示例。

- 根据你目前所说的，你认为自己在处理与部门领导意见不一致的问题时很灵活，是这样吗？
- 你有没有经历过这样的情形：在核实某部门想聘用的应聘者的推荐信时却发现他的前雇主说了不好的话？
- 我们之前谈过职位描述，你说你协助相关的开发和维护工作，对豁免性和非豁免性职位描述也是这样的吗？

简单的"是"或"不是"可以证实你是否得到了准确的信息，也让应聘者有机会澄清任何被误解的表述。

该职位面试的确认阶段的开放式问题示例如下。

- 我对你在公司月度发展项目中发挥的作用很感兴趣。能跟我说一下你的工作职责的权限和性质吗？
- 之前你说目前在协助公司政策和程序的实施，具体是指什么？
- 我需要了解你在何时、对什么人解释了政策和程序，能再详细说说吗？
- 跟我说一下你在公司薪酬方案制定方面的职责是什么，特别是在不违背公司福利政策的情况下如何提出薪资增长建议。

开放式问题不仅澄清和确认之前的信息，也让应聘者知道你一直在认真倾听他们所说的话。

结束阶段的问题

本阶段是面试的最后一个阶段,只占面试总时长的 5%。在此阶段,面试官要确保已经询问了所有相关的能力类问题,以决定如何筛选简历和做出招聘决策。这也是应聘者推销自己的最后机会。本阶段应该提出能力类问题。

- 你有应对难缠客户的其他例子吗?
- 提供一个你处理 GHK 模型的具体例子,帮我了解你在该领域的专业技术水平。
- 能多说一些可以表明你在人力资源总监助理方面的经验的例子吗?
- 你有其他事例可以说明你与该职位相关的专长和知识能力吗?

如果在面试结束时你认为应聘者已经抓住每个机会全面地展示了他与职位的匹配度,那么这意味着你掌握了所有可以帮助你做决定的信息。

需要避免的问题

我曾经收到一份 3 页长的简历,简历上有超过 50 个以"我"开头的句子:"我擅长分析""我有出色的沟通技巧""我擅长解决问题",等等。直到我看完整份简历,我仍然不知道应聘者的技术、能力和知识水平,因为这份简历华而不实,措辞空洞无力,缺少实质性内容。

引发华而不实的回答的问题

应聘者除了提交凸显个人特质的简历,还会在面试中提供具体例子来说明相关信息。如果应聘者缺少足够的技能,又希望用漂亮的简历给你留下印象,当其回答开放式问题时,就容易给出华而不实的回答。例如,如果你问:"你的优势是什么?"应聘者可能回答:"我擅长解决问题。"看起来是好的问题和好的答案,但其实并不是。通过这一问一答,你从应聘者身上了解了什么?什么都没有。如果你想知道一个人的长处,要尝试双管齐下。首先问开放式问题:"你最大的优势是什么?"接着问能力类问题:"举例说明你在当前工作中如何运用你的优势。"如果应聘者回答:"我擅长解决问题。"他必须用具体例子来说明,如果他说明不了或顾左右而言他,那么他就在说空话。

华而不实的回答也可能把你的注意力从对应聘者不利的方面引开。应聘者自然会强调自身的优势和特质,而面试官希望应聘者和职位能完美匹配,因此也倾向于关注积极的一面，从而忽视了相关的消极特质——面试官在招聘后才发现这一问题。问能力类问题，可以使应聘者过去的错误和问题显现出来，从而使面试官发掘有用信息。另外，问开放式、假设性、探索性、封闭式问题也可以让面试官清楚地了解应聘者的长处和有待提高的方面。

应聘者在你面前大肆自夸，很容易让人忘记他们根本无法做好所有事情。你在问应聘者特长时，也要审视其另一面："说一下你在工作中希望哪方面得到提高，特别是哪些问题出现并阻碍了你最终获得预期的结果。"

诱导性或多选项的问题

另一个要避免的问题是多选项问题，面试官不应该逼迫应聘者在两个或两个以上的选项中选择，这种设置意味着正确的答案就在你提供的选项中，从而使应聘者忽视了其他的可能性。应聘者会感到拘束，你也会错过重要信息。

有时，面试官会问诱导性问题，因为他们无法掌控面试局面。如果你想重新掌控面试局面，可以提出一系列封闭式问题，然后问更多比较有意义的能力类问题或前文提到过的问题。

思考以下应避免的问题，每个问题都有对应的措辞更严谨、更有意义的问题。

- 不要问："在员工有能力、有兴趣的情况下，你如何分配工作，是随意选择吗？"
- 要问："说一下你如何分配任务，请举例。"
- 不要问："请描述一下你的管理风格：是积极、被动、控制，还是参与？"
- 要问："你如何描述自己的管理风格？举例说明。"
- 不要问："你认为工作最大的动力是赚钱还是在一份好的工作中获得快乐？"
- 要问："你认为工作的最大动力是什么？为什么？"
- 不要问："请描述一下你的前任经理，他很随和还是很严厉？"
- 要问："你如何描述前任经理的工作风格及其与员工的互动风格？"
- 不要问："你会长期从事这一行业，还是想做其他的事情？"
- 要问："你的短期或长期目标是什么？"

引导性问题

另一个需要避免的是引导性问题，这种问题会指向一个单一的正确答案，面试官提问，应聘者回答面试官期待的答案。引导性问题示例如下。

- 你的目的是读完大学，不是吗？
- 难道你不同意大多数员工需要受到严密的监督吗？
- 读书的时候，你在美术和音乐课上浪费了多少时间？

从这些问题的措辞中可以很明显地看出，面试官在寻求一个特定的答案。引导性问题使面试官不可能对应聘者有任何实质性的了解。

脑筋急转弯

尽管脑筋急转弯有时关注应聘者的特定技能，如逻辑性、批判性思考、创造力和抗压表现，但是它们和工作无关。这种问题无法让你了解应聘者运用这些技能的经验，也无法让你了解他们是否会在你的公司运用这些技能，更无法让你了解他们是否适合公司文化。面试官喜欢用脑筋急转弯是因为他们并没有多么想得到现实中可行的答案，而是更喜欢看到应聘者回答这些问题时的反应。

应聘者可以很容易通过上网来学习如何回答脑筋急转弯问题。例如，应聘者会从面试官的视角看待问题，要求面试官再次阐述问题，从而在回答问题前给自己争取更多的时间。坦白地说，我不确定"加拿大有多少头牛""中央公园有多少棵树""如果狗狗可以说话，你最想让狗说什么"这类问题是否有用。

在实际运用中，几乎没有面试官认为脑筋急转弯在招聘面试中有用。

谁提问，问什么

本节为各招聘人员分配了相应的面试职责，职责内容主要取决于组织的规模和构成，与这些职责相关的细节将在后面章节中详细介绍。

面试官的职责

通常，人力资源部门的职责是进行首轮面试筛选，筛选方式主要是电话或视频沟通。这样做的目的是决定应聘者是否具有胜任工作的基础条件，确认他们是否了解工作职责和范围，有时还要确认该职位的薪资范围，特别是确认应聘者是否已经拿到了最高的薪资。

假设面试筛选过程进行得非常顺利，面试官也可能开始进行首次有深度的面对面面试。那么涵盖的话题应该既有广度也有细节，如目标和兴趣、教育背景，在谈工作经历的时候问问相关经验。这些问题可以初步确定应聘者是否适合组织，也可以在此阶段进行雇用前测试。

招聘经理的职责

假设面试官对应聘者的基本条件非常满意，招聘经理会进行下一阶段的面试。这一次，关注的焦点就会是工作细节问题和应聘者个人的工作方式与部门文化是否一致。招聘经理可能倾向于在其他部门（如办公室经理）组成的小组面试或同行面试中来进行这项任务。

面试官和招聘经理的相同职责

面试官和招聘经理应一起审阅应聘者的资质是否符合工作要求。理想情况下，他们会一致同意继续招聘过程；如果双方出现分歧，假设面试官没有涉及潜在的歧视性因素，那招聘经理就要做最终的选择。

提问中的法律问题

正如我们之前讨论过的，参与招聘过程的每个人都有责任遵守劳动法。雇主只允许问与职位相关的问题，即教育背景及反映工作要求和职责的工作经验。任何其他类型的问题、言论或考量都要避免，除非有业务需要，即便应聘者自愿提供与工作无关的信息，也适用以上规定。

能力类问题是涉及平等就业法可能性最小的问题，因为此类问题关注应聘者过去具体的工作经验，而且在本质上属于导入性问题。其他类型的问题允许使用不够严谨的措辞。最后一部分的陈述至关重要：如果应聘者主动提供了与工作无关的信息，而你继续对此追问，那么你也可能需要负法律责任。考虑开放式问题的示例，其导入过程如下。

面试官：从职业角度看，5 年前你设想过现在的职业发展吗？

应聘者：恐怕我现在的职业发展距离 5 年前所设想的还很远。

面试官：发生了什么？

应聘者：两年前，我的丈夫和 3 个不到 9 岁的孩子离开了我。

面试官：你现在从事什么工作？

让我们先停在这里，因为故事开始走偏了。原本的问题是："从职业角度看，5 年前你设想过现在的职业发展吗？"应聘者回答："恐怕我现在的职业发展距离 5 年前所设想的还很远。"至此，面试内容还算正常。接下来的问题让故事开始走偏："发生了什么？"这个问题让应聘者提供了更多个人信息，结果产生了"两年前，我的丈夫和 3 个不到 9 岁的孩子离开了我"这一回答。至此，如果面试官让应聘者继续说，就会把情况变得更加糟糕。

在此有个很好的方法让面试官处理这种局面。一旦听到应聘者说她没有达到她所设想的，面试官可以说："请说一下你 5 年前的职业目标。"这样可以确保提问内容仍然关注工作，从而防止应聘者说个人信息。不过，如果她开始谈论婚姻状态和孩子，面试官要快速打断，说："请不要提及个人信息，说一下你最初的事业目标就好了。这样才能帮助我决定你是否适合这份工作。"

雇主如果不清楚任何有关招聘面试的问题、言论或法律，最好咨询法律顾问。

┈ 本章小结 ┈

能力类问题应该贯穿面试过程始终，可以结合开放式、假设性、探索性和封闭式问题。开放式问题要求人们给出完整的有效字数的回答，在初步介绍、核心和确认阶段问此类问题非常有意义。在问能力类问题后问开放式问题可以使答案包含更多实质性内容。假设性问题基于设想或与工作相关的问题，以问题的形式呈现给应聘者，旨在让应聘者找出解决方案，此类问题可以评估应聘者的推理能力和思考过程。假设性问题更适合在面试的核心阶段出现。探索性问题句子短小，措辞简单，可以让面试官挖掘更多的个人信息。和假设性问题一样，探索性问题更适合保留在核心阶段，但它绝对不能替代开放式或能力类问题。封闭式问题可用于建立关系阶段、核心阶段和确认阶段。

有些人还喜欢使用其他类型的问题。STAR 问题关注场景、任务、行动和结果的细节；顶级评级法问题强调结构性，依照时间顺序询问应聘者的经验、动机、成功和失败的经历。

面试官还需要避免 4 种类型的问题：引发华而不实的回答的问题、诱导性或多选项的问题、引导性问题和脑筋急转弯。引发华而不实的回答的问题引出的回答充满了华丽的辞藻，但是没有实质性内容，也无法让面试官了解应聘者的长处和需要提升的方面。多选项问题提供给应聘者有限的选项。引导性问题暗示了只有一个正确答案。脑筋急转弯是一些智力游戏题，被一致认为几乎无法为招聘决策提供任何有用的信息。

第 8 章

面试的过程

大部分面试官（无论新手还是经验丰富者）都会为面试应聘者做好充分的准备，但在面对面面试时，他们反而不知道如何进行。他们首先应该做什么？如何快速切入第一个问题？如果面试已经顺利开始，问的第一个问题应该是什么？他们应该只问几个问题然后就让应聘者来说吗？或者面试官先提供一些有关职位和公司的信息，然后再开始面试，但是这样的话，他们会不会说得太多了？提供或接收信息是否有正确的先后顺序呢？也许刚开始面试官应先保持沉默来让应聘者适应直到感到放松，但是沉默不会令气氛尴尬吗？不会让应聘者感觉更加不适吗？一旦开始面试，面试官如何鼓励应聘者继续讲话且不脱离话题？结束面试时也存在问题：是否有一个明确的点能让应聘者意识到是时候结束了？

确定面试形式

不论你的面试风格是结构性还是非结构性的，每场面试都要求具备一定的形式。这对双方来说都有好处，能为面试官和应聘者提供各种表单，确保覆盖所有必要信息，保证双方能进行全面的信息交流。面试形式应包含 5 个重要的阶段。

1. 使用介绍性话语。使用介绍性话语时需要考虑面试时会发生什么。
2. 提问。就应聘者的教育背景和先前的工作经历提问，提问内容应与职位要求相关。
3. 提供信息。提供职位信息，包括工资、福利和组织架构。

4. 回答问题。回答与职位和公司相关的问题。

5. 通知应聘者后续安排。结束面试前，以一种积极的语调告诉应聘者接下来的安排。

面试官提问时对这五个阶段的选择顺序，除了第一和最后一个阶段，很大程度上取决于个人偏好。很明显，告诉应聘者接下来发生的事在最初阶段，告诉应聘者面试后发生的事在最后阶段。

阶段 1：使用介绍性话语

告诉应聘者接下来发生的事情可能看起来没有必要——双方都知道这是一场职位面试，但是这么做所传递出来的信息为面试奠定了基调，也提示了应聘者在接下来的时间里可以听到什么。以下是可用于开头的例子。

早上好。特纳先生，我叫丹尼尔·金。下面将由我来就公司的销售代表一职对你进行面试。首先我会介绍公司概况，接着问你一些关于个人背景和资质的问题，然后介绍工作职责。之后，我会回答你可能提出的关于该职位和公司的其他问题。面试结束前，我会告诉你接下来的事情，以及你什么时间收到我的答复。

这是一个非常结构化的表达方式，除非加上让人放松的身体语言和语调，否则表达过于正式。当然，这种既定程序的面试内容肯定不会出错。新手面试官更倾向于使用这种方式，因为它清晰地传达了一个信息：一切尽在面试官的掌控之中。

以下是另一个可用于开头的例子。

你好，鲍勃。我叫丹尼尔·金。我知道你是来应聘我公司的销售代表一职的。非常好！那在你介绍自己之前，不妨让我说说我们公司。如果你在我们沟通的时候恰好想起了任何问题，不要等到最后，马上问我。

这种开头采用了一种随意的、非结构化的表达方式，更强调面试过程中应聘者的参与。富有经验又不在意场面失控的面试官通常倾向于选择这种方式。

以下还有一个可用于开头的例子。

你好，特纳先生。很高兴见到你，我叫丹尼尔·金，人力资源部副总经理。你也知道，今天我们要在这里讨论你申请的本公司销售代表一职，我们会谈谈你的经历和资质、这个职位及我们的组织架构。你可以问任何你想问的问题，你我都希望实现人岗匹配，这一点非常重要。在你离开前，我会告诉你下一步要做什么。

这种表达方式稍微柔和一些，但同样也很全面。面试的每个具体部分杂糅在一起，没有明显的顺序。应聘者会了解面试内容，而面试官就像一名司机，需要集中精力保证面试获得最大的收获。正如上面的例子中，当面试官对自己的能力保持高度自信，认为能掌控面试局面的时候，这种方式是最好的。

　　一些面试官习惯使用某种特定的开场方式，另一些面试官则更灵活，在面试开始前快速评估应聘者的沉着度和舒适度，并依此调整开场方式。面试官应试着培养一种适合自己的最佳风格。与让应聘者在面试中感到放松一样，面试官对某种开场形式感到舒适在面试中也很重要。

阶段 5：通知应聘者后续安排

　　在讨论阶段 2、阶段 3、阶段 4 之前，我们先看看最后一个阶段：面试结束后通知应聘者后续安排。这是一个固定的阶段，当确定已经掌握了足够的信息来做出明智的雇用决定时，你就可以开始阶段 5 了。有些面试官不知道如何开始面试，有些面试官不知道如何结束面试。在决定是否该结束面试时，问问自己以下几个问题。

- 我是否问了应聘者足够的用于判断其教育背景和工作经历与空缺职位是否匹配的问题？
- 我恰当地描述了职位并提供了足够的组织架构信息吗？
- 我谈到工资、福利、晋升机会及公司政策允许范围内的其他相关话题了吗？
- 我鼓励应聘者问问题了吗？

　　正如在阶段 1，你在面试结束时所说的话可能看似平淡无奇，例如，"我们还有几个应聘者要考虑""结束面试后我们会联系你"，或者其他类似的话，但这就已经足够了。当然，你还可以说更多信息，具体取决于你对应聘者的兴趣。考虑以下可能性。

非常感兴趣

　　感谢你今天来面试，特纳先生。我很高兴和你谈话，并了解了你的情况。在继续下一步前我要确认你对这个工作的兴趣（停顿一段时间，因为你很可能会得到应聘者肯定的回应）。在下一步的面试过程中，我会安排你见我们的销售副总经理。本周最后一天我会通知你具体日期和时间。同时，你有问题可以随时打电话给我。再次谢谢你来参加面试。

一般感兴趣

　　感谢你今天来面试，特纳先生。我认为我们的会面还是很有意义的。我们还需面试其他一些符合要求的应聘者，希望在接下来的几周内尽快做出决定。其间你有任何问题都可以随时给我打电话，不论结果如何，我都会回复你。

不太感兴趣

　　感谢你今天来面试，特纳先生。请允许我审核你应聘销售代表这一职位的资格，目前我们的招聘工作已临近尾声，希望下周开始前做出决定。届时我会联系你，如果你有任何问题可以随时给我打电话。

即便不太感兴趣情况下的结束语，都透露出积极的口吻。从公共关系角度来看，这很重要。被拒绝的应聘者可能适合另一个职位，或者他可能引荐朋友。然而，注意上述三种结束语之间措辞的不同，对非常感兴趣的应聘者使用的结束语是唯一一个承诺还有下次面试的，在此面试官继续表露出对应聘者的高兴趣度。对一般感兴趣的应聘者使用的结束语以"几周内尽快做出决定"来为招聘结果留有余地。对不太感兴趣的应聘者使用的结束语表示应聘者在很短的时间内就会收到通知。

阶段 2、阶段 3、阶段 4：提问、提供信息、回答问题

面试官可以灵活考虑阶段 2、阶段 3、阶段 4 的顺序，以下是一些受欢迎的选择。

选择 1

- 阶段 1：使用介绍性话语。
- 阶段 2：提问。
- 阶段 3：回答问题。
- 阶段 4：提供信息。
- 阶段 5：通知应聘者后续安排。

在开场白之后紧接着问可以避免应聘者复述你所说的话来回答你的问题。这种方式揭示了应聘者对公司的了解程度。然而，这也会让应聘者感到不安，需要更长时间来适应。

选择 2

- 阶段 1：使用介绍性话语。
- 阶段 2：提供信息。
- 阶段 3：回答问题。
- 阶段 4：提问。
- 阶段 5：通知应聘者后续安排。

面试开始之后，随着面试官的介绍，可以让应聘者逐渐放松。然而，如果在应聘者描述自己的能力前提供太多信息，可能会让应聘者了解很多关键信息。例如，面试官可能不经意间描述了他们在找哪种类型的人，应聘者只需要在接下来描述自己的能力时重复这一信息就行了。如果面试官对自己的行为浑然不知，他可能错误地认为已经找到了理想中的应聘者。

选择 3

- 阶段 1：使用介绍性话语。
- 阶段 2：回答问题。
- 阶段 3：提问。
- 阶段 4：提供信息。
- 阶段 5：通知应聘者后续安排。

一些面试官喜欢在继续面试前让应聘者问问题，这样可以显示出应聘者当前对应聘职位和公司的了解程度。然而，公正地说，这种方式可能让应聘者提出很多问题。在提供信息前提问能让你更好地掌控局面。

对于阶段 2、阶段 3 和阶段 4，你选用任何顺序都是可行的，只要它符合你的个人风格。只要你觉得自在，应聘者很可能对你选用的任何形式的回应都是积极的。

让应聘者放松

不论选择何种面试形式，在面试开始前，都应花些时间让应聘者放松。正如之前讨论的，破冰者在建立融洽的关系阶段需要做的是，聊聊与工作无关的事。这样做的唯一目的就是在正式面试前让应聘者放松。本节会介绍常用的破冰用语。以下是破冰时可以用的一些问题和话语。

- 你上下班路上还顺利吗？
- 我们上周交谈时，你表示正在赶火车，后来怎样了？
- 上周我就很想问了，你住的地方的雪有多厚？
- 看到太阳出来真高兴，连续五天下雨，我真的受够了！

与第 7 章中所列的破冰用语一样，此处都是关于通勤和天气的话题，这是两个不会引起争议也不与工作相关的话题。破冰时需要避免的敏感话题有运动比赛、政治和宗教。以下是禁止使用的例子。

- 那么，你认为洋基队最终会在世界棒球锦标赛上赢吗？我真希望他们赢！
- 超级碗你觉得哪个队会赢？
- 嘿，你昨晚看总统的演讲了吗？觉得怎么样？
- 你在去火车站的路上还顺利吗？我知道有一群示威者堵塞了交通，那些人想干什么？
- 你看今天早报的标题了吗？今晚的辩论好像会变得不同寻常。
- 我看到你在去教堂的路上停下了。我忘记了，那天是圣灰星期三（复活节前的第七个星期三）。

- 我觉得今天对你我来说是一个非常值得庆祝的宗教节日，这就是我们在这里的原因。

具体花多长时间在破冰上，应以应聘者感到舒适为宜。尽管有时候需要花很长时间，但是大多数情况下，15～30 秒就够了。在任何情况下，破冰时间都不能太长，否则，即便仍感到紧张，应聘者也不会再有兴趣和面试官闲聊。在这种情况下，最好的做法就是开始面试。

开始面试

无论你选择哪种方式进入面试的核心阶段——问问题、提供信息或回答问题，都是一件难事。有些面试官会陷入闲谈，难以进入下一步；有些面试官想正式开始，却不知道如何从破冰阶段过渡到正式的面试；还有些面试官想从正式提问开始，却不知道先问什么。

不管你喜欢什么形式，请考虑下列一些过渡语。

- 我很高兴你顺利来到这里。我期待你在开场时谈谈对销售代表一职的兴趣。
- 我很抱歉你停车的时候遇到了麻烦，我知道你最后找到的停车位只允许停 90 分钟。我们不妨赶紧开始，确保计时器到点前你能回去取车。
- 天气这么好，我相信你很想出去，我们不妨赶紧开始吧。
- 我们为什么不赶紧开始面试？这样你就会忘记在来的路上被雨淋湿了。

每个例子都创造了面试中从一个阶段过渡到另一个阶段的桥段，可以消除沉默带来的尴尬。

平衡听与说

面试官需要平衡说和听的比重。许多面试官说了太多话，他们错误地认为只有多说话才能控制面试过程。事实上，面试官大约只需要花 25%的时间说话，用以询问应聘者的资质、澄清观点、提供职位和组织的信息，以及回答与这些信息相关的问题。剩下 75%的时间都应倾听。

作为破冰者时的倾听与面试其他阶段的积极倾听有很大的不同，作为破冰者时的倾听可能漫不经心，积极倾听要求更加专注。以下是关于积极倾听的指导原则。

- 倾听时把话题与观点联系起来。面试官最好能关注与工作相关的关键信息，而不是去听每个字。
- 时不时地总结。应聘者不会一次性提供完整的答案，你需要经常把分散的信息拼凑在一起。为了确保你理解正确，应偶尔停下来做个小总结。举个例子："我来确认一下我对你职责的理解是不是正确的。你不直接负责部门运营，但是你的上司大约 20%的时间都不在，那时候由你来负责部门运营，是这样吗？"应聘者会说："嗯，我确实不直接负责部门运营，如果有任何问题，都是由我来请示她找到解决的办法。"这说明了应聘者的职责范围。
- 排除干扰。干扰因素包括：有人进入你的办公室，电话铃响了，你开始走神了。当你对应聘者的回答不感兴趣时就很容易走神。也许他们做的工作在你看来很没意思，或者他们说话的语调过于单一。走神时，你可能会想起自己上个假期在意大利的快乐时光，你恨不得现在还在那里。如果你发现自己走神了，你要认识到不是所有工作都要求员工具有语言沟通能力的。应聘者不擅长交流也许于工作无碍。根据应聘者的谈话能否引起你的兴趣来评价他们是有失公正的，除非语言沟通能力的确与工作相关。如果不积极倾听，你很可能遗漏重要信息，最终影响雇用决定。
- 运用不经意间获得的信息。应聘者每次讲话，你都能得到一些信息。如果不积极倾听，你可能会错过一些重要的信息。不经意间获得的信息是你提问的基础。
- 消除个人偏见。不要让个人观点干扰你积极倾听。
- 认识情绪状态。也许早上上班途中你遭遇了轻微的事故，现在你心情很糟糕，或者你因为刚刚获知没有得到晋升而很沮丧。情绪状态会在面试时影响你的发挥。面试官应认识到自己的情绪，尝试自我克制，直到面试结束。

思考速度

思考速度可以让面试官锻炼积极倾听的技能。运作原理是，研究者测定大多数人每分钟思考约 400 个单词，讲话时每分钟约讲 125 个单词（此处的统计数据以英语为标准。——译者注）。简单来说，我们思考的速度比说话的速度要快。应聘者在说话的时候，你可以利用思考速度完成大量工作，示例如下。

- 准备下一个问题。
- 分析应聘者说的话。
- 将应聘者提供的信息与他面试前说的话相联系。
- 扫一眼应聘者或其简历，确认信息。
- 观察应聘者的肢体语言。

- 在内心里确认你的肢体语言，确保你在传达你对应聘者的兴趣及对其话语的理解。
- 将应聘者的背景与职位要求结合起来考虑。
- 做记录。

如果你在应聘者回答完毕之前就猜测他们的答案，过早地下结论，并将之与其他应聘者的答案做比较，忙着做记录，那么思考速度也可能对你不利。当应聘者谈论的内容无关紧要或语调单一时，你可能会分神。时常阶段性地总结应聘者说过的话可以避免这类事情发生。

理解非语言沟通

非语言沟通是面试过程中非常重要的一个方面。通常面试官可以从应聘者身上获得与语言信息一样多的非语言信息。实际上，专家指出，在人与人的沟通过程中，非语言沟通多达 55%，语调上的沟通占 38%，只有 7%才和语言有关，原因之一是语言沟通比非语言沟通更容易控制。考虑这一情境：应聘者回答为什么她要离职。她的回答颇为有理："尽管过去两年我喜欢我的工作，但是没有晋升空间。很遗憾，我不得不在其他地方寻找机会。"在她说话的时候，你注意到她在转右手上的戒指，你不确定这意味着什么，但是某种程度上你感觉到她的语言和非语言信息是不一致的。如果忽略掉这种不一致，可能导致你忽视与工作相关的重要信息，或者做出错误的决定。在这种情况下，你要加上其他问题来澄清疑惑。

- 你能解释一下你当时应聘时的期望吗？它与你实际的经历有哪些不符？
- 你能说明一下你公司里同级别的员工的正常发展路径吗？
- 与你同级别的普通员工需要多长时间能得到晋升？
- 你向你的上级或人力资源部明确表示过你的晋升需求吗？如果表示过，他们做何反应？
- 请跟我说说你加入公司后的绩效评估结果。

提出这些补充问题，倾听应聘者的回答，同时观察她的非语言信息：她还在转戒指吗？其他动作传达出的信息和她的回答有什么不一致吗？如果是这样，很可能她对离职问题的回答不那么坦诚。

此时，语言信息就不那么有效，出现不一致时，非语言信息可能更有说服力。毕竟，眼见为实，耳听为虚。

普遍适用的非语言信息解读

只有准确解读他人的非语言信息，我们才能对所看到的做出有效的回应。对非语言信息有普遍适用的解读吗？也许吧。专家认为，人类有 7 种普遍的情绪：愤怒、蔑视、厌恶、恐惧、喜悦、悲伤和惊讶。这些情绪通过面部表情和肢体动作表达出来。每个人表达这些情绪的方式是独特的，尽管有时这些区别很细微。诚然，有些手势和表情通常具有特定的含义：挑眉被认为表现出的是不信任或惊讶；坐在座位边缘表明焦虑、紧张或忧虑；鼻翼开合、喘粗气通常表明生气或沮丧。但是，如果忽略文化因素，我们对特定的手势和行为做出普遍适用的解读时便会产生问题。例如，我们认为眼神直接接触表示尊重，微笑表明有兴趣，点头表示赞同，握手有力代表自信，闭上眼睛暗示劳累或无聊。但这些解读在跨文化语境中可能并不准确：眼神直接接触在韩国被认为是不尊重的表现；微笑在泰国可能被认为是为了掩饰尴尬；摇头在保加利亚表示同意，有力的握手在亚洲国家被认为是一种挑衅；在日本良好的坐姿表明了尊重和专注。

　　理解上的差异并不仅仅出现在多元文化中。由于个体社交模式不同，每个人都会形成自己的非语言信息模式：我们会用同一种肢体语言回应同一心理情境，不论这种情境发生在什么背景下。例如，应聘者在紧张时会搓手，那么当他在等待面试感到紧张时，他可能会做同样的事情。

　　因此，尽管对肢体语言没有通用的解读，但经过长时间的观察，你就会对每个人固有的肢体语言模式形成一致的诠释。在招聘面试时用心感知，你就有机会观察到这些模式。例如，应聘者描述前两份工作时身体前倾，可是谈到当前的工作时突然坐直身体，不管她说什么，这一身体信号都发出了明确的非语言信息，这时你就需要探究这种身体姿势变化所蕴含的意义，这些变化为你提供了宝贵的线索。

第一印象

　　我有几位同事坚信可以在应聘者走入房间后的几分钟内就判断出应聘者是否适合某个职位。他们根据应聘者的外部因素，如衣着、发型和衣服配色，得出结论。而这些因素之间是否相关，取决于他们应聘的职位。但这些因素呈现出的信息是否足以判定一个人是否适合某个职位呢？

　　那么，必须问个问题：第一印象有多准确？进一步来说，第一印象对我们的判断力有多大的影响？我们应该先形成观点，然后为了确认观点而提出问题吗？换句话说，我们应该让应聘者符合我们的第一印象吗？

　　在我们第一次见到一个人的时候，很难避免以下情况的发生（尽管发生在潜意识层面）：我们在心里把对方的脸、发型、穿衣风格与我们认识的某个人相贴合。如果我们想象出来的是喜欢的人的样子，那么我们可能给予对方积极的回应，反之，给予消极回应。接着我们开始关注特定的外部因素，如眼镜、妆容、文身、首饰等。再次，我们给予积极或消极回应。然后，我们在一瞬间得出结论：称职或不称职，适合或不适合。

这种过程的正当性并非本书讨论的重点，重要的是我们会有意无意地对非语言信息做出反应。最后一点很容易被忽略：面试官打量应聘者，应聘者也在打量面试官。我们会忘记在决定应聘者是否适合的时候，应聘者也在决定是否要为我们工作。

微表情

著名心理学家保罗·艾克曼（Paul Ekman）博士，是非语言信息沟通的研究者，也是情绪研究方面的先锋人物。他认为，通过面部表情表达出的个人情绪很可靠，即使我们有意识地做出假的面部表情，维持 1～3 秒或更久，但我们的真实情绪仍然会流露出来。艾克曼认为，所谓的微表情，是指简单的、无意识的，即便人们试图隐藏或掩饰他们的 7 种情绪，这些微表情依然会显露出来。他还说，人类大脑无法快速伪装那些流露出的仅 1/125 秒（比眨眼还要快）的微表情。一个人在快速流露这些表情时，我们无法准确判断他的情绪，只会察觉到有点不对劲……因为这个人的语言和非语言信息有些冲突。既然非语言交流比语言交流更难控制，二者的研究价值也就不同了。

以下是一些可能表明你漏掉了什么信息的微表情的例子：夸张地咧嘴笑，视线过高或过低的眼神接触，开口讲话前过久的停顿。以下是保罗·艾克曼博士认为揭示了 7 种情绪的微表情例子。

微表情和 7 种情绪

每个人都有自己独特的非语言信息模式，因此，以下这些例子可能未必与每个案例都相符。但是需谨记，这些微表情常常会被人们忽略。

愤怒
- 上眼睑轻轻上扬
- 撇嘴
- 蹙额皱眉

蔑视
- 嘴角向一边扬起
- 紧咬嘴唇

厌恶
- 皱鼻子
- 眯眼

恐惧
- 眉头紧蹙
- 张大嘴巴
- 鼻孔张大

喜悦
- 嘴角轻微上扬
- 笑肌抬起
- 眼尾笑出鱼尾纹

悲伤
- 嘴角下撇
- 下巴抬起

惊讶
- 下巴下垂
- 睁大眼睛
- 眉毛微挑

一旦了解了这 7 种情绪对应的微表情，你就能通过解读肢体语言来决定如何回应这些非语言信息。记住：不论是微表情还是明显的表情，面部表情都不会表现出情绪产生的原因，而只能表明情绪正在产生。我们有时还没有意识到自己已经捕捉到了一种微表情，但是大脑会警示我们的知觉对所看到的信息做出回应。例如，假设你观察到应聘者脸上挂着你认为喜悦的表情，而你事先没有捕捉到他的微表情，你一定会认为发生了让他开心的事情。然而，如果你无意中捕捉到在应聘者喜悦的表情之中闪现出冷笑讥讽，你可能就会把同样的表情解读成狡诈、不值得信任。即使没给每个表情贴标签，你也很可能有种不安的感觉，让你得出这样的结论："我不知道是什么，但这个应聘者身上确实有种东西让我不安。"对于这些"危险"的信号，最好通过追加提问来厘清事实，以打消疑虑。

撒谎

你能判断应聘者是在讲真话还是在撒谎吗？我无比肯定地回答说"能"，但这个答案可能也是一个谎言。不过，我可以告诉你的是，有一些手势和表情会帮助你识别谎言。

专家认为，一个正常的 4 岁孩子，每 2 小时就会撒一次谎，尽管是个小谎；6 岁孩子，撒谎的时间间隔变短，每 90 分钟一次；随着我们逐渐长大，撒谎的时间间隔会越来越短。

你可能会就此认为，一旦成人，撒谎就更容易。但是，撒谎会产生压力，导致大脑产生化学变化，这些变化能显现出来，只要你知道如何发现它们。

尽管撒谎没有明显的标志，但微表情，如一个人在微笑时脸上一闪而过的变化，会泄露信息，告诉信息接收者事情有点儿不对劲。如果在面试场景中出现这样的微表情，我们会产生应聘者不坦诚的直觉。但是，如我们所知，解读微表情本身也不够可靠。那么还有其他方法判定对方是否在撒谎吗？幸运的是，真的有。通常情况下，人们的语言和肢体语言同步发生。一个人在撒谎的时候，会有意识地协调二者，也就是说，他会挑选适合的手势和动作，以更好地配合谎言。因此，要想识别谎言，你必须集中注意力。此外，人们在撒谎的时候，通常会自我防御，导致肢体语言发生变化：交叉双臂、坐立不安、不停地眨眼、刮鼻子、捂嘴。有时肢体语言会配合语言信息出现，如果应聘者想拖延时间，他会不断清嗓子、咳嗽，要求你重复问题，甚至不断使用缩略语。

以下是一些可以帮你辨别应聘者是否撒谎的指导原则。

- 从面试一开始就观察应聘者，寻找其肢体语言信息。
- 留意危险信号或偏离其信息表达模式的表现。
- 寻找语言和肢体之间的连贯性。

- 回溯面试前的问题，观察应聘者肢体语言中的其他变化，证实自己的疑问。
- 理解微表情。
- 改变话题：让应聘者放松警惕，进一步观察他的微表情。

鼓励应聘者讲话

　　面试官面临的巨大挑战之一就是鼓励应聘者讲话。一些应聘者准备充分、充满自信，更愿意回答问题。事实上，要让这些人不讲太多话、不讲太长时间，也是很难做到的。但对另一些人来说，同面试官讲话会让他们感到畏惧、紧张。不管他们多么渴望这份工作，让他们推销自己也是很难的，他们需要一点帮助。以下是可以鼓励应聘者轻松聊天的 6 种方式。

1. 重复。重复话语可以鼓励应聘者不断讲话，有助于厘清要点。具体方法是：重复应聘者话语中的后几个字，使用疑问的语气，这样可以鼓励他们进一步解释。例如，假设应聘者说到的最后一点是："作为经理，我最难做的事情是管理 24 个人。"你可以紧接着说："嗯，你管理 24 个人？"这时应聘者可能回答："不直接管理，我负责管理 3 名主管，他们每个人负责指导 7 个人工作。"为进一步解释，你可能说："那么，你直接负责管理 3 个人，是吗？"应聘者可能会说："是的，在管理出现问题时，他们就会来找我解决问题。"

　　这段对话比直接陈述更准确地描绘了应聘者的管理职责。重复话语能够促进应聘者提供其他有价值的信息。

2. 总结。和重复一样，总结能使应聘者解释你提出的问题，进一步保证你的理解准确无误。总结这一方法可用于面试过程中特定的时间间隔，如每 10 分钟或充分讨论完一个话题之后。例如，你和应聘者可能花了 10 分钟回顾他之前的相关工作经历。之后，你可能说："让我来确认一下我已经理解你到现在为止所说的内容了。你从高中开始就是机械师，在海军陆战队服役期间也不例外。你喜欢这一职业，也想继续从事这一职业。然而，你觉得上一份工作工资太低，这也是你离职的原因。是这样吗？"

　　接下来应聘者可能对你总结的内容做全部或部分认可。注意你的总结不要超过 5 句话。这样可以防止你说错，导致应聘者的进一步解释。还有，为了保证总结的准确性，确保你运用了此前提到的积极倾听的指导方法。

3. 使用封闭式问题。问能力类问题可以获得最大的信息量，可是让一些应聘者开口说话有点困难。要想在提出旨在获取更多信息的问题之前让应聘者放松下来，使用封闭式问题非常有效。

4. 使用一些短语鼓励应聘者继续讲话。这些短语包括："我知道了。""真有趣！""是那样吗？""真的？""我不知道。"你要保证这些短语只表示兴趣或理解，而不流露出任何观点，这一点非常重要。

5. 使用有鼓励作用的肢体语言。为使上述短语更加有效，说这些话的时候，可以使用起到鼓励作用的肢体语言。虽然对肢体语言没有普遍适用的解读，但是某些手势和行为还是能传达特定意思的。例如，如果你要对应聘者表示出兴趣，可以直接面向他们，身体前倾；在座位上保持身体直立，双臂打开。时不时点头表明你也理解了，适当的时候可以微笑，不要坐立不安，避免查看手机或案头文件。

   在面试过程中，持续传达积极的肢体语言，可以表明你对应聘者的兴趣，从而鼓励应聘者多提供其他信息。

6. 沉默。大多数人认为沉默会让人尴尬或不舒服，结果面试官不得不在应聘者不说话的时候说点什么。但是，除非你已经准备好提出下一个问题，否则在你需要应聘者提供进一步信息时继续说话将不利于你做出雇用决定。如果应聘者已经停止说话，而你希望他继续说下去，可以尝试在开口前保持沉默或数到五再开口，因为停顿往往会迫使应聘者继续说话。当然，你要注意沉默的时间不要太久。如果应聘者已经无话可说，或者需要你鼓励才能继续说，而你只是不停地盯着他，会使面试氛围变得非常紧张。不过，如果你在沉默时使用了一些积极的肢体语言加以暗示，应聘者很快就会继续说话，此时的沉默表明你只是需要更多信息。

让应聘者说话切题

在多数招聘面试中，应聘者按面试官提出的问题回答。然而，有时应聘者会在面试中转换话题或离题太远，分散面试官的注意力。应聘者这么做可能是故意的，目的是掩盖他缺乏特定的工作经历或知识，或者是因为他无法回答能力类问题。不管是什么原因，面试官都需要让应聘者切题。

第 5 章中的准备措施有助于让应聘者说话不离题。面试官还可以采取其他措施来保证面试稳步推进。以下是应聘者在谈论资历时企图让面试官分心的 10 种情况，以及对应的让应聘者不离题的建议。

1. 应聘者要求你阐述公司历史。你可以这么说："或许我们可以另找时间来谈论公司的历史，现在是你说服我你是这份工作的最佳人选的机会，让我们回到你的工作经历上来吧。"

2. 应聘者试图将她的工作经历话题转到你桌上的照片。你可以这么说："由于我们这次面试时间有限,所以最好把握好时间来谈谈你的工作经历。"

3. 应聘者在回答问题时离题。你要及时插话:"我不确定你的回答是否与我问的问题有关。我再说一遍问题。"

- 应聘者使用他的问题来回答问题。你可以这么说:"如果你在提出问题之前先回答我的问题,我确信不会漏掉你的答案。"

- 应聘者一直谈论的职位不是他申请的职位。拿出职位描述给他看看,然后说:"在继续面试前,我需要确认你是否对这个职位感兴趣,如果是,我们需要了解你能否胜任这个职位,而不是其他职位。"

- 应聘者急于知道你是否雇用她。你可以这么说:"我想你也明白我需要权衡每个应聘者对关键问题的回答,之后才能做出决定。也就是说,我们还是回到之前的问题上吧,以便做出公正的判断。"

- 应聘者不直接回答问题。你可以这么说:"我很难把你的回答与我的问题联系起来,那么当我稍后评估所有应聘者的回答时就会有问题,你能帮我个忙吗?比如直接回答我的问题?"

- 应聘者开始触摸、把玩、评论你桌上的物品。你可以说:"我怎么没把它拿走呢?我就知道它会让人分心。"

- 应聘者开始谈论个人事务而非工作经历。你可以打断他:"为了让我判断你是不是最佳人选,我们需要谈论与工作相关的问题。"

- 应聘者的言行让你偏离面试。你可以这么说:"让我们回到面试中来,看看你是不是这份工作的最佳人选。"

在面试全过程中,你要保持冷静,让你的肢体语言保持不带感情色彩。记住,你正在面试,你只需要用一两句话让面试回到正题上,请关注整个面试过程,不要形成明显消极的观点。作为面试官,你有义务保持客观,评估显性或隐性因素。直到整场面试结束,你才能做出最终决定。

提供信息

收集应聘者的信息只是招聘面试的一部分,提供信息也很重要。面试官要判断应聘者是否适合工作,应聘者要判断这份工作和这家公司是否适合自己。当失业率低且应聘者可以挑选合适的工作时,这一点尤为重要。

许多应聘者来面试时对公司和应聘职位已经有所了解。可是,不论应聘者表面上或实际上多么了解这个职位，面试官都有责任告知应聘者公司和职位的信息。只有这样，应聘者才能确定他们未来工作的主要内容。

如前文所说，职位和公司信息需要在招聘面试开始前或在提问和回答问题环节提供，但要注意不要在面试初期透露过多关于理想候选人特点方面的内容。

一般来说，面试官应该告知应聘者公司的经营范围、经营年限，简短陈述公司起源、当前的竞争优势、主导的公司文化，还要简单介绍公司福利。接下来详细说明该职位涉及部门的职能、需要完成的任务、与其他部门的关系、负责人、命令下达程序。

接下来自然就会说到具体的工作，这时面试官可以提供一份职位描述给应聘者作为细节补充。给他一些时间阅读，接着鼓励他根据职位描述中的内容提出自己的问题。如果职位描述写得全面详尽，那么应聘者会清楚地了解工作内容及要求。确保职位描述中包含了成长机会：职业规划、培训项目及公司内外的其他职业发展培训。也要提醒应聘者相关的消极因素，如工作条件和工作时间。在面试过程中，要让应聘者做出反应，以免日后应聘者变成一个对工作不满的员工。

是否讨论工资问题取决于公司政策。面试官提供职位的工资范围是比较明智的行为。如果工资已经确定，没有商量的余地，也应该告知应聘者。

最后，一定要告诉应聘者面试结束后的安排。你可以依照对应聘者感兴趣的程度，确定大约什么时候同他联系，是否还有其他面试，如果他还有其他问题怎么办。还要确保你有应聘者的联系方式，日后联系不会有问题。

不同认知方式的作用

我们经常使用 4 种方式来形成对他人的认知和想法，面试前，面试官应对这 4 种基本认知方式做一个简单回顾。认知的 4 种方式，即第一印象、他人提供的信息、单纯的观点陈述和民族中心主义，构成了面试中的价值观。面试时快速回顾这几种方式可以帮助你避免因主观因素而草率地拒绝或雇用某人。

第一印象

第一印象是最为普遍的，也是我们建立对应聘者观感时最具有破坏性的方式，因为我们通常在不知不觉的情况下就会对他人形成第一印象。还未意识到认知的重要性的面试官往往自夸："他走进房间的那一刻，我就能判断出他是否适合这份工作。"

你能在瞬间通过应聘者的外表衡量出他适合这份工作吗？不可能。这不是说外表，如衣着、肤色、发型等在甄选环节不重要，但如果在面试官对应聘者从事某种工作时的外形和装扮形成先入为主的观点，就会出现问题。例如，会计和门卫的形象很不同，假如有个应聘门卫的人穿着套装，你可能会惊讶，但不会讨厌他。然而，如果一个应聘会计的人穿着牛仔裤和 T 恤出现，你很可能对他形成负面印象。

第一印象在你做决定的过程中有一定的影响，但它不是唯一的影响因素。不要让第一印象取代你的判断力，你可以在面试后形成完整的印象，这样你会发现应聘者的衣着、发型只是小问题，重要的是这个人的能力比其他应聘者优秀。此时，你可以告诉应聘者你的公司希望员工展现出来的形象。后续安排简短的面谈看他是否理解了你传达的信息。

他人提供的信息

如果应聘者是由你极为认可的人推荐的，在正式面试前，你就会对他形成积极印象。如果应聘者是由你不喜欢的人推荐的，你就会对他形成消极印象。在这两种情况下，你都受到了他人意见的影响，你不是在衡量应聘者，反而在衡量推荐人，你把对推荐人的看法转嫁到了应聘者身上。和第一印象一样，来自他人的信息不是你做决定的唯一影响因素。实际上，任何可以补充应聘者简历的信息都是有用的，在招聘阶段根据主观因素做评价为时过早。

单纯的观点陈述

假设应聘者回答你的问题时让你很生气，如果你不清楚单纯的观点陈述对你造成的影响，那么你可能会生气到不会进一步考虑此人，即使你没有说任何有效的拒绝理由，这种情况很有可能发生。当你在面试初期尝试为了让应聘者放松而建立友善关系的时候，要注意以下这种情况：你一时口误，提到了政治之类的话题，应聘者的回答和你的观点相反。你如果不够谨慎，这种观点差异就会影响你评价应聘者是否适合工作的客观性。也就是说，一个与招聘过程毫不相关的单纯的观点陈述，可能影响你的判断。

即使与工作相关的观点陈述也必须和其他因素放在一起衡量。你可以把单纯的观点陈述作为"危险信号"做彻底探究，但记住，当你决定拒绝应聘者时，观点陈述仅是参考因素之一。

民族中心主义

民族中心主义是指人们将自己的价值观、标准、信念用于衡量、评价他人。

总之，这是人们所接触的文化环境导致的结果。当我们还很小时，怀揣良好意图的父母、老师和宗教领袖教我们根据某种规章来思考行事。我们在五六岁的时候，几乎没有质疑过这些规章的有效性。遗憾的是，许多人长大后认为他们在孩提时代接触的才是唯一正确的思考方式。这种老套的思维模式会导致错误认知，因此他们会根据浅显的特征，如性别、年龄和种族特点，赋予他人某种特质和角色。

其他因素也会产生作用。例如，你在简历上看到应聘者毕业于哈佛大学，你对哈佛毕业生的设想让你快速得出此人将成为公司重要财富的结论。消极反应也是这样产生的。例如，应聘者当前正在一家刚刚解雇了你的朋友的公司工作，这种消极联想会让你对应聘者是否适合职位产生偏见。

如果一个人的认知是基于民族中心主义的思维方式，那么客观性将被忽略。只要应聘者的回答或肢体语言与招聘人员预想的不一致，就会影响开放、有效的交流机会。要记住，民族中心主义不会体现在公司制定的工作相关标准中，相反，它通过隐性条件，如个人风格和工作方法，发挥作用。民族中心主义也会与客观性相矛盾，而保持客观性是面试官的第一要务。

本章小结

本章总结了招聘面试指导中的以下内容。

1. 确定包含所有面试重要因素的面试形式。确保它反映了你的个性和个人风格。
2. 在面试前的几分钟建立和谐关系，让应聘者放松。
3. 仔细挑选你的第一个问题，让这个问题能继续探索更多的信息。
4. 练习积极倾听技巧，将你的注意力集中在应聘者说的话上，你说话的时间不要超过整个面试时间的 25%。
5. 寻找应聘者语言和非语言信息中的一致性。一旦二者不一致，非语言信息更有说服力。
6. 通过重复、总结、直接的封闭式问题、鼓励性的短语、积极的肢体语言和沉默来鼓励应聘者说话。
7. 提供信息，确保应聘者对所要从事的工作和公司有清晰、全面的了解。
8. 考虑不同认知方式的作用，不要被第一印象、他人提供的信息、单纯的观点陈述和民族中心主义思维影响。

第 9 章

面试的类型

尼克·道金斯是克拉里斯传媒有限责任公司的人力资源部经理，这家公司位于马萨诸塞州的波士顿郊外，有大约 900 名员工。目前该公司有几个职位空缺，包括业务部主管。他广泛撒网，动用了一切资源。最终，他发现了几个可能的候选人，他们的简历让人印象深刻。尼克准备好开始面试了，他清楚，首先要筛选应聘者，然后才能让他们参加面试。他计划电话面试或视频面试。如果双方都有兴趣，尼克打算为每个应聘者安排一系列全面的面试。首先由他亲自进行人力资源部的面试，然后由业务部经理进行部门面试，或者由业务部经理和其他部门经理组成小组进行面试，最后可能是业务部同事和其他主管进行的同行面试。

通过综合选择不同类型的面试结果，尼克确信他会找到最适合公司的业务部主管。

筛选面试候选人

筛选面试候选人是为了培养双方之间持续长久的兴趣，并初步决定工作与应聘者的匹配度。假设这两个目的都满足，下一步就是针对工作细节的面试。筛选面试候选人不能代替更加深入的工作细节的面试，招聘人员不应该只根据一次探索性面试就决定雇用与否。探索性面试可以帮你筛除你可能不再感兴趣的人。

筛选面试候选人的总体指导原则

筛选面试候选人这一环节与其他环节之间的重要区别在于提问的时间长短。面试官必须重点关注工作相关的问题——通常对非豁免性职位应聘者的提问时间是 15～20 分钟，对专业职位应聘者的提问时间是 20～30 分钟，之后再决定是否需要进行更为全面的面试。

在有些情况下，面试官会因为根据有限的信息仓促做决定而感到有压力。当然，面试官也可能只因为得到了一个让他不满意的回答就不再考虑某个人。

尽管筛选面试候选人的时间有限，你仍然可以根据可靠的职位相关信息来做决定。职责描述中的重要部分决定了谁能进入下一阶段的面试。你需要做的是：第一，单独列出关键任务；第二，识别出占据任职者 20%或更多时间的任务。如果没有或只有几项任务占任职者 20%以上的工作时间，可以下调比重，以便列出4～8 项关键任务。可能的话，将所有关键任务（即使只花费 5%或更少时间的任务）都列出来，以便凑足 6 项任务。

以下是业务部主管职位描述的一个示例。任务前的字母 E 表明该项是关键任务，NE 表明该项是非关键任务，任务后面的百分比是每项任务大致要花费的时间比重。

1．（E）计划、组织、控制办公室的账单发送和收付款工作。（25%）

2．（E）审核各种财务资源，直接联系或委托催款公司收回拖欠款。（20%）

3．（E）准备和发放工资，创建和维护工资发放记录。（15%）

4．（E）维护与其他部门的财务信息交流。（10%）

5．（NE）适应当前的新制度、新方法和新设备。（5%）

6．（NE）在总经理缺席招聘时，履行人力资源职能。（5%）

7．（E）确保各项工作与政府规章制度相适应，必要时参与审计工作。（5%）

8．（E）准备、分析各种报表，向管理部门汇报当前的财务状况和执行效果。（10%）

9．（NE）修改与业务部相关的政策和程序。（5%）

单独列出关键任务，做成如下所示的表单。

1．计划、组织、控制办公室的账单发送和收付款工作。（25%）

2．审核各种财务资源，直接联系或委托催款公司收回拖欠款。（20%）

3．准备和发放工资，创建和维护工资发放记录。（15%）

4．维护与其他部门的财务信息交流。（10%）

5．确保各项工作与政府规章制度相适应，必要时参与审计工作。（5%）

6．准备、分析各种报表，向管理部门汇报当前的财务状况和执行效果。
（10%）

接下来列出那些花费任职者 20%以上工作时间的任务。

1．计划、组织、控制办公室的账单发送和收付款工作。（25%）

2．审核各种财务资源，直接联系或委托催款公司收回拖欠款。（20%）

由于只有这两项任务需要花费 20%以上的时间，因此其他任务需要单独
列出。

3．准备和发放工资，创建和维护工资发放记录。（15%）

4．维护与其他部门的财务信息交流。（10%）

5．准备、分析各种报表，向管理部门汇报当前的财务状况和执行效果。
（10%）

现在我们从占总体职责 80%的主要工作职责中选出 5 项。这份浓缩过的职
位描述能使你关注应聘者的经历和资格的突出方面，从而初步决定其与职位的匹
配度。

也要关注应聘者的教育背景、先前的工作经历、专业技能和知识。剔除多余
的空话，将关键职责要求单独列出来。由此，对于业务部主管一职的招聘过程，
你可以提炼的信息如下。

1．在开具账单、收款、工资发放和催款方面有丰富的经验。

2．具有准备、分析和介绍财务报表的能力。

3．最好有会计文凭。

由上可知，如果需要在有限的时间内面试应聘者，你只需关注 5 项关键任务
和 3 项职责要求。

筛选候选人的最后一步是设计面试形式和提问类型。通过解释面试的目的来
开始这一步，核实候选人是否适合该职位。询问应聘者当前从事的工作（开放式
问题）。然后，根据已经分别列好的任务和教育背景要求，提 6 个能力类问题，
确定对方的专业程度和专业性质。用一两个开放式或封闭式问题确认其信息的可
靠性，你问的最后一个问题应该是：“关于应聘这个职位，你还有什么想告诉我
的？”这种试探性问题在探索性面试过程中很少用，除非应聘者对能力类问题的
回答不太完整。即便应聘者没有工作经历使你无法提炼出信息，也要避免假设性
问题。

以下是对业务部主管这一职位筛选面试候选人时的部分提问示例，示例内容
主要是根据职位描述进行的。

- 说一下你当前作为办公室主管一天的工作内容。
- 我对你开具账单、收款、工资发放方面的职责非常感兴趣，请举例说明
这几项工作。

- 说一下你在直接催收款项过程中特别困难的经历。
- 如果工资延期发放，你会怎么做？
- 说说与你保持定期财务信息交流的部门，以及该部门的性质。
- 描述一下最近你汇报的财务报表的内容。
- 根据你所说的信息，我可以认为你的工作内容主要是开具账单和收款吗？
- 你在直接催收款项方面没有任何工作经验，我的理解对吗？
- 关于应聘这个职位，你还有什么要告诉我的？

无论结果如何，都应该让应聘者感觉到他有机会展示自己，他的与工作要求相关的能力可以得到正确的评估，而面试官也可以在面试结束后，确定自己已经问了足够多的相关问题，从而可以做出初步的决定（无论是拒绝还是后续安排全面的关于工作细节的面试）。

电话筛选面试候选人

大多数面试候选人筛选工作都是通过电话进行的，成功的筛选工作基于面试官确立和遵循的特定形式：联系应聘者，确认他对工作的兴趣，约定谈话时间。建议给非豁免性职位应聘者分配大约 20 分钟的电话面试时间，对豁免性职位应聘者分配约 30 分钟的电话面试时间。

除了职位描述中的具体问题，还有一系列问题可以帮助你决定是否还有兴趣与应聘者进一步聊聊。以下是对非豁免性职位应聘者提问的一些问题示例。

- 你为什么离开上一家公司？
- 你一天的工作内容是什么？
- 对于当前或上一份工作，你最喜欢或最不喜欢的是什么？
- 你为什么申请这个职位？

对豁免性职位应聘者提的问题示例如下。

- 你为什么离开上一家公司？
- 你为什么申请这个职位？
- 你了解这家公司吗？
- 在过去的工作中你做出了什么贡献？
- 你认为你在这个职位上可以做出什么贡献？
- 你期望从这家公司里获得什么？
- 这个职位与你个人的长期目标相适应吗？

在应聘者回答的过程中，你要提醒自己打电话的目的：你是在决定是否邀请他进行面对面的面试，而不是决定是否招聘他。在他们回答的时候做记录，如果不能根据谈话内容判断是否进行面对面的面试，通完电话后回顾他们的回答就能帮助你决定。如果你在通电话的时候就决定了让他们来面试,那么电话记录可以成为面对面谈话的开始,你可以重复在电话中问过的问题,以便得到更详细的信息。

注意不要评价应聘者在电话中的表现,除非有效的语言沟通能力是胜任相关职位的标准。另外,特别是一些从事销售或市场营销工作的人,他们非常擅长电话沟通,因此,你得区分清楚形式和内容之间的区别。

结束谈话前,你可以简单浏览以下信息。

- 应聘者了解这个职位吗?
- 你是否提出了可以使你确定继续面试应聘者的问题?
- 应聘者提出了有用且相关的问题吗?
- 应聘者表现出对工作的兴趣了吗?
- 应聘者符合基本的工作要求吗?
- 应聘者的简历与他所告诉你的信息是一致的吗?

如果你在电话沟通中没有任何疑问,你可以邀请对方来面试,记得谈话结束前要告知他。如果你不确定,想在做决定前回顾你的记录,那么你要先感谢对方花了时间,说说下一步的内容,并告知他得到回复的时间。如果你十分确信应聘者不符合工作要求,你有以下选择:坦诚地说他不符合工作要求,因为他缺少工作相关的专业技能;或者告知他,你需要面试完所有应聘者,进行比较之后才能决定谁可以进一步面试。如果你确定要直接拒绝应聘者,确保应聘者简历保存入档,鼓励他下次再次申请本公司的其他职位。如果你周全地处理了这些情况,即使接下来没有进一步的面试,应聘者也会对公司留下良好的印象。

电话筛选提供了多种好处。首先,这个过程让你剔除了不符合资质的应聘者,从而有更多时间考虑合格的应聘者。其次,这也是一个客观的过程,不会受到应聘者的外表、衣着和发型等视觉因素的干扰,而这些与工作相关的隐性事项在这一阶段是无关紧要的。

视频筛选面试候选人

视频筛选面试候选人被面试官用于电话筛选面试候选人的替代手段,部分原因是越来越多的企业把应聘者的寻找范围从国内延伸到了国外,以及为了满足不同时区的灵活性要求。反对者认为视频面试可能缺少人际间的交往互动。此外,由于视频面试采用不同的技术和设备,结果也是有区别的。同样,音质差的音频设备、奇怪的拍摄角度、延时、视频画面静止等引起的视频画质差,都会导致双方交流的不畅快。

视频筛选面试候选人有两种方式:单向和双向。单向面试在此其实属于用词不当,因为并没有发生实质的面对面交流的面试。面试官向应聘者提出一系列问题，应聘者通常在预估好的有限时间内（不少于 2 分钟）录制好答案视频，然后用特殊的视频面试软件提交给面试官。

另外，单向面试允许应聘者在任何便利的时间录制视频，面试官也可以在时间方便的时候查看视频。单向面试也鼓励那些不太主动的应聘者来申请职位。然而，单向面试割裂了提问和回答之间的互动性：面试官无法进一步追问，而追问可以帮助决定是否让某人来进行面对面的面试；应聘者也无法提问，而这些问题的答案可能会让他们不想继续面试。此外，你也无法得知应聘者在准备答案的时候是否有人帮忙。

双向面试是指应聘者和面试官通过网络摄像头在约定的时间内互相交流。这种方式在其所遵循的筛选原则方面与电话面试相似，但也有一处显著的不同：潜在雇主可以看到应聘者的样子，并评估其非语言交流的模式。如果你打算进行双向面试，记住，应聘者也可以看到你，所以要注意应聘者会听到背景音乐、你或设备发出的噪声；可以看到凌乱的桌面、溢出的垃圾桶、食物残渣和包装纸、昏暗或明亮的灯光、墙上挂着的艺术品。你也要避免多线程任务。例如，你在进行双向的视频面试时，要避免同时回复邮件或信息。总之，在双向面试中，整体的场景设置与面对面面试很相似。

应聘者坐在摄像机前，通常会尽可能最大化地表达自我，以下是一些典型的仪态训练建议。

- 看新闻播音员的着装，学习类似的穿法。
- 提前用网络摄像头练习。
- 充分而清晰地表达。
- 避免烦躁。
- 假装摄像头是个真人，保持眼神接触。
- 微笑并表现出兴趣。

HR 面试

HR 的招聘面试是既有广度又有工作细节的。有广度是因为，HR 面试的内容范围很广，如目标和兴趣；有工作细节是因为，HR 在说到工作细节以决定应聘者是否具备足够的技能和知识进入下一轮的部门面试时，要挖掘应聘者的教育背景和工作经历。面试官也需要考虑应聘者是不是适合公司的最佳人选。特别要说的是，HR 面试在所有面试类型中是时间最长、内容最全的。

让我们回过头来看克拉里斯传媒有限责任公司的人力资源经理尼克可能询问应聘业务部主管的基拉的问题。基拉目前是某公司业务部主管,但是她认为自己没有得到应得的报酬;她感觉很挫败,因为她想学习新技能,但是当前的职位没有任何培训机会。

对于这个例子,我们跳过营造融洽的面试氛围这个阶段,先让应聘者放松,然后提供信息,最后回答问题。我们关注的仅仅是提出能力类、开放式、假设性、探索性、封闭式问题。应聘者的回答可能引发很多与工作相关的附加问题。

以下是相关的职位描述。

主要职责包括以下几项。

1.(E)计划、组织、控制办公室的账单发送和收付款工作。(25%)

2.(E)审核各种财务资源,直接联系或委托催款公司收回拖欠款。(20%)

3.(E)准备和发放工资,创建和维护工资发放记录。(15%)

4.(E)维护与其他部门的财务信息交流。(10%)

5.(NE)适应当前的新制度、新方法和新设备。(5%)

6.(NE)在总经理缺席招聘时,履行人力资源职能。(5%)

7.(E)确保各项工作与政府规章制度相适应,必要时参与审计工作。(5%)

8.(E)准备、分析各种报表,向管理部门汇报当前的财务状况和执行效果。(10%)

9.(NE)修改与业务部相关的政策和程序。(5%)

教育背景、先前的工作经历、专业知识和技能包括以下几项。

1.在开具账单、收款、工资发放和催款方面有丰富的经验。

2.具备准备、分析和介绍财务报表的能力。

3.最好有会计文凭。

有关工作经历和教育背景的问题如下。

- 基拉,请描述一下你一天的工作内容。
- 你还有没有其他被要求完成的工作?具体是什么?
- 在这些工作中,你认为哪项是你的主要工作职责?
- 为了完成这些工作要花费大约多少时间?
- 你之前表示为办公室处理账单是你的主要工作职责,你也计划、控制账单发送吗?
- 在收付款方面,你的工作职责是什么?
- 说一下你为办公室处理账单时碰到的问题,具体是什么?
- 你认为你第二重要的职责是什么?

- 说一下你没及时发放工资的情形。
- 没及时发放工资的后果是什么？
- 如果发生了这样的意外，你会采取什么措施？
- 在落实这些措施时，你扮演什么样的角色？
- 你从事过审核财务资源、收回拖欠款的工作吗？
- 在你的部门中谁负责做这些事情？
- 请描述你如何适应新的制度、方法和设备。
- 你如何确保工作与政府法规章制度相一致？
- 你从事过审计工作吗？说一说吧。
- 说说你在部门间的财务信息交流中的职责。
- 描述一下其他部门没有及时收到重要的财务信息，并认为你要承担责任的情形，你怎么办？
- 如果总经理不在，你履行的人力资源职责是什么？
- 你没有履行过人力资源职责，但是你对该职责感兴趣、想承担，我的理解对吗？
- 说一下你对人力资源工作的兴趣，尽可能详细一些。
- 我的理解是，你想从当前部门转到人力资源部，如果是这样，你具体如何安排？
- 我对你当前的工作职责有些疑问，在准备或分析财务报告的时候，你全程参与了吗？如果没有，又是谁承担了这些工作？
- 说一下你不同意经理安排你做的事情的情形，最后结果怎样？
- 描述一下你被要求做不属于你工作范围的工作的情形，后来发生了什么？
- 对于被安排的所有任务，你最喜欢哪一项？最不喜欢哪一项？哪些任务你认为特别容易或特别难？
- 在加入当前的公司之前，你承担过发送账单、发放工资、回收拖欠款的任务吗？
- 你目前担任业务部主管的经历就是你从事会计工作的所有经验，这样理解对吗？
- 基拉，我想问你与工作相关的教育背景问题，你说你拥有会计学学士学位，说一下你上过的会计课程。
- 哪些是你学得非常好的课程？
- 在你的学习过程中有什么课程特别具有挑战性吗？为什么？
- 为什么选择会计作为你的专业？

决定人岗匹配的一般性问题如下。

- 基拉，你能定义一下你理想中的经理是什么样的吗？
- 你理想的工作环境是什么样的？
- 在未来的工作中，你想避免发生什么事情？
- 你认为你最大的优势是什么？举个例子说明你的这项优势在当前工作中的应用。
- 说一下你想提升的方面，你计划如何提升？
- 你认为自己是怎样的员工？
- 你如何处理不喜欢的任务？
- 你处理不喜欢的任务和喜欢的任务的方法有什么不同？
- 在一天的工作结束之时，你有两项任务，一项是你擅长且喜欢的，另一项是更具有挑战性且你不太感兴趣的，你会先做哪一项？
- 你会与你的老板谈论你对工作的不满意吗？
- 你怎样确定目前的工作经历已经让你准备好承担另外的职责？
- 说一下你的短期和长期目标。我想更多了解你对人力资源工作的兴趣。
- 你对什么样的教育或培训机会感兴趣？
- 你认为与哪种人共事很难或很容易？
- 你觉得雇主应该给员工什么样的承诺？员工应该给雇主什么样的承诺？
- 如果你可以设计理想的工作，那会是什么样的？你会做什么工作？
- 结束谈话前，你还有什么想让我了解的吗？

部门面试

不同于 HR 面试，部门经理和部门领导不太可能对员工的兴趣和教育背景这种广泛的问题进行挖掘。他们主要关注的是，这个人能做这份工作吗？部门面试强调的是与工作相关的内容。基于此，部门面试包括基于工作任务和职责的开放式、能力类和假设性问题。

让我们继续尼克对基拉的面试。尼克坐下来翻看业务部主管的工作细节、基拉的简历和面试记录。根据基拉的经历及其对工作相关要求的回答，尼克很犹豫：基拉缺少必要领域的专业知识，她看起来更想从事人力资源管理工作而不是继续从事原来的工作。但是部门领导纳迪雅仍然想见见她，所以尼克组织了面试。

以下是纳迪雅可能问基拉的与工作相关的问题。

- 请详细说一下你如何为办公室制作账单？
- 你如何处理收据上出现的错误？
- 工资超过预算时，你怎么处理？
- 描述一下你的日志记录系统。
- 描述一下你收回拖欠款的方法。
- 我对你的职责有些疑问：你如何准备工资？如何下发工资？又如何维护工资记录？
- 你在某项计划中的工作职责是什么？
- 描述一下你公司的记账系统。
- 你认为新的记账系统怎么样？
- 说一下你由于其他人犯的财务错误而受到批评的情况。
- 如果公司副总裁因为没有收到重要的财务报告文件而吼你，恰好我又不在旁边，你会怎么做？
- 你曾经修改过与业务部职能相关的政策和程序吗？如果没有，你打算做什么？与谁交流？你又如何收集所需的信息？
- 你认为准备财务报告时最重要的是什么？
- 如果政府审计时审出的错误应该由你承担，你会做什么？

基拉离开办公室后，纳迪雅反思了面试内容，尼克是对的，基拉确实缺少与工作相关的重要经验，她不打算再考虑基拉了。

小组面试

大多数面试只涉及两人：面试官和应聘者。然而，有时也会采用小组面试。理想状况下，这种方式最多有 3 位面试官：人力资源部代表、部门经理、部门领导。这么做通常出于两方面的原因：①避免安排 3 场单独的面试而浪费时间；②在应聘者回答问题时，方便对比应聘者给大家留下的印象。

所有参与面试的面试官应事先沟通一致才能实现过程高效。或许人力资源部代表会在一开始介绍每个人，简短交流，以建立和谐融洽的关系，问开放式和能力类问题，大致上决定应聘者的职位匹配度。然后部门经理问更详细的工作细节问题。部门领导可能也会问工作细节问题，也会评估应聘者与本部门和公司其他部门的匹配度。人力资源部代表可能继续询问应聘者，以评估其是否适应公司文化，查看其他隐性因素。不过小组面试中的面试官不需要列出具体的问题，但是每个人事先都要确认自己负责提问的大致范围。如果小组成员因为该由谁来提哪个问题或好几个人问同一个问题而起争论，这样就会显得既尴尬又不专业。

如果采用小组面试的形式，一定要事先提醒应聘者。不然，在一个房间里有多位面试官会让应聘者局促不安。

仔细安排座位。在一对一面试中，面试官和应聘者的座位距离不是那么重要，但是在小组面试中，座位距离过近会给人不舒适的感觉。例如，不要围着应聘者坐，如果面试官坐在应聘者四周，应聘者为了应付所有人，还得不时把头从一边转向另一边，这样会产生一种"打网球赛"的感觉。

如果已经仔细安排了小组面试，该面试形式就会非常高效，也会很客观，因为它减少了与应聘者的单独互动。另外，在一位面试官说话的时候，其他两位面试官要仔细观察应聘者的肢体语言，花更多时间去评估应聘者对具体问题的回答。同样，如果小组里有 3 种不同性格的面试官，你要看应聘者如何分别回应这几位面试官。更为重要的是，评估要准确、一致，因为大家是根据同样的信息做出决定的。

同行面试

同行面试的成员包括未来与应聘者一起工作的同事，特别是在非常强调工作氛围的团队工作中，这种面试方式非常受欢迎。大多数同行面试以小组面试的方式进行，且应贯穿于面试始终：从筛选面试候选人、人力资源部面试，到部门面试或小组面试。总之，同行面试的参与者应该满足以下要求。

- 熟悉工作细节。
- 清楚与工作相关的隐性因素。
- 了解本部门工作与其他部门工作之间的关系。
- 清楚与工作相关的专业问题。
- 精通部门职能运作。
- 了解部门文化和公司结构。
- 了解部门和公司目标。
- 了解公司历史。
- 对多元化敏感。
- 没有偏见。

面试形式是同行面试成功的关键。由于大多数参与同行面试的人都不是经验丰富的面试官，所以人力资源部代表通常要提前教他们最基本的内容，包括面试步骤、讨论避免法律风险的问题、推荐的问题清单。此外，一些同行面试会划分成几个细小的部分，每个参与面试的人负责一个专门的领域。例如，第一个人可以对应聘者进行技巧评估，第二个人可以检视应聘者对部门文化的适应度，第三个人可以审视应聘者与任务相关的工作经历。

有些公司会模拟同行面试以确保准备充分，还有些公司会制订昂贵的培训计划，完成详细的表单。注意在同行面试中并不提倡自由提问。

对于小组面试成员，由 3 人组成最为合适。在此过程中，人力资源部代表应始终出席，并充当面试中的"调停者"，介绍应聘者给面试官，然后向应聘者解释面试流程。除此之外，人力资源部代表通常是不说话的，除非其他面试官提出了非法或不合适的问题。

接着是同行面试，面试官应该用准备好的问题清单和对应的评级，来标记、比较他们的观察结果。这些评价应该简单、易操作，如非常称职、称职或不称职。最后，招聘人员要再次用简单的话语，如"非常推荐聘用""推荐聘用""不推荐聘用"，来总结每个人的评估结果。

在讨论过程中，人力资源部代表应该始终列席，确保面试官围绕相关主题进行客观评估，比较同行面试的评论和先前进行的所有面试评论。有时人力资源部代表、部门代表和同行面试成员会碰面讨论，这通常发生在评价不一致的时候。招聘经理希望得到人力资源部代表的支持，从而做出最终的决定，结束这种不一致的局面。

面试不够理想的应聘者

大多数应聘者渴望给面试官留下良好的印象，尽可能完整回答所有问题，投射出积极的肢体语言，提出恰当的问题。然而，有时你会发现面对的是一个不那么理想的应聘者：过于羞涩或紧张、过于健谈、过于激进或过于情绪化。

面对这样的应聘者，你首先要确保在推进面试的过程中做出调整。

过于羞涩或紧张的应聘者

如果应聘者很羞涩或很紧张，在面试中建立和谐关系的前几秒，你就能很容易地发现这一点。如果你为了避免关注个人状态而说"我看得出来你很紧张，试着放松""别紧张，尽量放松"等话语，反而会让情况变得糟糕：羞涩或紧张的人通常不想让别人注意到他们的情绪，关注他们的情绪反而会搞砸事情。

羞涩或紧张的应聘者需要被缓慢地引导，直接问开放式问题可能会吓到他们，一些封闭式问题可能会让他们放松。简单陈述相关问题让他们感觉舒适，同时确保你问的都是与能力相关的、属于个人经验范围内的问题。另外，试着用轻柔的语调、夸张的肢体语言和鼓励性的话语，让应聘者知道你对他说的内容很感兴趣。

过于健谈的应聘者

一些应聘者会说个没完。他们不仅回答问题，还主动说很多无关、不必要，有时甚至不适合让你了解的信息。过于健谈的应聘者可能是极其爱讲话的人，他们说太多冗杂的信息，分散你对他缺少工作相关技能的注意力。

这些人通常举止洒脱，气质不凡，让你非常想和他交谈。然而，你必须提醒自己，你不是在进行社交聊天。你的目标是获得足够的信息，以便做出雇用决定。

有效应对过于健谈的应聘者的关键是控制。你必须记住，你要掌控面试局面，控制提问和回答时间，收集到足够的信息后对应聘者说："你说的一切很有意思，现在我有足够的信息做出决定，谢谢你来面试，本周末前你就会收到我们的消息。"

有时，应聘者对面试官暗示面试结束的话没有反应，仍坐着继续说话。如果这种事情发生了，你更要明确告诉应聘者："恐怕我们的交流时间已经到了，我还有其他应聘者等着呢，你应该明白。"此时，你站起来，与对方握手，同时缓缓地将应聘者带向门口。

过于激进的应聘者

一些应聘者呈现出过于激进的状态，也许他们已经很长时间没有工作了，或者他们来参加面试之前已经被拒绝了多次，不管他们的动机如何，这种行为会让面试很难进行。

面对愤怒的应聘者，你要保持冷静客观，试着找出应聘者心烦的原因。解释说明如果他一直保持愤怒，你就无法继续面试。在这种情况下，你的目的应该是完成面试，尽可能公正地评价应聘者。如果应聘者变本加厉，或者仍有敌意，问问应聘者他对这个职位是否还有兴趣，如果是的话，告诉他你需要重新安排面试。

有时，应聘者会试图掌控面试局面，用以掩饰自己缺少足够的工作经验。试图掌控面试局面可能表现为以下几种方式：将讨论引导到面试官的事业或兴趣、办公室里的书籍和植物上来。如果发生这种事情，你要提醒自己掌控面试局面，并果断地对应聘者说："打扰一下，我们已经离题了，还是回到……"如果他仍然试图继续主导面试，稍等一下，然后说："我们剩下的时间不多了，我还有一些问题问你，让我们继续，怎么样？"

过于情绪化的应聘者

在面试中你见过应聘者变得越来越愤怒吗？不用说，这让人很紧张。如果曾经发生这样的事，你要向对方表示同情而不是怜悯，这样能让你保持客观，更好地帮助对方恢复平静。不要轻拍他的背，或者向他解释什么来宽慰他，因为极有可能你会听到很多自己根本没有权利知道的个人信息。给他人提供片刻隐私时间通常能让大多数应聘者继续面试，但是在某些情况下，重新安排面试是首选。

有时，应聘者会在你质疑某个问题的答案时表现得情绪化或很烦。如果发生了这样的事情，试着在面试中转换话题方向，稍后再问问题。在此过程中，要向应聘者强调某些问题提供的信息对于进一步面试很重要，这样一来，即使不情愿的应聘者也会尽力给出答案。有时问具体的封闭式问题会很有用。

面试能力不足或能力过于优秀的应聘者

在第 5 章，我们了解到，应聘者必须满足最低的工作要求，从而让你考虑是否雇用他们。但是，这些工作要求可能无法用语言恰当地表述出来。例如，假设你在寻找有丰富工作经验的人，不能明确规定工作经验的最低年限为 5 年，因为这样可能引发诉讼。你可以表述为"拥有广泛的工作经验"。"广泛的"一词为解读和强调相关的隐性要求留出了空间。而一旦设定工作年限要求，你就不能雇用不满足最低工作要求的人。换句话说，如果你遇到一个人，你非常想雇用他，但是他不满足最低工作年限的条件，此时你不能随意更改招聘条件。鉴于此，在面试前，一定要确定你已经准确认识到了显性和隐性的工作要求和偏好。

能力过于优秀的应聘者会造成不同的困境。如果你询问面试官不喜欢面试能力过于优秀的应聘者的原因，他们通常会说："这个职位的工作要求明显低于他们的能力，我很怀疑他们应聘这份工作的原因。""他们可能在找到更符合他们工作经验的工作后会马上离职。""很快他们就会厌倦的。""为什么会有人只想赚一点点钱？"

事实上，能力优秀的人来应聘收入低、经验要求比较少的工作，也有各式各样的合理的原因。

- 他们的技能已经非常娴熟，找不到适合的工作。

- 他们想为你的公司或在你所在的领域工作。
- 他们的职衔没能如实反映他们的工作内容。
- 他们可能不想继续在高一级别的岗位上工作。

最后一点比你想象的更加可信。在压力很大的工作岗位工作的人，往往会找工资少、压力小的工作。

不要任意猜测或假设，要问正确的问题。"你能告诉我你对工作要求和内容的理解吗？""与你当前或先前的工作相比，这份工作怎么样？""你对当前工作最喜欢和最不喜欢的内容是什么？""这份工作最吸引或最不吸引你的原因是什么？""现在你的事业目标是什么？""你对工作成就的定义是什么？""平衡工作和生活对你来说有多重要？""请你说一下你理想中的工作环境。"

应聘者的回答很可能衍生出很多其他问题，让你最终得出他是否适合工作的准确结论。

如果你对雇用某个能力过于优秀的人有疑问，问自己以下几个问题。

- 他们长久任职这一点很重要吗？
- 我们招聘的人能如我们所愿长久地工作下去吗？
- 在不考虑工作经验的情况下，这个人表现出来的能力符合我们对员工的预期吗？
- 这个人的专业技能会给公司带来什么？
- 从应聘者的角度看这份工作，"屈尊"有合理的解释吗？

记住，你不是要雇用最优秀的人，而是要挑选符合最低条件的人。

压力面试

压力面试是有意识地让应聘者处于防守状态，让他感觉不舒服，或者感觉面试官带着某种目的"测试"他。压力面试在任何情况下都不推荐。支持采用压力面试的人声称这样能找到与工作相关的重要特质，如应聘者如何处理不舒服的情况，而这种情况通过有效的提问技巧无法发现；还可以评估应聘者的非语言沟通能力，以及衡量相关的隐性因素。事实上，压力面试通常只是面试官对无法使用有效的面试技巧来面试的一种狡辩而已。

以下是压力面试的例子，读者可以避免此类错误（在此鼓励读者视以下内容为对应当避免的情况的解释说明）。

办公室压力面试

办公室压力面试通常有多种"道具"：椅子、面试官夸张的肢体语言，或者不必要也不合适的评论。遗憾的是，以下一些例子都是在面试中真实发生的。

- 面试官确定他的椅子要比应聘者的椅子高一点。
- 面试官邀请应聘者坐在超大号椅子中，让应聘者起身困难。
- 面试官邀请应聘者坐在一条腿比另一条腿短一截的椅子上，让应聘者不停地摇晃。
- 应聘者的椅子过于狭窄。
- 面试官不提问应聘者，相反，只是盯着应聘者，看他会说什么、做什么。
- 面试官提问的时候，看着自己的桌子或做其他事情。
- 面试官在面试时接电话，让应聘者等待，并且在电话里说："你接着说，他可以等。"
- 面试官在面试时接了很多电话。
- 面试官离开房间几分钟。
- 面试官说："继续说，给我留下印象。"
- 面试官说："有什么你想告诉我的吗？"
- 面试官摘下手表，放在桌上，说："我们只有 45 分钟。"
- 面试官盯着应聘者的手表说："你一定很有钱，你为什么想在这里工作？"
- 面试官在应聘者回答了问题后，问："你确定那是你想提供给我的答案？"

用餐时压力面试

用餐时压力面试通常是为专业级别的应聘者保留的项目。如果需要遵守同样的办公室面试准则，那么采取这种面试方式对面试官和应聘者来说都是较为合适并让人感觉舒适的。但是，支持在用餐时间进行压力面试的人会有错误的观点：他们认为饮食习惯可以有效地反映应聘者对工作的决断能力。思考以下真实的例子。

- 面试官直到应聘者满嘴都是汤汁的时候才提问。
- 应聘者因其点了芝士汉堡或其他需要用手拿着吃的食物而被拒绝录用。面试官认为应聘者应该预想到自己可能会在用餐时间被要求看报告，如果双手油腻，他就不方便看报告。
- 应聘者因面试官点了沙拉而他自己点了炸虾而被拒绝录用。问题在于炸虾只需要几口就吃完了，而为了便于消化，沙拉需要细嚼慢咽。因此，应聘者比面试官吃得快，这让面试官感到不适。

- 应聘者因为点了酒而被拒绝录用，因为他有酗酒倾向。
- 应聘者因拒绝喝酒而被拒绝录用，因为他可能是戒酒人士。
- 应聘者因拒绝进餐厅前被检查外套而被拒绝录用，因为他可能对与他人分享自己的东西有很强的不安全感。
- 应聘者需要学习正确使用餐具的知识。
- 应聘者合格，因为他点的菜比面试官点的菜便宜。
- 面试官在应聘者的菜上桌的时候，问了一堆开放式问题，以查看应聘者是否能边吃边聊。
- 面试官尝试问一些与工作无关的非法问题（说真的，这种事情现在仍在发生。）
- 面试官根据应聘者在处理与服务员的不同意见或商量不合适菜品的方式的表现来评估他的自信程度。
- 面试官认出几位用餐者是他的同事，后来在吃饭的时候，她问应聘者一些关于这几位同事的情况，据以评估应聘者观察的仔细程度。

招聘面试注意事项

不管你采用什么面试类型，你都要注意以下几点。
- 当应聘者在说与工作相关的内容时，不要打断他。
- 避免简单地表示同意或不同意，相反，要表现出感兴趣和理解。
- 避免使用应聘者可能不熟悉的术语。
- 避免背对着应聘者看简历。
- 避免将应聘者与优秀的前员工、你自己、其他应聘者比较。
- 避免问不相关的问题。
- 避免对应聘者低语。
- 避免自言自语。
- 避免为了填满空缺而随意招聘不合格的人。
- 避免应聘者掌控面试局面。
- 避免根据第一印象、他人提供的信息、单纯的观点陈述、肢体语言或你的偏见匆忙下决定。
- 避免提出可能违反平等就业机会相关规定的问题（即使你很委婉）。
- 避免根据应聘者的文化和教育差异评论他。
- 避免进行任何压力面试。

本章小结

不同的面试类型在招聘过程中起着不同的作用，在筛选面试候选人时有以下两种方式。

1．电话面试。电话面试旨在完成以下两个目标中的任意一个：维持对应聘者的兴趣，进而安排见面，进行深度面试；判断应聘者是否符合工作要求。

2．视频面试。单向的视频面试让应聘者只回答面试官提前设定的问题，双向的视频面试让应聘者和面试官通过摄像头交流。电话面试或视频面试并不能替代面对面的面试。

其他面试类型是由应聘者和一个或多个招聘人员组成的全面面试。

3．HR 面试。HR 面试既有广度也有工作细节。广度体现在 HR 提问范围较广，包括目标和兴趣；工作细节体现在 HR 会发掘应聘者的教育背景和工作经历，尤其当它们与职位密切相关时。

4．部门面试。部门面试关注应聘者能否承担职责，注重考察工作细节。

5．小组面试。小组面试通常包含 3 位面试官——人力资源部代表、部门经理和部门领导。小组面试可以节约时间，并让面试官在应聘者回答问题时比较各自的印象。

6．同行面试。同行面试中的面试官由未来与应聘者一起工作的同事组成。大多数同行面试都属于小组面试，人力资源部代表应该确保面试内容围绕相关话题，遵守平等就业机会的相关规定。

大多数应聘者渴望给面试官留下良好的印象。他们会尽可能完整地回答问题，使用积极的肢体语言，问适当的问题。然而，有时你发现你面试的不是理想中的应聘者：他们可能过于羞涩或紧张、过于健谈、过于激进、过于情绪化。碰到这种情况时，要根据面试推进情况做出调整。

面试能力不足或能力过于优秀的应聘者同样会产生问题。面试官应正确辨识工作所需要的最低工作经验要求，询问自己招聘能力优秀的人的原因，做出明智的招聘决定。

支持压力面试的人认为压力面试通过故意让应聘者处于防卫或不利地位，可以发现应聘者身上与工作相关的特质。但是，无论何种情况下我都不推荐采用压力面试。

无论你采用什么面试类型，面试官都要避免面试时出现问题，这样才可以提高找到合适的员工的概率。

第 3 部分

选 拔

第 10 章

面 试 记 录

多年前，我去参加一家知名银行人力资源职位的面试，时长一小时的面谈进展得很顺利，最终我获得并接受了这个职位。几个月过去了，我无意中问起我的上司即副总裁，当初面试时都记录了什么。他看上去很不解，我接着向他解释，我注意到在面试中他做了很多记录，所以我很好奇他能否分享记录的内容。毕竟，我已经被录用了，因此我认定他的评价是积极的。话音未落，他就咧嘴大笑起来，我完全不知所措。最后，他告诉我当时他只是在开玩笑：实际上，他所记录的与我们面试时说的话毫不相干，他只是想让我知道他在做记录，因为他需要那么做。他补充道，不管怎样，面试开始十分钟之后，他就决定录用我了，因此记录与否没有任何意义。至于他实际上写了什么，我至今都不知道。

做记录的利与弊

有效的面试记录在面试开始时开始，在应聘者离开后结束。这种"两步走"的做法可以扩展你在面试中记的关键词和想法。之所以需要如此，是思考速度所致。思考速度可以让人在倾听应聘者讲话的同时做好记录，而不致忘记说话内容——只要你能够记住关键词。做好这一步，就能够确保你记住重要信息，并将它们准确记录下来。

面试开始时，要告诉应聘者，你会做记录，以确保有足够的信息来进行有效评估，并保持兴趣和注意力集中。毕竟，通常情况下会有很多人竞争同一个职位。在全部面试结束后，面试官可以通过参考对各应聘者做的记录来区分他们。

应聘者都想被面试官记住，记录就是一种确保面试亮点不被遗漏的途径，当然要以面试官的有效记录为前提。

如果应聘者认为面试所谈内容涉及歧视且发生诉讼，面试记录对雇主而言可能是有利的。如果所做的记录并不包含任何可能被认为有偏见的话语，该文档足以证明面试官很公正，他是根据职位相关的事实做出雇用决定的。

然而，并非所有人都赞同做记录。反对做记录的人认为，尽管面试官思维比较敏捷，但做记录势必分散他的部分注意力，影响他与应聘者的谈话。反对者进一步指出，面试官如果不时低头做记录，就无法与应聘者保持眼神交流。这种注意力的转换在反对者看来，会使应聘者感到被怠慢。

做记录的另一个缺点是妨碍了面试官对应聘者肢体语言的关注。非语言交流至关重要，尤其是当应聘者的语言表达与非语言表达之间出现偏差时，面试官在做记录的过程中会遗漏应聘者流露的微妙表情。

面试记录由面试官完成，他对哪些需要记、哪些不需要记有相当清晰的了解，部门主管和经理也可以做记录——尽管他们参与面试的场合有限，对可记内容知之甚少，也没接受过什么培训。据此，反对者声称，不做记录比做记录造成的负面影响更小，因为记录的内容可能包含歧视性内容。

最后，反对做记录的人对在面试过程中当应聘者讨论如离职等敏感问题时做记录表示了担忧。他们认为，这可能误导应聘者认为面试官将这些信息记录下来作为是否雇用的参考。

记录在选拔过程中的作用

无论你如何看待做记录的上述优缺点，大多数人力资源专业人士都认为做记录很有必要，它在职场招聘中有多种作用。

首先，面试记录是对面试全程的记录，因此须谨慎书写。许多面试官在面试过程中只是记下关键词，然后待应聘者离开后再进行补充。其他人更喜欢使用专门的面试评估表而不是空白纸张。至于评估表上应该列有哪些内容，一般没有固定答案。附录 E 提供了一份面试评估表范例，用于区分基本的有形技能、与职位相关的无形技能及与职位相关的其他技能。重要的是，该表就每项要求对应聘者的资格做出评价，面试官还需要从面试过程中选择具体例子来支持他们做出的总体评价。面试评估表还可能包括对每种资质进行数字等级评定，也包括对预设的有形和无形技能的评定。这就表明，每个职位都需要特定的技能组合。同时，面试评估表中避免评价带有高度主观色彩的方面，如个性和外貌。当然，如果可以证明此类特征与职位相关，面试官可在"与职位相关的无形技能"或"与职相关的其他技能"标题下添加这些词语。

面试官切忌直接在职位申请表上做记录。该文件是一种法律文书，应仅有应聘者的笔迹，要求应聘者亲自填写空白部分或对申请表做出更正。

除了记录面试全程，面试记录还可帮助面试官根据岗位职责来衡量每位应聘者的职位匹配度。面试过后，将记录内容与空缺职位的职位描述中的要求、责任和义务相比较，权衡应聘者的相关经验、技能和成就。这样一来，面试官就可以轻松掌握应聘者所擅长的领域及其缺乏的技能或经验。

面试记录也可以用于在最后一轮选聘中比较各应聘者的表现。根据职位描述，将最后入围者的面试记录一一对照，比较他们的背景和资质。

当需要聘任之前被拒绝的应聘者时，面试记录对原面试官和现面试官格外有用。最后，面试后的存档文件常被视为就业歧视诉讼中的潜在证据。

需要记录的内容

无论选择纯笔记还是表格，有 3 个要素可以使面试官更有效地评估应聘者的职位匹配度，比较不同应聘者的资质，以及排除任何可能违反平等就业机会的信息。这 3 个要素分别是与职位相关的事实、直接引述、客观的描述性语句，最后一项权重略小。下面将详细介绍这 3 个要素。

与职位相关的事实

3 个要素中"最安全"的一个要求是仅提供与职位相关的事实。这个过程相当简单，只要你把职位描述写得够好，且在面试过程中自始至终保持积极聆听的状态。面试一结束，请尽快参照记录下来的关键词，比对职位的每项职责和要求，然后判断应聘者是否具备必要的技能和经验。例如，你要招聘一名客服代表。职位描述中有这样的内容：应聘者需要有客服工作经验；具备两年社交媒体客户服务助理工作经历。

针对职位描述中的每个要求进行审核，你最终会得到应聘者满足你的需求的总体情况。

以下是一份更为详细的实例，说明了直接参照工作职责和要求的益处。乔迪打算为公司总裁招聘一位行政助理。以下清单列举了该职位的部分基本职责和要求，涵盖大约 85% 的工作内容。

- 安排总裁的所有预约和会议。
- 安排总裁的出差行程，包括通勤、预订和食宿。

- 筛选总裁办公室的所有电话和访客。
- 初审、重新分配和处理所有直接发送给总裁的电子和书面邮件。
- 对常规问询做出回复。
- 监督进出总裁办公室的所有函件和报告的存档工作，包括机要信息。
- 监督总裁办公室办公人员工作。
- 做好董事会会议、股东大会及执行委员会会议的正式记录。
- 撰写董事会、股东大会和执行委员会会议所需的各种报告。

当乔迪面试每位申请该职位的人时，她会参考具体的工作要求。一位名为乔什的应聘者目前担任某公司公共关系副总裁的行政助理，部分面试内容如下。

乔迪：在安排预约和会议问题上，你具体负责哪些方面？

乔什：方方面面的事务都归我管。

乔迪：麻烦再说具体一点儿。

乔什：我的工作是确保副总裁的行程安排井井有条。也就是说，我负责安排她的预约和会议。每天早晨我的第一件事，就是和她一起浏览行程安排。如果她需要我做出任何更改，我会及时跟进。

乔迪：那你怎样安排副总裁的行程呢？

乔什：那也是我的工作。我甚至会负责国际行程，因为副总裁每年都会去欧洲出差五六次。我负责为她预订酒店，制订计划及安排其他一切事务。

乔迪：说一说你确定她的某次旅行计划已经安排妥当，但仍然出了纰漏的情况。

乔什：是这样，有一次她要飞往罗马，但是到达酒店后才发现并未预订房间。酒店工作人员花了一个多小时才弄清楚，并在另一家酒店为她安排了一个房间。可那时已经太晚了，在进行那场重要的演示之前她没有时间换衣服。她很生我的气，可责任并不在我。

乔迪：你为什么认为她生你的气？

乔什：因为她认为我有责任预订房间——事实上我预订了，是酒店员工出了差错，而不是我的错。

乔迪：有人打电话或来到你的办公室，想见副总裁或与副总裁交谈，你会怎么办？

乔什：到现在为止，我清楚地知道她想见谁，不想见谁。我会运用自己的判断力，告诉来者她正在开会，不希望被打扰。我也会尽量帮忙，有时我真能解决他们的问题。

乔迪：之前你说过，有一次有个人很着急，务必要见副总裁。

乔什：就是上周五早上发生的事。我记得当时副总裁确实在开会——每周的全员大会。后来人力资源副总裁说她正在处理与一名雇员有关的重要事情。我按响了蜂鸣器，接着她就出来了。

乔迪：你怎样处理副总裁的邮件，包括电子邮件？

乔什：我负责查看所有邮件，包括标有"机密"标记的邮件。然后对所有邮件按照优先级进行排序，以便她审阅。她还喜欢阅读电子邮件的纸质副本。即使我知道哪些是垃圾邮件，哪些是重要邮件，但她还是喜欢自己处理，她有点像个"邮件控"。

乔迪：你为什么说她像个"邮件控"？

乔希：因为她喜欢亲自处理绝大部分邮件。

乔迪：怎么说？

乔什：除了整理自己的邮件，她还喜欢打电话给别人。她还喜欢主动招呼别人到她的办公室，而不是由我将他们带来，我想她就是这样。

乔迪：你对此有什么看法？

乔什：我不介意，因为这样一来我要干的活就会少很多！

乔迪：下面我们来谈点别的。你负责监督他人的工作吗？

乔希：并没有。

乔迪：那么，我是否可以说，你不会将工作委托给其他任何人？

乔希：不会，都是我自己做。

乔迪：介绍一下你在开会时要做的工作。

乔什：我起草备忘录和报告，在员工大会和执行委员会上分发，我的意思是，我负责协调并整理材料。有时她要我准备幻灯片演示文稿，我很喜欢这项内容。当然，她会检查每张幻灯片，并且通常最终会修改部分内容。

乔迪：你喜欢制作幻灯片演示文稿的哪个方面呢？

乔什：我喜欢创意。

乔迪：但是老板会更改部分幻灯片内容，你介意吗？

乔什：我想有点儿，我的意思是，如果她非要亲自去改，那为什么还要让我做呢？

以上这次面试显示了做记录的重要性，因为其涉及的事实均与工作职责和要求相关。乔迪将每个问题都与职位描述中列出的特定职责关联起来。

- 应聘者曾担任公共关系副总裁行政助理 3 年。
- 该职位要求安排预约和会议。应聘者负责安排预约和会议。
- 该职位需要安排行程。应聘者负责安排行程。
- 该职位需要筛选电话和访客。应聘者负责筛选访客、提供帮助、在紧急情况下联系副总裁与访客会面。
- 该职位需要初审、重新分配和处理邮件。应聘者负责初审全部（包括"机密"）邮件并确定优先级，进行邮件打印/分类。
- 该职位需要对办公室人员进行监督和委派任务。应聘者没有特别的委派经验。

- 该职位需要起草董事会、股东大会和执行委员会会议报告。应聘者负责协调、整理员工大会和高管会议的备忘录和报告。

全部记录都是与工作相关的事实。通过参考职位的每个要求，乔迪可以确定乔什的总体职位匹配度。由于乔什缺乏从事这项工作的一些有形和无形要求的基本经验，乔迪不愿再进行下一步考察。她转向了应聘者在面试中所做的某些具体陈述，也就是她所记录的直接引述。

直接引述

当应聘者符合职位的所有具体要求，但缺乏某种无形的、不可记录的资质时，直接引述该应聘者的话具有特别重要的意义。

例如，你的面试大约已进行了 3/4，即使应聘者明确可以承担工作职责，你对她处理大量任务时的态度仍然有些不放心。由于记录应聘者的态度"不好"会过于主观（参阅下文），你需要继续进行考察，直到有理由消除你的不安，或者发现对方并不适合该职位的依据，以便可以明确拒绝她。要核实的内容有很多，你可与应聘者一起探讨下述事实：这个职位需要经常加班，而且很少会提前通知。关于这一点，你可以这样问："说说你在上一份工作期间，当你在下班之前的最后一刻被要求加班时，你的反应如何。"她答道："我告诉老板，我不喜欢在最后一刻才收到通知！我的意思是，虽然我留下来加班了，但我很不满。"然后你可能对她说："你是说对加班尤其是紧急通知的加班有意见？"她可能回答："不要误解我。我会加班，但我希望能提前收到通知。毕竟，下班后还要生活！"

要记录这次面试中的谈话，你可以这样写："这个职位需要大量的加班，且很少提前通知。问及她对此的看法时，应聘者回答：'我会加班，但希望能提前收到通知。毕竟，下班后还要生活！'"

通过这种方式记录，你清楚地认识到，应聘者已经确定被淘汰了，因为应聘者发现一项工作要求令人反感，即经常加班，且很少提前通知。这也暗示了应聘者的一种"不好"的态度，对此没必要多说。

让我们回到前文乔迪和乔什之间的谈话中，注意有三个直接引述有效揭示了用以判断乔什的职位匹配度的重要信息。

- 罗马酒店的问题："是酒店员工出了差错，而不是我的错。"
- 称老板为"邮件控"：亲自处理邮件，打电话、接待客人；应聘者对此并不介意，因为"我就能少干一点"。
- 偶尔制作幻灯片——喜欢创意。不喜欢老板修改幻灯片："如果她非要亲自去改，那为什么还要让我做呢？"

根据以上引述，再加上收集到的与工作相关的证据，乔迪有充足的理由排除乔什，不再继续考察。如果她的决定受到质疑，她可以信心满满地查看面试记录，确认自己的立场。

在比较背景和资格相似的应聘者时，记录直接引述也可能有帮助。

客观的描述性语句

第三个有效的记录要素可以帮助面试官更好地回想起某位应聘者。需要记录的是对应聘者行为、讲话、着装或外表的描述。该技巧特别适用于开展入门级工作面试，以及每周超过 20 场的批量面试。与如此多的人会面之后，面试官查看每个人的职位申请表或简历时可能很难与应聘者一一对应，即使使用了直接引述，也可能无法成功地回想起特定的应聘者。

为了帮助你更好地回忆具体细节，请注意选择使用客观的描述性语句，主要目的应仅限于识别某人并帮助记忆某场面试。使用此类短语时要小心，主要有两个原因：首先，描述性语句可能具有高度主观性；其次，即使是事实，语句也不大可能与工作有关。举例说明，"应聘者穿着黄色衣服"是客观的、与工作无关的描述性语句，但添上一个词之后就会变得很主观，"应聘者穿着过于华丽的黄色衣服"。

以下是其他客观的、与工作无关的描述性语句的示例。

- 在 30 分钟的面试全程中保持微笑。
- 长发及腰。
- 涂黑色指甲油。
- 佩戴珍珠袖扣。
- 在 90 分钟的面试全程中拨弄头发。
- 玩回形针。
- 面试中用手指轻敲办公桌。
- 每当回答一个问题时都会大笑。
- 嚼口香糖。
- 摇晃椅子。

面试官应注意，不要在选拔过程中使用上述任何描述性用语，它们仅用于帮助你记住应聘者，而不能用来决定他们的职位匹配度。

应避免记录的内容

应避免记录的内容与应记录的内容同样重要。

主观性语言

要避免使用主观性语言，即使是恭维性语言，这是做好有效面试记录的重要要求。换句话说，所有记录的语句都应该是客观的。例如，说应聘者"非常适合该职位"是一种主观陈述，而"应聘者对每个问题的回答都完整且与工作相关"则是客观陈述。

从该示例中可见，客观性语言通常需要花费更多时间，投入精力也更多。说一个人完美很容易，可是要客观表达这一想法则会难很多。但是，"完美"一词对别人而言可能并不意味着同样的信息，因此这种表达不利于面试官以后审阅面试记录，甚至随着你对完美的看法发生改变，这种描述于你本人也无益处。

以下列举了部分应避免使用的主观性语言。

令人厌烦	表现深沉	像一个"万事通"
看起来很有钱	销售人员干的活	真正的工作狂
傲慢	不会着装	无聊
斤斤计较	马虎	挑剔
自大	有教养	无礼
勤奋	容易分神	古怪
精力充沛	反复无常	假笑
坐立不安	夸夸其谈	富有幽默感
贪婪	态度不好	理想的应聘者
灵巧	有趣	乐天派
萎靡不振	看起来像个模特	太显老
犯了大量错误	霸道	渴望金钱
目光短浅	稚嫩	漂泊不定
无幽默感	工作不上心	英俊
优雅	华而不实	夸夸其谈
自命不凡	举止优雅	矜持
不耐烦	粗鲁	挖苦人
敏锐	精明	怠惰
无精打采	聪明	着装时髦
忧郁	机智	太狂躁
妆容很浓	太紧张	太强势
太用功	紧张	爱慕虚荣

无事实依据的意见

面试官应注意，不要在没有足够的与职位相关的事实依据的前提下做出书面评价。在没有具体事实依据的情况下做出评价意味着面试官已经得出某些结论，但未能确定结论所基于的信息的有效性。此类结论通常会以如下短语开头。

我感到……	我认为……
在我看来……	我的观点是……
我相信……	我的想法是……
在我看来，这是显而易见的……	对我来说，显然……
以我的判断……	对我来说，很明显……
我的意见是……	毫无疑问，这位应聘者……

这些概括性短语都是泛泛而谈，不涉及特定的要求和匹配的资质。面试记录中如果含有此类语句，对确定应聘者的职位匹配度没有好处。

以下表达方式说明了记录意见的无效性。任何一条此类原始陈述都不会传达出应聘者在某职位上的资质，因此应避免所有此类陈述。但是，这些陈述一旦附加了与工作有关的信息，就会变得有效。

- 不要说："我觉得詹金斯女士会成为一位出色的产品规划经理。"
- 要说："我认为詹金斯女士会成为出色的产品规划经理，因为她有担任经理的经验，目前参与了艾夫登工业公司的产品规划工作。"
- 不要说："在我看来，马丁先生不具备成为销售代表的资格。"
- 要说："基于马丁先生缺乏销售经验，未能回答关键问题，我认为他并不具备成为销售代表的资格。"
- 不要说："我相信萨拉女士正是我们想要找的人！"
- 要说："根据她的考试成绩和会计专业技能，我相信萨拉女士正是我们想要找的人！"
- 不要说："对我来说，布罗克先生显然不能胜任这份工作。"
- 要说："对我来说，很明显，布罗克先生由于缺乏在高强度工作环境中工作的经验，因此无法胜任这份工作。"
- 不要说："根据我的判断，普林斯顿女士会成为一位出色的项目经理。"
- 要说："在评估了普林斯顿女士两年的项目协调员工作经历后，根据我的判断，她会成为一位出色的项目经理。"
- 不要说："我认为瓦伦丁先生会成为我们员工团队中出色的一员。"
- 要说："根据瓦伦丁先生在处理危机和压力下工作的经验，我认为瓦伦丁先生会成为我们员工团队中出色的一员。"
- 不要说："我认为特纳先生会成为一位优秀的机械师。"
- 要说："根据特纳先生过去三年的工作经历，我认为他会成为一位优秀的机械师。"
- 不要说："我认为如果我们雇用此人就会犯错。"

- 要说："由于她缺乏公共关系工作经验，我认为，如果我们聘用此人就会犯错。"
- 不要说："按照我的想法，戴维斯女士似乎正是办公室助理的最佳人选。"
- 要说："由于戴维斯女士表现出了良好的人际交往能力，因此我认为她应该是办公室助理的最佳人选。"
- 不要说："我认为黑斯廷斯女士非常适合秘书工作。"
- 要说："基于三份出色的推荐信和很高的测试分数，我认为黑斯廷斯女士非常适合秘书工作。"
- 不要说："我认为海勒女士作为数据处理操作员会干得很好。"
- 要说："海勒女士在过去两年一直做数据处理操作员的工作，我认为她应该干得很好。"
- 不要说："依我所见，格林先生正适合这份工作。"
- 要说："依我所见，格林先生所述的背景资料很合适，他正适合这份工作。"
- 不要说："按照我的看法，门多萨女士会成为一位优秀的程序员/分析师。"
- 要说："按照我的看法，门多萨女士在多系统处理方面的经验会使她成为一位优秀的程序员/分析师。"
- 不要说："如果你问我结果如何，我会说我们已经找到了下一任营销副总裁助理。"
- 要说："如果你问我结果如何，在评估他过去五年的营销经历之后，我会说我们找到了下一任营销副总裁助理。"
- 不要说："我相信，只要稍加培训，该应聘者就会出色地完成工作。"
- 要说："我相信，只要针对她缺乏的销售经验稍加培训，该应聘者就会出色地完成工作。"

你也可以将一些语句简化一下。例如，"海勒女士在过去两年一直做数据处理操作员的工作，我认为她应该干得很好"，简化之后变成了"海勒女士在过去两年一直做数据处理操作员的工作，她应该干得很好"。同理，与其说"依我所见，格林先生所述的背景资料很合适，他正适合这份工作"，不如说"格林先生所述的背景资料很合适，他正适合这份工作"。在门多萨女士一例中，与记录"按照我的看法，门多萨女士在多系统处理方面的经验会使她成为一位优秀的程序员/分析师"相比，"门多萨女士在多系统处理方面的经验会使她成为一位优秀的程序员/分析师"的表达更好。

简化后的内容不仅不再冗长，而且传达了更强大的信息，含义也不再模糊。

记录格式的选择

附录 E 提供了可靠、好用的文档格式，将职位要求划分为基本的有形技能、与工作相关的无形技能、与职位相关的其他技能。该表还进一步要求根据职位要求对应聘者的资质进行评价，面试官还需为总体评价提供依据。该表可以适当地修改、增删信息，以适用几乎所有职位。

如需尝试使用其他格式，面试官可以选择以下两种。请注意，这些缩简版本的有效性比较差，通常只作为示例加以说明。

数字评级格式

数字评级格式使面试官可轻松地回忆起对应聘者的印象。表 10-1 为数字评级格式示例。

表 10-1　数字评级格式示例

对于每个要求，面试官应对应聘者的资质进行数字评级排序，辅以职位相关的描述。数字评级的赋值如下。 5=特别突出，4=高于平均水平，3=平均水平，2=低于平均水平，1=不满意。					
	5	4	3	2	1
教育					
工作经历					
专业技能					
人际关系					
领导能力					
团队协作					
时间管理					
总体评分					
建议举措					

如果使用数字评级，须敦促雇主将数字重新排列在面试记录的顶部，以防止审核员随意、自动地向每个要求的中间数字倾斜，如：

3　5　2　4　1

另外，请确保所有要求均与工作相关。

问卷格式

问卷中包括了向所有应聘者提出的基本问题，而且为每人附上面试官的意见选项。问卷格式示例如表 10-2 所示。

表 10-2 问卷格式示例

	与问题相关的答案	可接受的答案	不可接受的答案	评价
问：请描述你（当前/最近）工作中涉及_____的情形。你如何处理？（可以在横线处写上不同的任务，以便重复使用）				
问：你认为（现在/曾经的）工作中最困难和最简单的任务各是什么？为什么				
问：为什么要离开（当前/最近的）工作岗位				
总体印象（四选一）	优秀	很棒	合格	不合格

法律问题

无论你选择使用哪种格式，都要确保要评估的类别与工作相关且保持客观。除非可以证明某项特定工作的无形要求为其必须项，否则应避免如下主观性话题。

- 外貌
- 信誉
- 热情
- 智力
- 兴趣

- 动机
- 人际交往能力
- 个性
- 体貌特征
- 投缘

此外，避免记录涉及以下事项的信息。

- 年龄
- 子女
- 残疾
- 移民状况
- 语言
- 婚姻状况
- 组织成员
- 入伍经历

- 国籍
- 怀孕
- 违法记录
- 种族
- 宗教
- 性
- 性取向
- 肤色

与职位申请表和面试有关的法律也涵盖了雇主在面试中和面试后可能记录的内容。

以下是一些潜在的非法记录示例（均为真实的记录信息和举例，应完全避免记录甚至思考这些内容）。

- 应聘者可能因孩子问题而不能加班。
- 应聘者看起来有点老，你担心他活力不足。
- 应聘者已经怀孕或需要减肥。
- 应聘者走路有点瘸。
- 应聘者在军队服役三年，你担心他患上创伤后应激障碍。
- 应聘者隶属于共和党全国委员会，不适合在这里工作。
- 应聘者绝对是亚洲人，但不知道具体来自哪个国家/地区。
- 应聘者地方口音很重，英语显然不是她的母语。
- 问及宗教节日的休假问题，这可能是个麻烦。

如果不确定记录的合法性，雇主最好咨询法律顾问。

记录指导方针

有效的记录要求遵循一套简单但至关重要的指导方针。

1. 使用面试评估表做记录，不要将记录写在职位申请表上。职位申请表属法律文件，应仅有应聘者的笔迹。
2. 面试中只写关键词或短语，过后立即补充内容。
3. 参考职位描述，将个人成就与具体工作要求联系起来。
4. 记下反映积极、消极属性和评论的内容。
5. 使用客观性语言，避免主观性用语。
6. 所有个人观点都需要论据支持。
7. 记录与工作有关的事实。
8. 写下部分具体问题，直接引述应聘者的回答。
9. 记录描述性术语，以区分不同的应聘者。
10. 使用任何人都能理解的术语，避免自创可能错误的术语。

下面是一些有效和无效陈述的例子。请注意，无效陈述虽然合法，但对面试过程没有任何价值。

有效陈述

- 职位要求有面试豁免性和非豁免性应聘者的经验，应聘者面试过这两类人。
- 离开当前工作的原因，应聘者的回答是"该换了"。

- 说理想的工作环境是"让我可以独立工作的地方"。
- 工作需要具备与高级管理人员会面的经验，而应聘者只有两次相关经验。

无效陈述

- 说话太快。
- 很好地回答了所有问题。
- 太爱皱眉。
- 他说喜欢学习新事物。

记录者的责任

关于记录者的责任，这里要说的很短，也很简单：每位进行面试和做记录的人都必须知道需要记录和避免记录的内容，了解如何使用人力资源部提供的表格，遵守所有涉及雇用的法律，并遵守本章中可靠的指导原则。记住，必须遵守，没有任何借口。

本章小结

有效的记录在面试开始时开始，在应聘者离开后结束，并由相关人员补充完整。尽管有人对做记录的必要性表示担忧，但记录仍在很大程度上被认为是选拔过程中的重要参考指标，因为它作为面试的永久记录，使面试官能够参考职位描述来衡量每位应聘者的职位匹配度，帮助面试官将来考虑聘用被拒绝的应聘者来填补职位空缺，并作为潜在证据应对就业歧视类诉讼。

有效的记录应包含与工作相关的事实和直接引述。客观的描述性语句使面试官能够更好地回忆起某位应聘者，而主观性语言和毫无根据的观点应被排除。

记录的格式有很多，包括数字评级格式和问卷格式。不管选择使用哪种格式，都要确保所评估的类别与工作相关且具有客观性。与职位申请表和面试有关的法律也涵盖了雇主在面试中和面试后可能记录的内容。

记录要遵循简单的指导原则，这样会使每位面试官都获得有效且合法的信息，进而招聘到最合适的人。

第11章

职 前 测 试

职前测试的受欢迎程度起起落落 70 多年了。出于对全球经济竞争日益加剧、安全问题凸显及职场暴力的担忧，职前测试再次成为招聘选拔中的一个要素。对雇主而言尤其如此，他们期望能够通过权威可靠的方式评估应聘者的才能、职位匹配度或潜力，以提高招聘过程中预判的准确性。根据美国人才委员会 2016 年的《求职经历研究报告》，82%的公司以某种形式进行职前测试，倾向于职位模拟和企业文化契合度测试。显然，该类测试已在各级别招聘中实施。而此前，职前测试通常仅用于主管和中层管理岗位招聘中。

对人力资源人员而言，这可能意味着重新检视现有或以前使用过的职前测试方法，以适应越来越多的使用计算机操作的测试，并对那些可能更熟悉传统测试方法的应聘群体（如老龄工作者）友好一些。这也意味着需要重新审视职前测试的内容：计算机操作等可量化的技能、诚信等个人品质，这些都是常见的测试内容。目前比较热门的还有兴趣测试，以及那些旨在衡量应聘者学习和思维能力的测试。人力资源人员必须时刻警惕可能的负面影响、职位相关度及选拔过程中过度依赖测试结果等问题。

测试能准确地预测应聘者在特定工作中的表现吗？即使测试最忠实的支持者也不会认为所有的测试都是绝对公平的，因此，在测试的选择、实施和结果解读时，我们必须保持谨慎。所有执行测试的雇主均应认真考虑，将测试所得结果作为选拔人才的唯一依据是否合适。

职前测试的典型用法

通常来说，雇主采用职前测试以期达到两个主要目标：一是发现应聘者的不良特征，从而降低聘用不合格员工的概率；二是识别与招聘职位所需能力密切相关的特质。具体来说，对未来员工进行职前测试可能有助于以下工作。

- 提升整个组织的客观性和标准化。
- 预测员工在职行为的可接受性。
- 最小化或消除面试和选拔过程中的偏见。
- 帮助雇主找出可能不适合该职位的员工。
- 识别能在特定条件下表现出色且负责任的个人。
- 降低招聘、雇用和培训成本。
- 找出未来的"超级明星"。
- 确定应考虑的其他工作因素。
- 防止所谓的"专业应聘者"过度自夸，误导面试官。
- 确定那些需要额外帮助或培训的员工。
- 在低失业率期间缩小应聘者的范围。
- 扩大招聘的地理范围，网罗更多应聘者。
- 清除可能对工作有害的因素。

赞成职前测试的人认为，雇主可以通过广泛的测试来获取应聘者的技能水平、能力、诚信、个性、心理和体质等。测试可在选拔过程中的任何时段进行，具体取决于雇主对测试结果的认可度。职前测试的坚定支持者通常要求应聘者首先完成一项或多项测试，再进入下一步。只有被测试者的分数超过规定的最低分数线，他才会得到面试机会，接受进一步的考察；否则，他们将遭到拒绝。尤其看重面试的雇主通常会在面对面沟通结束后才要求进行测试。这类雇主不太看重测试成绩，除非测试结果与面试或推荐信调查中获得的信息相冲突。有的雇主则把选拔过程的三个方面——面试、测试和推荐信调查——看得同等重要，他们一般会首先与应聘者探讨所聘职位的方方面面的问题，然后进行测试，再次与应聘者交流，最后开展推荐信调查。他们对每个环节的结果都会认真考虑，最终做出雇用决定。

人力资源人员应与招聘经理密切合作，并就职前测试在选拔过程中所起到的作用达成一致。

职前测试的优缺点

简单来说，职前测试被视作确定职位匹配度的重要环节，根据预先设置的一套客观的参考准则，考察应聘者的技能水平、知识或身体素质。对测试结果的评估将结合职位的特定要求和应尽责任进行，并就个人资质的贴合性得出结论。

职前测试的优点

支持职前测试的人认为，该过程使得雇主能够将给定职位的要求与应聘者的能力和潜质联系起来，识别应聘者的可取与不可取之处。要筛选出的积极因素包括诚实、可靠、能力出众、情绪稳定、为人正直和富有动力。要筛选出的负面因素包括物质依赖和偷窃倾向，对于安全性要求较高的职位，识别此类品质显得尤为重要。职前测试的另一个常见原因是雇主在雇用或留用员工时不够谨慎，有时会面临指控。越来越多的雇主要为雇员的违法、暴力或疏忽行为负责，无论在工作场所之内还是之外。一般来说，决定性因素是雇主能否充分保障他人安全。职前测试是实现这一目的的有效方法。

部分职前测试拥护者还支持以职前测试代替推荐信调查。由于担心被控诽谤人格，许多雇主拒绝透露前雇员除最基本的工作时长和职位以外的其他任何信息。其实没必要这么做，因为根据有关法律的规定，工作信息交换应符合雇主和公众的最大利益。然而，事实表明推荐信息的共享通常十分有限，因此，雇主寻求其他办法——如职前测试——来判断应聘者的工作资格。

职前测试的另一个优点是它体现总体客观性。假设已被证明有效（作为招聘成功的认可指标），职前测试可以帮助雇主做出与职位相关的公正决策。当应聘者通过职前测试展示了完成一项特定工作所需的技能和知识水平时，雇主很可能被视为是公正的，这有助于提升企业的整体形象。

最后，测试可能有助于区分资格相似的应聘者，其他方法则无法实现这一目的。尽管两位应聘者不可能在技能、能力和潜力方面完全相同，但要找出最合适的人，难度仍旧很大。职前测试可能有助于最终决策。

职前测试的缺点

职前测试反对者的最大担忧是过度依赖测试。有些面试官甚至在面试应聘者之前就进行测试，并立即拒绝那些未达到最低分数线的人。这种情况尤其会发生在某些通常缺乏培训或经验不足，并对自己提问和解释答案的能力缺乏自信的面试官身上；也可能发生在个别企业中，这些企业被卷入一些法律纠纷中，而这些纠纷本可以通过更彻底的选拔过程来避免。还有一种情况，即某工作岗位引起了很多人的极大兴趣，雇主需要减少应聘者数量，就会采取测试的手段。

反对者对职前测试的另一种常见的抱怨源自一种惯常观念，即他们认为测试只识别那些表现良好的人，而不是那些在未来给定职位或工作环境中可能表现良好的人。任何测试的预测能力都是有限的，测试结果只能说明哪些人最可能成功。即使测试设计合理且使用正确，其发挥的作用也基本如此。

反对者还指出，许多人纯粹是对测试本身持负面看法。有些人可能资质不错，但他们的测试得分不高，一旦测试被过度依赖，就会导致他们的能力表现失真或不完整。如果根据测试结果拒绝此类应聘者，对个人甚至对企业而言都是有害的。

职前测试也存在被滥用的问题。当雇主一时兴起，想了解应聘者在给定工作所要求的之外的能力时，就可能导致测试滥用。通常来说，雇主的这种行为有助于评估应聘者的潜力和未来发展空间，毕竟，雇主都希望员工能够长期留在公司。该动机无可厚非，但方法不合适，若要进行测试，应仅针对工作所要求的特定技能、能力和品质。

如果某职位所需能力只要稍加培训或教育就能获得，那么测试并不是合适的选择。在这种情况下，测试被视为不必要的时间、金钱和精力上的浪费。最后，测试也通常被视为众多雇用问题的解决方案，事实上，改善雇主与雇员的关系才是解决工作冲突的最佳方法。

以下列出了职前测试的优缺点。

优点

- 帮助雇主将应聘者的个人能力和潜力与给定工作的要求相匹配。
- 识别应聘者性格中的可取与不可取之处。
- 防止因雇用疏忽而遭受指控。
- 可替代难以获取的推荐信调查。
- 如经证实，职前测试本质上是客观、公正的。
- 区分资格相似的应聘者，其他方法无法实现这一目的。

缺点

- 过度依赖测试结果，面试环节失去效用。
- 只识别那些表现优异的员工。
- 错误淘汰测试成绩不佳的潜在合格员工。
- 尝试评估员工未来是否符合工作要求。
- 在仅需少量学习的职位上替代在职培训。
- 被误以为可以解决多种雇用问题。

职前测试的效度

为确保联邦法律的严格施行，美国颁布了《员工招聘程序统一指南》（*The Uniform Guidelines on Employee Selection Procedures*），明令禁止歧视性招聘行为，涉及 1964 年《民权法案》第七章涵盖的私营与公共机构雇主、劳工组织、职业介绍所、许可和认证委员会及承包商和分包商。该指南适用于旨在做出雇用决定的甄选程序，包括职位申请表、面试、工作样本、推荐信、测试和绩效评估。"测试"一词涵盖了所有用于评估职位匹配度的正式、评分、量化或标准化技巧。当有两种或两种以上大体相同的选拔程序时，雇主应采用已证实对受保护群体的不利影响较小的程序。

效度研究按要求来说是一种"验证"手段，须证明测试或其他选拔程序是否确实有效，且不歧视受保护群体成员。证明职前测试效度的关键因素是工作关联性，以及那些能够证明测试是成功选拔的可靠指标的证据。

广义上说，效度始于对职位进行彻底分析，以确定给定职位所需的技能。下一步需要确定选拔机制和标准，筛选出符合工作要求的人员。随后，雇主应准备一份详细的效度报告，概述并记录所采取的步骤。最后进行总结，阐述结论，指出先前进行的选拔程序有效且无歧视行为。效度研究应在确保研究报告的充分性和准确性的条件下进行。

效度研究的类型

《员工招聘程序统一指南》认可的确定效度的 3 种方法如下。

- 标准关联效度。标准关联效度是指测试或其他选拔程序的分数与样本员工实际工作表现之间的统计关系。须有证据表明选拔程序正确预测了优异的工作表现。例如，证明大学毕业生在某项工作上比高中毕业生做得更好的研究便具有标准关联性。

- 内容效度。内容效度适合那些将某职位的某些重要方面作为样本进行测试的选拔程序，即证明选拔测试也是工作绩效的重要内容。例如，对行政助理职位的计算机技能分析可能构成内容效度研究。

- 建构效度。建构效度描述了人类潜在的性格特质与优异的工作表现之间的关系。例如，诚实就是一种性格特质，应聘者是否诚实可以通过给定的选拔程序来确认。

对于这 3 种方法，《员工招聘程序统一指南》规定，雇主必须"设定合理的分数线，以符合职场员工的正常期望值"。

尽管《员工招聘程序统一指南》并未推荐使用某种效度方法，但人们普遍认为，标准关联效度虽然有效，但过程漫长且费用昂贵。建构效度是被讨论得最多的，也是三者中最难创建的。因此，大多数雇主依赖内容效度，认为它的预测最为准确。

《员工招聘程序统一指南》没有规定应多长时间或在什么条件下对效度研究进行流行度审查。然而，雇主也确实应紧跟劳动力市场的变化，将这些变化与最初使用的效度策略联系起来，并进行相应的修订。

若效度研究的合法性有待确认，雇主可选择使用未经验证的测试和其他选拔程序，但不鼓励雇主根据未经验证的测试结果做出最终决策。

法律问题

为避免因招聘过程中的职前测试而产生的法律纠纷，要求所有应聘者都参加测试不失为一个好的方法。例如，不要认为微一代的员工就不需要证明其编制电子表格的能力，而婴儿潮一代的员工必须证明。一旦测试了一个人，就请测试所有人。

如果雇主故意利用职前测试实现差别对待的目的，或者测试范围不成比例地排除了任何受保护群体中的个人，此类行为可能触犯美国联邦就业法，除非雇主能够证明测试的公平性。使用职前测试及在差别对待或差别影响类诉讼中自辩的关键是职位相关性。

以下是美国联邦就业法中有关测试和偏见的部分条款。

1964 年《民权法案》

有些雇主选择绕过由专业部门开发的职前测试，代之以内部开发的测试，因此可能面临第 7 章有关"歧视"的指控，因为"自制"测试比专业测试更难验证效度。

《民权法案》中有两项重要的法律条款涉及测试。首先是差别对待。例如，如果雇主只测试非白人应聘者，而不测试白人应聘者，则构成差别对待。另一条款禁止雇主使用非工作相关的中性测试或部分甄选程序，而统计数据显示，此类程序会对受保护群体的成员产生更大的负面影响。例如，通过耐力测试，雇主淘汰了过多的女性应聘者。这被称为差别影响或不利影响。若雇主能够证明甄选程序或测试确与工作相关，且符合业务必要性需求，他们就可以避免任何潜在或显性的不利影响。换句话说，雇主必须证明这种测试是安全而有效地履行工作基本职责所必需的。即便如此，哪怕有一点点的歧视性内容，整个甄选过程都会受到质疑和挑战。

测试主要包括以下几种。

- 药物或酒精测试。雇主应确保应聘者不会因种族、肤色、宗教、性别或国籍而被挑选出来接受药物或酒精测试。若已有随机测试计划，雇主应避免测试来自任何特定群体不合比例的成员。如果雇主足以证明他们的药物和酒精测试项目是出于业务需要，那么即使产生不利影响，雇主也不太可能承担责任。
- 心理测试。所有一般智力和能力测试都必须经过核验，以避免潜在的不利影响。雇主不仅要准备提供效度证据，还要证明测试适用于特定工作。
- 性格测试。性格测试如果操作不当，可能带来不利影响指控。例如，2018 年 6 月，CVS 和百思买两家公司被裁定开展的性格测试可能对某些应聘者产生了不利影响，主要是因为这两家公司在种族和国籍上存在歧视倾向。这一判决最终促使了大量"最佳实践"的实施，以确保招聘选拔公正。计划使用性格测试的雇主应确保测试已经通过验证，且不会对任何受保护的群体产生差别影响。
- 体能测试。体能测试必须建立在全面的工作分析和职位相关性的基础上。从未开展过体能测试且将其纳入测试程序的雇主，必须有所准备，应对关于业务必要性的辩护。体能测试最易被怀疑具有性别和年龄歧视倾向。

1967 年《就业年龄歧视法案》

一般来说，《就业年龄歧视法案》禁止对 40 岁及以上人群进行差别对待。关于测试，该法案确定了一系列禁止行为。例如，禁止只向超过一定年龄的应聘者发放体质敏捷性测试，测试者测试的心理假设是该群体完成特定工作的能力低于较年轻的应聘者。此外，《就业年龄歧视法案》禁止雇主对 40 岁及以上的应聘者进行带有歧视性影响的中性测试或选拔程序，除非此类测试或程序具备年龄以外的正当理由。

1973 年《康复法案》

过去对体检没有要求的企业若希望开展体检，必须证明其必要性。另有规定如下。

- 体检必须面向所有人，包括残疾人。

- 体检不应为求职申请的第一个环节，但若双方已达成有条件录用，可进行体检。
- 工作要求的身体健康资质需由合格的医师执行检查，若发现问题，医师须以特定、客观且与工作有关的术语来准确表达。
- 应聘者有权知晓体检结果。

1990 年《美国残疾人法案》

《美国残疾人法案》禁止私营雇主和州/地方政府以身体残疾为由歧视有工作能力的残疾人，特别是在雇主要求进行身体或精神障碍检查的情况下。与 1973 年的《康复法案》一样，雇主只有在有条件录用决策做出之后，才能要求进行体检。基于此，雇主可能以此为由让残疾群体做普通人的工作，可能问询与残疾相关的问题。如果基于客观信息，雇主有充足的理由相信未来雇员将无法履行工作的基本职能，或者收到雇员提出给予合理照顾的要求，那么雇主可以询问残疾相关问题或要求体检。

《美国残疾人法案》要求企业应在便于残疾人进入的地点，以其能够接受的方式开展任何类型的测试。企业必须为知觉受损、手部功能受损或话语能力丧失的个人提供特殊测试，给予适当辅助，以帮助其完成职前测试。

《美国残疾人法案》并未明确禁止职前心理和性格测试，前提是该类测试不被来鉴定残疾，包括精神或心理障碍。如果测试的目的在于评估性格、行为、态度或某种行事倾向，心理和性格测试可以在雇用过程中的任何阶段进行。

用于筛选残疾人的所有测试必须与工作相关，并符合业务需求。

《基因信息反歧视法案》

《基因信息反歧视法案》规定，雇主因基因信息而歧视员工属违法行为，雇主被禁止请求、要求、购买或披露有关个人或其家庭成员基因测试的信息。《基因信息反歧视法案》对家族病史也有相关规定，因家族病史通常在确定某人是否容易患病、是否容易出现某种病症或病状时作为参考。

在招聘决策中，雇主被明令禁止参考基因信息。

职前测试管理

测试管理有许多组成部分，包括受测者、主测者、测试标准、测试安全及语言一致，表 11-1 所示重点介绍了每个部分。

表 11-1　职前测试管理的组成部分

组成部分	介绍
受测者	应聘者和员工需要展示特别的技能与知识，以取得特定岗位上的良好绩效
主测者	<ul><li>使用内部在职专业人士</li><li>派员参加专业培训</li><li>雇用外部专业人士</li></ul>
测试标准	<ul><li>相同环境</li><li>相同条件</li></ul>＊测试时长 ＊指令 ＊材料 ＊物理因素<ul><li>消除干扰项</li></ul>＊工具破损 ＊噪声过大 ＊测试中断 ＊座位不适 ＊照明昏暗 ＊通风不良
测试安全	限制接触测试内容和答案的人数
语言一致	避免生僻词或不熟悉的单词用法

受测者

许多人认为测试全面覆盖所有人最为公平，换句话说，每位应聘者都应参加相应职位的测试。每位外部应聘者都应接受测试，每位接受调动或晋升的员工也应如此。全面测试避免了因某些人被要求单独测试而引发的诉讼。该方法表面看似乎很公平，实际上却充满了偏见，因为不是所有的职位都需要测试。直接在一份书面的职位描述中明确某项工作所需的具体技能要比测试好得多。接下来，问自己一个简单但至关重要的问题："通过测试我希望获取何种信息？"答案是："我希望找到那些具备特定技能和知识的人，而此类技能和知识通常是成功完成某项工作所必需的。"如此一来，受测者就容易被圈定出来。

主测者

根据美国心理学协会标准，"测试应由受过必要培训并掌握专业知识的人承担或委派操作，以专业的技术性方式进行"。主测者的专业水平和知识应符合有关工作的复杂程度和水平，符合所涉及的测试类别。例如，只接受过最低程度培训，拥有较少测试管理知识的个人通常只可开展多项选择题测试；开展性格或智力方面的测试通常需要大量的训练，测试发布者通常会规定管理和解释测试所需达到的心理培训水平；而对于工作样本测试，可由了解工作细节的个人开展和评定。只要熟悉基本的测试流程，包括如何设置测试、提供指令和评分，生产线主管就可以开展测试。

根据不同的测试类型，雇主可能会选择公司内部专业人士来管理测试项目，派员接受专业培训，或者雇用外部专业人士。雇主需要仔细评估外部专业人员的资质，并核实其在该领域的声誉。此外，应谨慎检查测试内容及其与公司预期目标的相关性。

测试标准

每次测试都应采取完全相同的方式，在相同的环境、相同的条件下进行——包括时长、指令、材料、物理因素及可能影响测试结果的任何其他因素。只有当实施标准精确，所有应聘者都应对同一套测试项目时，才能得出关于测试分数与职位匹配度的合理结论。对于某些计算机自适应的在线测试，可能会出现例外情况，在这类测试中，当前问题的答案决定了下一个问题的内容。但是，以公平的方式设计这种测试方法比较困难，而且可能因无效或产生不利影响而受到质疑。

雇主还应尽一切努力消除或尽量减少干扰项，工具破损、噪声过大、测试中断、座位不适、照明昏暗或通风不良。当然，如果某一特定工作通常处于嘈杂的环境中，那么将该环境模拟为测试内容的一部分十分可行。

测试安全

根据美国心理学会标准，要"消除受测者通过欺诈手段得分的机会，努力确保测试分数的有效性"。为此，雇主可以限制接触测试内容和答案的人数。

语言一致

语言因素对母语为非英语、不熟悉个别术语或说某种方言的受测者而言，可能有负面影响。生僻词或不熟悉的单词用法可被视为某种干扰，或者给主测者和受测者带来负面影响，从而对测试结果不利。雇主必须尽一切努力确保测试语言不存在偏见。保持语言一致性有助于保障测试的公正公平。

职前测试策略

　　实施职前测试的企业应该有书面的测试策略，其内容应涵盖测试的主要目的、企业对遵守相关雇用法的承诺、受测者的资格、主导和解释测试结果的人选、测试条件描述及当前所用所有测试的描述。除了测试过程中各阶段涉及的全部人员，任何介入主导或解释测试的人员都应参加培训研讨班，熟悉相关策略。研讨班上，测试项目的所有组成部分都应该得到充分的讨论和解释。

- 测试的主要目的。通常来说，一份普通声明就足以阐述测试的主要目的："为雇用合格员工，填补空缺职位，作为（Java 公司）雇用承诺的一部分，我们宣布将进行精选的职前测试。测试成绩将影响最终决策。"

- 企业对遵守相关雇用法的承诺。简洁明了的声明可以表达企业的立场："Java 公司的政策是雇用合格员工，不论其种族、肤色、宗教、性别、国籍、年龄、残障、退伍军人、公民身份、性取向如何，以及是否属于其他受保护群体。当已有某种评估应聘者的等效手段，且对受歧视群体负面影响较小时，则会使用该手段。"

- 受测者的资格。企业声明中应说明何种应聘者须接受测试："所有谋求该职位者只要具备受试条件，都将接受相同的测试。测试内容与工作相关，关系到最终决策。我们将为残疾人提供适当的便利。"

- 主导和解释测试结果的人选。本部分应包含关于测试管理人员能力的一般性说明："所有测试将由受过专业培训、具备专门技能的人士负责。其专业训练程度和知识类别符合给定测试的复杂性和水平。"

- 测试条件描述及当前所用所有测试的描述。首先描述测试标准："每次测试必须以相同的方式，在相同的环境和条件下进行，包括测试时长、指令、材料和物理因素等。"其次，需详细描述开展测试的场所。若测试并非总在同一地点进行，请描述理想的测试环境，包括诸如座位、照明、通风、工具和材料类型等要素。此外，本部分还应涉及安全问题，以确保测试结果公平。

职前测试程序

　　除鼓励雇主制定职前测试策略外，美国工业与组织心理学协会补充了测试程序中被认为重要的部分。该协会建议，雇主进行测试前应注意咨询受过测试开发和评估培训的相关专业人士。

- 明确什么知识、技能与能力是工作所需的，然后权衡这些被测项与测试的匹配度。
- 选择恰当的测试。如果要购买测试，请确保其信度和效度：信度指测试结果的一致性；效度指基于测试成绩得出结论的正确性。雇主还应确定测试的开发方式、信度与效度的证明材料、无偏见性及可用于结果分析的数据。
- 与工业组织心理学家合作，分析不同测试的利弊及测试结果反映的问题。
- 确保管理、评分和评估测试结果的人具备专业素质，包括确保测试成绩记录和做出的所有决策的一致性及准确性。

职前测试的类别

测试可有多种分类方式。例如，部分成就测试旨在考察受测者的身体素质，因此可以将其归为体质测试；其他成就测试衡量受测者的知识水平，须归为心理测试一类。电机工作样本测试既属于体质测试，也属于成就测试，因此可将其归为心理测试。药物测试明显属于体质测试，但基于其流行度，通常单独成一类。诚信测试也是如此：尽管从技术上讲它是一种性格测试，但通常单独成一类。

常见测试通常分为以下几大类，按相关特征可进一步归入各小类。注意，以下所列测试不涵盖所有的类别。

药物测试
- 血液。
- 关键追踪（通过检验手眼协调能力和反应时间来评估在职员工的健康状况）。
- 毛发分析。
- 唾液。
- 汗液。
- 尿液（筛查；确定）。

心理测试
- 成就（衡量当前技能、知识和成就）。
- 资质（应聘者凭借自身的知识和技能所能取得的成就）。
- 一般智力水平。

- 兴趣及过往就职经历。
- 职位或行业知识。
- 工作样本。

性格测试

- 自比测验（强制选择量表要求受测者比较两个或更多选项，选择个人最倾向的选项）。
- 人格量表（试图发现个人特征，了解个人思想、感情、态度和行为）。
- 主观投射（描述、解释或赋予某些非结构化刺激意义）。
- 自评量表（受测者对其就某项陈述的赞同/反对程度做出估计）。

品格测试

- 测谎仪。

诚实测试

- 目的明显（衡量与不诚实行为有关的态度）。
- 目的隐藏（提出看似无关的问题）。

体质测试

- 职前体检。
- 体能测试（心理活动测试）。

药物测试

对于是否可对应聘者和雇员进行药物测试，人们的看法莫衷一是，并且都持有合理充分的论据。支持者指出了滥用药品的风险，坚持认为该测试可发现违法者，从而消除工作环境中的隐患。但反对者指出，部分法院已批评了"零容忍"政策，认为该政策是对个人隐私的无理侵犯。一些常见的药物测试（如尿液分析）也极易侵犯个人隐私。

担心药物测试会使公司承担潜在的法律责任，也是反对者的一大理由。被控吸毒的应聘者或雇员可声称阳性测试结果无法证明其有任何不当行为。例如，尿液中药物可残留的时间较长，无法确定当事人究竟在何时、何地使用过药物。假阳性检测结果可能招致法律诉讼，因为当事人可能使用了合法的非处方药。由于检测报告中通常显示"检测到药物"，而不区分具体药品种类，因此尿检极易出现问题。为了减少此类状况的发生，建议受测者提前几周仔细辨别使用的所有药品名称。

此外，无论测试多么复杂，药物测试都无法保证百分之百正确识别出吸毒者。员工暂时停吸、伪造检测样本或药检出现伪阴性的情况时有发生，这些都会影响检测结果的正确性。同时，很少有测试能够区分出正常使用和滥用药物者，尽管两者的区别十分关键。因此，人们对检测呈阳性与工作表现的相关性是有争议的。

为了帮助公司确定是否适用药物测试，请考虑以下问题。

- 公司是否有这样的职位：对安全性要求较高，如果员工滥用药物则极易危及生命财产安全？
- 其他同行公司是否进行过药物测试？
- 其他公司在药物测试方面是否取得过成功？
- 管理人员和员工对药物测试的接受程度如何？
- 如果公司决定实施药物测试计划，是否作为整体工作场所禁毒计划的一部分？
- 如果员工只有通过药检才能得到工作机会，相关通知是否已经发出？是否已经留给应聘者足够的机会去"排毒"？

药物测试政策

一般而言，下列受管制药物及其化学衍生物都在药物测试范围之内。

- 可卡因。
- 大麻（请注意，即使在大麻药用或娱乐用途合法的州，有些雇主仍然坚持药物测试政策。此种情况下请咨询法律顾问）。
- 鸦片。
- 安非他命。
- 苯环己哌啶。
- 巴比妥酸盐。
- 苯二氮类。
- 美沙酮。
- 异丙酚。

检测通常由获得执照的独立医学实验室在遵循美国法律规定的检测标准的前提下进行。雇主须支付测试费用，但受测者可自费要求重新检测样本。所有检测结果的相关记录都保存在医疗档案中，与其他应聘者或员工的相关信息分开。

曾经吸毒的人员，或者正处于戒毒期间且不再使用毒品的个人，可受到《美国残疾人法案》的保护。

应聘者药物测试同意声明

如果你的公司要对应聘者进行药物测试，须面对所有应聘者，且将其作为雇用的条件之一。药物测试之前需征得应聘者的许可。应聘者的同意声明可以简明了："除法律限制外，我同意（Java 公司）在雇用前或雇用期间对应聘者和雇员进行药物测试，以检测是否使用非法药物。"你还可以添加其他措辞，例如："若测试结果为阳性，或者有拒绝测试及试图伪造测试样本结果的行为，我将退还求职申请、撤回录用通知函或终止雇用合同。具体将根据检测结果的披露时间而定。"

公司还可能要求应聘者列出当前正在服用的处方药和非处方药清单。但如果选择这样做，请务必小心：应聘者可能因此暴露其受雇用法（如《美国残疾人法案》）保护的身体或精神状况，从而使你承担潜在的法律风险。此外，公司可要求应聘者提供声明，说明应聘者同意不对公司或实验室开展测试服务提起诉讼。

声明发布之前，法律顾问应对其进行仔细审查。

心理测试

心理测试被支持者视为可识别和预测员工做出的与给定职位相关的行为的有力工具。例如，许多工业心理学家认为，贸然离职的倾向可通过心理测试来预测。同样，在评估应聘销售职位的应聘者时，可以首先通过心理测试来确定销售代表最有价值的性格特征，然后评估应聘者表现出该类特征的可能性。心理测试还用于评估诸如管理效率、商业道德、公司忠诚度、稳定性、合作意愿和独立性等性格特征。

为确定该测试是否适合你的企业，雇主需要考虑以下几个问题。

- 心理测试能准确识别性格特征并预测行为吗？
- 员工行为及其测验分数是否会随着时间的推移而保持基本稳定？
- 心理测试是衡量智力或能力的有效手段吗？
- 雇主能够依赖测试来预测相关信息吗？

人们对心理测试的支持和反对意见

以下是一些对职场心理测试最常见的反对意见。

- 测试令人紧张。
- 测试侵犯个人隐私。
- 测试使员工对职场产生负面情绪。

- 测试无法准确衡量智力水平，因为智力水平无法定义。
- 测试会给人贴标签。例如，认为某人"聪明"或"迟钝"。
- 测试中可能包含令受测者感到不适或生僻的问题。
- 测试结果可能误导决策或被企业误用。
- 该方式强化了企业对测试结果的依赖，而排斥其他因素。

与此相反，那些担心因雇用过失而被指控、无法通过背景调查全面了解应聘者或无法使面试作用最大化的雇主，都转而选择心理测试，作为决策之前"了解"应聘者的一种手段。他们认为，如心理测试合理开展，将比其他甄选方式更为客观。此外，他们还认为心理测试有以下几个作用。

- 比其他甄选方式更节约成本。
- 对雇员的越轨行为具有威慑作用。
- 提高劳动生产率。
- 让雇主放心。
- 让雇主更具竞争优势。

心理测试的类型

当前，雇主可从市面上买到数千种标准化心理测试，包括衡量多种性格特征的一般智力测试；根据个人知识水平预测完成工作效果的能力倾向测试；衡量当前技能、知识和成就的成就测试；岗位知识或技能测试，这类测试要求应聘者通过回答书面或口头问题，证明其对某项工作已掌握的知识；兴趣和职业调查，主要目的是预测个人最适合的工种；工作样本测试，用以测试应聘者使用实际或模拟的工作相关设备的现有技能水平。

雇主必须确保所选用的测试不仅遵守相关法律，而且合乎道德规范，具体可在一定程度上由专业的测试人员和发布方签署道德规范来调控。美国心理协会受与测试管理和其他心理服务相关的道德规范的约束，如效度、信度、标准化和管理等问题。测试发布方需严格管控销售范围，相应的心理测试只应销售给用于职前测试的雇主。发布方和销售方还必须确保所售测试设计得当，且对企业和全社会具有潜在价值。

获取心理测试结果的雇主必须清楚职前测试衡量的具体内容及未衡量的内容。对雇主来说，尤为重要的是认识到测试结果并非衡量一个人心理状态的固定标准；相反，对一般智力和特殊才能的测试仅显示受测者在特定工作或领域中成功的可能性。此外，结果容易受到测量误差和能力/成就变化的影响。

性格测试

性格测试旨在评估一个人拥有某种特征的程度，或者预测个人做出某种行为的可能性。做出录用决策时真的需要考虑应聘者的性格吗？这个问题的答案因职位的不同而不同。显然，如果任职者具有某些性格特质，有些任务将被更有效地执行。例如，一个平易近人的接待员肯定比粗鲁无礼者更受欢迎，因为与接待员交流通常是客户/访客与公司的首次接触。同样，如果面试官看起来心不在焉，或者吹毛求疵，应聘者会随之感到不安，不愿透露重要的背景信息。此类情况下，应聘者的某些性格与工作有关。而对于其他职业，如程序员或研究人员，他们与他人的互动有限，性格对这类职业的影响不大。

因此，雇用员工时考虑性格与否，关键在于其与职位的相关性。但性格看不见、摸不着，如何确定其与职位是否相关呢？一种方法是自问：一个缺乏某些性格的应聘者是否能像拥有这些性格的人一样，有效完成任务？如果答案是否定的，而且你能将原因详细记录下来，那么性格因素就很可能与职位相关。如果答案是肯定的，但拥有这些性格的应聘者可能干得更好，那就不好确定了。如果答案是肯定的，但你更愿意雇用拥有特定性格的人，那么这个要求可能是无效的，而且属于一种个人偏好。

即使性格特征与职位相关，雇主也应注意性格判断是主观的，容易受到质疑。雇主必须谨慎行事，避免过分看重性格特质，或者将性格作为录用或拒绝的唯一因素。如前所述，当两个或两个以上的应聘者技能水平类似，或者对职位没有具体要求时，性格是最有用的甄选依据。

人们对性格测试的支持和反对意见

支持者认为，性格测试是工作成功的有效指标，他们坚持认为，在职场中，由性格测试甄选出的员工组成的团队更具团队精神，协同工作效率高，能提高生产率。此外，因为与职位"匹配"，该类员工往往扎根于企业，跟随雇主工作的时间更长。支持者还认为，性格测试相较于其他诸如职位申请表、简历、面对面面试或背景调查等选拔标准，能让雇主更全面地了解应聘者。此外，支持者还认为，性格测试中应聘者意识不到"最佳"答案，因此结果更为客观公正。最后，支持者表示性格测试可准确选出最适合特定职位的员工，从而减少时间、精力和金钱上的浪费，节约成本。

反对者则对上述说法强烈不满，认为性格极难衡量，贴标签无法做到精确。即使该测试能表明某种性格优于其他性格，但例外情况也需考虑：或许应聘者在生活中遇到一件大事，短时期对其内心产生了较大影响。反对者进一步表达了对"性格不会随着时间而改变"这一假设的担忧；他们还担心选取性格测试的雇主可能误认为某项工作只能由某种特定性格类型的人完成。该想法对有资格入职的应聘者来说是一种不公，也误导了公司。

若决定使用性格测试助力招聘决策，雇主应确保测试完全符合《员工招聘程序统一指南》的要求，经过验证，并由性格测试专业人员来管理。考题的措辞也应最大限度地减少侵犯个人隐私的可能性，并避免应聘者自我指责。

品格测试

品格测试可以揭示个人的诚实、可靠、值得信赖等重要信息。换句话说，该测试用来鉴别应聘者消极怠工的可能性。

品格测试的支持者指出，通过甄选出不太可能有不当或不可接受行为（如盗窃）的员工，可以降低企业成本。但反对者表示，应聘者可能提供不准确或不诚实的信息，导致雇主做出错误决定。

根据《雇员测谎保护法案》，一度流行的测谎法（判断个人是否说谎的测试）几乎禁止私人雇主使用。例外的情形包括：雇用员工从事安全性要求高的工作和制药业；涉及制造、分销或调配受管制物品。在这两种情况下，雇主可适当使用测谎仪。使用测谎仪的雇主不得将测试结果作为雇用的唯一依据。

自从《雇员测谎保护法案》禁止使用测谎仪这种曾经盛行一时的品格测试方法后，越来越多的人转向诚实测试。此类测试大多提出一系列与偷窃和欺骗相关的直接或间接的问题。其他测试也旨在找出员工存在不良工作习惯和怠工的可能性。

虽然大多数人同意诚实测试没有测谎仪那么吓人，但人们更担心此类测试的效度。测试发行方认为，诚实测试基于广泛的研究，结果高度准确。然而，关于此类测试能否对员工的职位匹配度做出正确判断，许多专家表示怀疑。

体质测试

体质测试旨在保证员工有足够的体能来执行每项工作。职前体检、体能和心理运动测试是职前测试中经常使用的两种主要的体质测试。

职前体检

职前体检可辨别身体上无法以安全有效的方式履行岗位基本职责的员工。更具体地说，此类检查可揭示个人过去和现在的健康状况，或者以前是否接触过有害物质或有害环境。

雇主须遵守各地关于职前体检的限制和准则，通常包括要求雇主支付体检的全部费用，向雇员提供体检结果复印件，并对体检结果保密。某些地方还严格规定了体检时长和体检对象。也有些地方规定只有收到录用通知书的应聘者需要职前体检，因此劳动合同的签订通常以成功完成体检为条件。还有些地区规定全部应聘者都要接受职前体检，包括残疾人。根据体检结果，有身体残疾或其他残疾的员工应受到适当照顾，除非雇主感到特别困难。另请注意，《美国残疾人法案》规定，雇主不允许只挑选残疾人参加身体检查。

建议雇主在实施或继续实施职前体检之前熟悉各地的相关规定。在这方面，雇主可详细参阅各地的相关法律规定，并咨询律师。

在这个诉讼不断的时代，越来越多的雇主要求应聘者和雇员签署免责声明，如果雇员后来因职前体检未发现的状况而遭受工伤，该种免责声明则可减少雇主的过失责任。实施该免责声明前，请先咨询法律顾问。

假设执行检测的医师熟悉每个应聘职位所涉及的工作任务，评估仅限于了解应聘者是否具备完成该工作的能力，那么职前体检可能是重要的检查和评估手段。但是，测试结果并不总是准确的，且预测质量有限。因此，职前体检虽然有效，但与大多数其他测试一样，仅可作为几种甄选方式之一。

体能和心理运动测试

许多工伤事故都是由于完成工作所需的力量和耐力超出了员工自然状态下所能承受的极限。此类伤害可能导致旷工和离职率增加，更不用说工人索赔和医疗保险了。在此方面，体能测试，或称为力量和耐力测试，对需要强体能的职位而言，是一种很有帮助的职前甄选方式。不过，与其他测试类型相比，体能测试结果更可能产生性别上的差异。此外，反对者指出，该测试花费的时间和成本过多，并针对是否能模拟真实工作环境进行体能测试提出了质疑。

体能测试的首选验证方法是内容效度。这意味着要进行彻底的职位分析，才能确定给定测试能否准确反映该职位的主要职责。许多雇主聘请私人机构或诊所帮助进行体能测试。

心理运动测试可测试手部灵巧度、运动能力和手眼协调能力，主要应用于半熟练的重复性工作，如包装和部分检验工作。大多数心理运动测试都是模拟测试。最有效的心理运动测试应要求应聘者使用与工作中所需的相同的肌肉群。能够再现所需运动能力的定制测试已证明了其效度。

计算机化测试

上述许多职前测试都可借助精心设计的计算机软件轻松、快速地进行，包括评估以下方面的测试。

- 团队融合度。
- 文化适应性。

- 岗位知识。
- 判断力。
- 动机。
- 解决问题的能力。
- 推理能力。
- 有形技能，如编程或销售。
- 职业道德。

有些测试可模拟实际工作环境，提供脑力游戏，营造真实效果而非纸上谈兵，部分测试还提供与工作有关的练习。许多公司备有多种业内专业练习，且大多数都能即时反馈结果，并得出翔实的报告、分析和建议。

计算机化测试的优势

支持者认为，计算机化测试可消除管理人员的主观偏见，从而确保标准化的测试流程。计算机化测试的其他优势包括以下几项。

- 一致性。计算机化测试意味着严格受控的测试环境和一致的测试管理。
- 便捷性。计算机化测试使得应聘者可以自主选择考试地点和日期。
- 问题多样性。计算机化测试拥有涵盖面广的题库，可参考许多类型的测试。计算机程序可以随机排列问题顺序，或者从不同的科目中即时选择问题来设计测试。
- 告别怯场。据报道，计算机化测试比纸质测试更便捷，测试指南会演示步骤，受试者只需简单单击一个选项即可。
- 高效性。计算机化测试持续时间更短，成绩评定迅速，很多时候测试结果可即时获取。
- 安全性。由于处理和保护电子文件相对容易，计算机化测试的安全性更高。
- 表现形式灵活。测试内容以多种形式呈现，利用图形、声控和分屏，可同时显示文本和问题。

计算机化测试的劣势

关于计算机化测试的劣势，主要有以下三个。

- 计算机能力。尽管测试有指南帮助用户熟悉计算机，学会阅读问题，并直到受测者确认后才可正式考试，但通常认为计算机化测试更有利于精通计算机的考生。
- 缺乏灵活性。部分受测者抱怨说，计算机化测试无法跳回之前答过的问题进行更改，也不能在答题区域内跳转。

- 成本。部分人指出计算机的启用、软件和维护成本过高。

所有形式的计算机化测试都应遵守《员工招聘程序统一指南》所阐述的甄选标准和要求。

本章小结

雇主通常使用多种职前测试实现两个目标：发现应聘者的不良特征，以及确定应聘者是否具有符合工作要求的特质。

在使用任何测试之前，雇主都应权衡各类测试的优缺点。支持者认为，测试从本质上讲是客观的，除将个人与职位匹配起来并识别出特定的特征外，测试还可以防止因雇用过失而造成的指控。反对者则认为，有效的面试无以替代；测试无法预测干活更好的员工人选，无法评估员工未来的工作适应性；测试也可能会淘汰测试成绩不佳的合格员工。

测试和其他甄选手段都必须经过验证。证明效度的关键是测试应与工作相关，并证明测试是工作成功的可靠指标。

良好的测试管理包括确定受测者和主测者，使测试条件标准化，保证安全性和语言一致性。所有这些都应该在企业的测试策略中明确说明。

雇主有许多测试工具可以选择，包括旨在衡量个人潜力的能力测试，旨在衡量当前技能水平的成就测试，以及可确保员工执行工作而不会威胁他人健康或安全的药物测试。所有测试中最重要的包括药物、心理、性格和品格测试，这些测试又可细分为数百种测试类型。

计算机化测试易于实施且使用效率高，许多人认为此方式优于传统的纸质测试。反对者则表示计算机化测试只有利于那些更懂计算机的受测者。

所有测试均遵循《员工招聘程序统一指南》中阐述的甄选标准和要求。

第 12 章

推荐信和背景调查

大多数招聘人员都知道，在没有查看应聘者的推荐信，也未进行彻底的背景调查的情况下，就做出录用决定是不明智的。在没有仔细地审查应聘者的关键信息的情况下，即使招聘、筛选和面试技巧都很熟练，面试官在发出录用通知函时也会感到不自在。

目前，企业对推荐信和背景调查的依赖程度有所增加，部分是基于对随意雇用和留用员工而产生的指控的防范。此外，人们越来越关注个人信息被盗窃的问题。有关高管挪用公款和不道德行为的丑闻，也让雇主在招聘时小心翼翼，不敢忽略对任何人进行推荐信和背景调查，无论其职位和级别。雇主也注意到，越来越多的应聘者不愿如实陈述自己的资历和工作经历。

雇主要想开展推荐信和背景调查，必须有能力区分这两种信息收集形式，参考相关的法律准则，熟悉背景调查的参考要点和基本原则。

推荐信和背景调查概述

虽然推荐信和背景调查均为选拔过程的组成部分，但两者分别侧重于个人经历的不同方面。

推荐信和背景调查的区别

推荐信调查个人背景中与工作和教育相关的方面。推荐信调查的主要目的在于：①核实应聘者在整个求职过程中提交的资料；②明确工作适合性。大多数雇主在职位申请表中都有一项声明，告知想加入公司的员工，工作机会取决于他是否有令人满意的推荐信，如果入职后发现任何虚假信息，员工就会被解雇或终止雇佣关系。推荐信调查还允许雇主通过前雇主的视角来审视未来的员工。

背景调查主要考察个人背景中与之前的工作或教育经历无关的方面，在本质上更加个人化。典型的重点调查领域包括信用报告、工伤补偿档案和犯罪记录。

虽然本质上更加个人化，但聘任前的背景调查应与具体的工作要求相关。例如，在雇用起重机操作员时通过机动车辆管理部门对员工进行调查是有意义的，但这不适用于程序员。

大多数雇主只对他们有意向招聘的应聘者进行推荐信和背景调查。由于背景调查通常是由外部供应商收费进行的，因此许多企业会绕过这一步，将重点放在人力资源部门的推荐信上。

推荐信和背景调查清单

调查新员工的推荐信和背景需要花费大量的时间和精力，尤其是在面试密集期。

我的一位同事乔希有所保留地讲述了一个发生在他身上的有关推荐信和背景调查的"恐怖"故事，因为他至今也没有弄明白整个流程。作为公司的人力资源部经理，当招聘经理做出最后选择时，乔希认为自己的工作就结束了。之后，他把文书工作交给了他的助理，助理的工作是联系负责背景调查的公司进行常规的背景调查，自己则负责教育和工作经历背景调查。与此同时，一封提供了雇用信息的信被寄给了这位即将成为新员工的人，但招聘结果要视他是否有令人满意的推荐信和背景调查而定。在这个例子中，负责背景调查的公司似乎需要额外的时间去调查，但没有说明原因。乔希的助理没有多想，继续她的工作，打电话给应聘者的前雇主。结果，她无法获得任何信息，反而被告知应聘者的工作记录被封禁了。当她问及原因时，对方告诉她这是"机密"。她后来说，她本来打算把这件事告诉乔希，但一忙起来就忘了。时间过得很快，应聘者的入职日期马上就要到了，乔希仍然没有收到他的相关推荐信息，也没收到来自负责背景调查的公司的反馈。后来这两项工作也没有人跟进。这位应聘者入职 6 个月之后因夜间盗窃电脑和其他设备被抓。另一位工作到深夜的雇员目睹了事情的发生并因此受到了他的攻击。乔希后来得知，这名员工曾因与另一名员工发生肢体冲突而被解雇。此外，负责背景调查的公司没有查到的信息是，他曾两次犯有盗窃罪。

我最后一次和这位同事谈话时，他正在应对那名被侵犯的员工提出的随意雇用和留任过失的指控。

其实，只需两个简单的清单就可以帮助避免这种不幸的情形。一旦应聘者被选中，根据你是否使用外部供应商进行背景调查，使用一个或两个清单。将这些与豁免性和非豁免性推荐表一起使用，将有助于防止应聘者成为员工后的在职问题。推荐信清单如图 12-1 所示，背景清单如图 12-2 所示。

应聘者姓名：　　　　　　　　　　　　日期：

推荐信来自：

推荐信清单导引：

- 从最近的工作或学习经历开始，列出所有需要核查的工作和受教育信息。
- 每项调查都需标明日期，并根据如下方式编码。
  1. 收到的推荐信息与应聘者提供的信息一致，程序结束。
  2. 收到的推荐信息与应聘者提供的信息不一致，需进一步核实。
  3. 收到推荐信息，引起担忧，需进一步核实。
  4. 提交推荐信息需求，等待回复，需要跟进。
  5. 提交的推荐信息需求遭拒，给出的理由是＿＿＿＿＿＿＿＿＿＿＿＿。
- 每项调查都需记录结果，归入个人档案。
- 基于推荐信调查结果，给出工作匹配度结论，并做出以下选择。
  1. 应聘者的推荐信调查结果与面试及其他遴选流程结果一致，确认工作匹配度。
  2. 应聘者的推荐信调查结果引发对应聘者工作匹配度的担忧。
  3. 应聘者的推荐信调查结果显示应聘者与工作不匹配。

图 12-1　推荐信清单

应聘者姓名：　　　　　　　　　　　　日期：

背景调查公司：　　　　　　　　　　　监督人：

背景清单指导原则：

- 我是否已经清楚地与进行背景调查的公司沟通过了?＿是 ＿否
- 我是否提交了背景调查公司进行背景调查所需的信息?＿是 ＿否
- 向背景调查公司提交信息的日期：＿＿＿＿＿＿＿＿＿＿＿
- 从背景调查公司收到信息的日期：＿＿＿＿＿＿＿＿＿＿＿
- 背景调查的结果（选择合适的选项，并相应跟进）：
  1. 背景调查已完成；结果令人满意。
  2. 背景调查已完成；结果值得怀疑。
  3. 背景调查已完成；结果令人不满意。
  4. 背景调查不完整。

图 12-2　背景清单

法律指南

建议雇主熟悉某些法律，包括他们所在地区与推荐信和背景调查有关的法律。开启调查之前，一定要咨询法律顾问。

诽谤人格

当被请求向另一位雇主提供员工就业信息时，前雇主往往不愿配合。其抗拒的原因通常是担心员工因为没能得到赞美自己的推荐信而起诉。因此，许多雇主只核实雇用日期，以降低任何诽谤人格的法律风险。事实上，即使应聘者提供的离职日期比事实上晚一个月，前雇主也可能只是简单地说日期是错误的，而拒绝提供正确的日期或解释。这会让你搞不清楚应聘者的真实情况，以及他是否隐瞒了信息。

雇主在这方面宁求稳妥也不愿冒险，但其实有很多方法使大量信息可以正当合法地传递，而不必担心前雇员的报复。许多雇主由于担心被指控诽谤而不愿意寻求或提供与招聘相关的信息，了解关于诽谤的以下 12 个关键因素可能有助于缓解这种担忧。

1. 当某人对他人所做的评判看起来真实，实际上是故意提供虚假信息，或者可能损害他人的个人或职业声誉时，就可能发生诽谤。
2. 只要有合理的理由相信某件事是真的，这件事一般就会被当作事实陈述。
3. 诽谤声明可以是口头的，也可以是书面的：口头诽谤可能导致恶语中伤指控；书面诽谤可能导致诽谤指控。
4. 当你把信息提供给一个人（如一位潜在的雇主）时，他必须有权或有必要知道这些信息。
5. 披露的信息必须与职位有关。
6. 你提供的信息必须真实，即使是负面的。
7. 信息交流时不得带有恶意，以免造成伤害。当你故意提供可能伤害他人的信息时，恶意即已产生。
8. 即使与职位有关的信息，你也可以不主动提供。
9. 你所提供的信息可能并非全部属于个人。
10. 如果前雇主向未来雇主提供虚假并具损害性的解雇理由，或者向雇员提供虚假的解雇依据，且这位雇员向未来雇主提供了该信息，则这种"自我披露"可能带来诽谤指控。

11. 有争议的意见或声明受有限特权保护，也就是说，只有这种信息交流被证明是恶意的，雇主才可能被起诉。

12. 建议雇主就其所在地方提起诽谤指控的诉讼时效寻求法律咨询，这里的诉讼时效是指原告在法律上可以起诉做出虚假或破坏性陈述的人的时限。

有限特权的普通法原则

雇主受到有限特权的普通法原则的优先保护。这一原则以公共政策为前提，即就个人的工作匹配度交换信息需要符合雇主和公众的最大利益。因此，如果这些信息属于诽谤但不是蓄意提供的，它可能被视为特权。

然而，这种特权并非没有限制。所提供的资料必须真实，符合所提问题。例如，如果未来雇主询问前雇主关于一名前雇员是否有能力在无人监督的情况下工作，那么这位前雇主主动提供的"她在按时上班方面存在问题"的说法可能不受保护，即使该说法无误。此外，除非与工作表现有关（这种情况极少），个人不应提供有关私生活的信息。此外，前雇主应确保所提供资料是给相关单位的，并与工作要求相关。

不遵守这些条件中的任何一条都可能影响有限特权所提供的保护。该原则不保护那些被证明是恶意陈述的言论。

善意的推荐信

在推荐信调查方面立法的州越来越多。这些法律保护那些为前雇员和现任雇员提供善意工作推荐信的雇主。这一额外的保护措施使得雇主能够提供和接收推荐信，不再仅遵守"谨慎行事"政策——只核实前雇员的雇用日期。然而，即使有这种法律保护，很多雇主仍然倾向于谨慎行事，只提供可在法庭上容易辩护的有文件证明的资料。

推荐信和雇用疏忽

尽管普通法原则和个别州的法律对前雇主提供了一定程度的保护，但许多人仍然害怕承担责任，不愿提供证明。结果，雇用和留用疏忽相关的诉讼案件大幅增加。对于雇用疏忽的指控，唯一有效的辩护是对应聘者在雇用前的工作和教育背景的所有工作相关信息进行全面调查。根据职位的不同，对犯罪前科和违规驾驶的背景调查也可能被认为是恰当的。

这给雇主带来了一个相当大的难题：如果提供了不恰当的推荐信，前雇主可能因诽谤而被起诉，而如果推荐信使用不当，新任雇主可能会因雇用和留用疏忽而被起诉。

关于解决方案，一些就业专家建议，要求应聘者签署免责声明，如果他们因为对其不利的推荐信而未被聘用，可以免除前雇主的责任。

以下是一个免责声明示例。

"我完全授权（Java 公司）调查和核实我在职位申请表和在面试全程中所做的与申请职位（运营经理）相关的所有陈述。我进一步授权（Java 公司）联系所有我提供的相关资料中提到的以前的雇主、教育机构或其他个人和组织。此外，我授权上述提及的雇主、教育机构或其他个人和组织向（Java 公司）提供其所要求的任何信息，只要这些信息可能与做出雇用决定有关且有益。综上所述，我将免除所有个人、组织和实体因提供此类信息而负有的法律责任。"

这种豁免在法律执行上可能存在问题。如果没有法律顾问的建议，暂时不要调查。

就业资格审查表

虽然雇主有权自行决定是否进行背景调查，但美国法律规定雇主必须遵守 1986 年《移民改革和控制法案》。该法案禁止所有雇主雇用非法移民。具体地说，它要求雇主对 1986 年 11 月 6 日以后雇用的所有员工进行核实，证明他们有合法的资格在美国工作。这种验证以就业资格审查表的形式出现，通常称为 I-9。I-9 明确要求新员工向雇主提供证明其身份和就业资格的文件。

自从《移民改革和控制法案》实施以来，I-9 几经修改，最近一次修改发生在 2017 年 9 月，要求雇主使用修改后的 I-9 来审查新员工的身份和就业资格。雇主可以登录美国公民和移民服务网（https://www.uscis.gov/i-9）获取最新版就业资格审查表。

雇主必须考虑与 I-9 有关的法律风险，包括行政罚款。为避免违反 I-9 规定，雇主可以向新员工发放 I-9 表、填写说明和可接受的文件清单。

建议读者关注美国国土安全部正在实施的变化，因为这些变化会影响临时保护状态和就业授权文件，即通常所说的工作许可。

推荐信的要点

通常情况下，推荐信调查的目的如下。

- 减少违法风险，即雇用疏忽指控。

- 确认个人的入职资格。
- 评估个人的过往表现，作为未来表现的指标。
- 降低个人盗窃、贪污或从事其他犯罪活动的机会。
- 确保所有员工拥有一个安全的工作环境。
- 评估个人在企业文化中的整体匹配度。
- 确认个人的薪资历史。（请注意，在越来越多的州，包括加利福尼亚、康涅狄格、特拉华、马萨诸塞、密歇根、新泽西、纽约州、俄勒冈、宾夕法尼亚、佛蒙特和威斯康星州，雇主询问应聘者的薪资历史是违法的。请仔细衡量是否应将薪资历史作为调查的一部分，即使这一行为目前在你所在的城市并不违法。）

如果应聘者的前雇主愿意与你交谈，你就可以了解应聘者以前的工作经历、教育背景等，以获得有益的与工作相关的信息。尽管法律保护那些如实提供有关前雇员的真实、与工作相关信息的雇主，但许多人仍然不愿核实雇用日期之外的更多信息，主要是担心被控诽谤人格。因此，许多雇主慨叹说："何必费心呢？"事实上，确实有很多好的理由让我们不得不去费心。例如，如果你能成功地获得推荐信息，许多问题都能迎刃而解，包括伪造证书、可能的雇用和留用疏忽指控、工作场所暴力、低工作效率和雇员盗窃。

让我们来看看芝加哥一家小型广告公司的经历，这个案例充分说明了做背景调查是多么必要。这家广告公司通过一家猎头公司，聘用了一名临时簿记员。这名员工在上班的第一周工作非常出色，以致广告公司给予她一个永久性的簿记员职位。广告公司以为这家猎头公司已经调查了这名员工的推荐信，因此并未亲自进行任何调查。此外，广告公司觉得既然她工作表现这么好，还有必要了解其他相关信息吗？事实证明这是一个致命失误。入职几个月后，这名员工从雇主那里开始拿空白支票并伪造签名，直到被捕前，她共窃取了超 7 万美元。据她供述，原来，就在她接受这份临时工作的前两个月，她曾从另一位雇主那里挪用了近 20 万美元，被判四年缓刑和 100 小时的社区服务。这个教训代价昂贵。

应聘者授权

职位申请表中应包含一份声明，授权未来雇主把推荐信调查作为雇用的前提之一。通常，此类声明也包括许可进行背景调查。作为"雇用条件"的一部分，声明内容如下。

推荐信和背景调查：我了解到获得这个职位可能是基于从以前的雇主、学校和其他推荐机构那里收到了满意的信息，以及满意的背景调查结果，包括犯罪记录、信用记录和社会保险号码验证（如果认为合适的话）。我授权 Java 公司及其代表调查我提供的任何信息，且不承担任何责任。此外，我特此允许 Java 公司的授权代表进行合法的互联网搜索，包括出现在社交媒体网站上的公共信息。我进一步授权本表所列的雇主、学校、推荐人及其他推荐信来源向 Java 公司的任何问询进行充分披露，其代表无须承担责任。如 Java 公司无法核实申请表上的任何推荐信息，我会提供必要的文件。

（　　　）前，你可以联系我的现任雇主。

（　　　）前，你不能联系我的现任雇主。如果我收到并接受了一份正式的工作邀请，你可以联系我的现任雇主。收到的任何信息都将仅由 Java 公司用于确定我是否可以被录用。

措辞上的变化是可以的，只要清楚地表明了应聘者允许调查其与申请的职位有关的背景。确保应聘者在声明上签字。

电话推荐

电话推荐被认为是收集有意雇用的应聘者信息最有效的方式。除了能听到前雇主对应聘者工作表现的评价，电话推荐还能让你评估对方的语气和语调变化，澄清可能具有双重含义的评论，如"能让他为你工作是你的幸运"。

开展电话推荐调查的方式与面谈类似。积极倾听和鼓励对方说话等技能在这里都可使用。事实上，面试中唯一不能纳入电话推荐调查的就是非语言交流。由于电话推荐调查与面试相似，因此，做好充分准备也是电话推荐调查的关键。

首先决定给谁打电话。向应聘者询问其前任经理及其他任何有资格评论其工作质量的人的名字，还要了解人力资源部联系人的名字。有必要与多个人进行交流：经理和其他直接与应聘者共事过的人能够评论其工作表现，而人力资源部将会提供职位、在职日期、旷工、迟到和薪资历史等相关信息。

请记住，即使你无法与应聘者的前雇主沟通，应聘者也不会意识到这一点。有时，仅仅询问应聘者的推荐信内容就能让其主动提供有价值的信息。我记得有次面试临近结束，进展相当顺利，我对应聘者在压力下工作的能力还有些担心。于是我问她可否提供三个与她有定期往来的经理的名字，她立刻变得激动起来。这是一个非常危险的信号，所以我稍作停顿，然后听到她说："我想我还是说吧，反正你很快就会知道的。"她接着描述了最近发生的一件事，其中涉及几位经理和一项被她"搞砸"的任务。她的描述透露了她在压力之下按时完成任务的能力，也证实了我在这方面对她的一些担忧。最终结果是，我无法与她提到的任何一位经理取得联系。要是她不讲那件事，我永远也不会知道。

事先准备一份电话咨询表是很有帮助的。你可能希望将一份电话咨询表用于豁免性职位，另一份用于非豁免性职位。不同问题之间要留足记录的空间。

在进行电话背景调查时，首先要报出自己的名字、公司名称及打电话的原因。例如：

"早上好，萨莱诺先生。我叫彼得·费雪。我是 Java 公司的人力资源部经理，正在对你的前雇员苏珊·唐尼女士进行背景调查。"

如果这位前雇主有任何不情愿的地方，把你的电话号码留给对方，建议他可以随时回电话核实你的身份。

接下来首先要确认应聘者提供的信息，这将有助于前雇主回忆起此人的具体信息。例如：

"唐尼女士告诉我，她从 2015 年 10 月到 2018 年 10 月在贵公司担任工业工程师。她表示，在此期间，她经常负责四项关键职责：分析当前的操作流程；制定流程图和线性责任图以改进操作流程；通过个人计算机编码和员工培训来确立体系；调研之后就项目可行性向管理层提供建议。你认可她的这些主要职责吗？"

你在说开场白时，对方的思维会加速运转，会联想到前雇员工作的其他方面。至此，你便可以继续处理推荐信表单上的其他条目。一旦你预感到前雇主愿意继续，就要从封闭式问题转向能力类、开放式问题。当需要深层信息时，准备好提出一些探索性问题。

技术推荐

电话推荐是许多雇主的首选方法。该方法可以实现双向沟通，通常会得到深层信息。不过，技术进步使得便捷的背景调查更具吸引力。

专门的筛选公司提供基于网络的调查方法，让前雇主能够快速且保密地做出回应。通常，这些调查公司通过邮件联系应聘者提供的推荐人，要求他们回答一系列有关应聘者技能和行为的"无偏见"问题，以核实应聘者与某份工作的匹配度。支持者认为，被问者没有必要撒谎，毕竟答案无所谓对错。所问问题与应聘者的性格和工作相关的能力有关，每个问题都关系到应聘者潜在的行为模式。有些公司提供预测分析，相信这有助于减少人员流动。然后，在一个安全的数据库中将应聘者与其他申请同类职位的人进行比较。该服务的提供者声称，整个过程是快速和特别定制的。评估应聘者优缺点的报告随后会提交给未来的雇主。

反对者则认为技术推荐缺乏互动且无法提出具有探索性的后续问题，会让整个过程无效，而这些额外的后续问题能为决定应聘者的工作匹配度提供重要信息。而且在语言交流中，语调和音量的变化也会发出危险信号，即使长时间的沉默也会有所暗示，而技术推荐无法提供这些。有人还担心，得到的答案可能被那些无权接触推荐信的人看到，从而侵犯了应聘者的隐私，因为应聘者只授权与特定的人联系。

还有一种新兴技术——区块链。该技术据称可有效且安全地验证应聘者的资历、教育背景、资格、工作经验和技能。区块链是一种加密的公共记录数字账簿，以数据组块的形式排列，通过网络分发。区块链中的每个人都能看到并验证网络中每条记录的细节，数据信息无法删除或更改。应聘者会被分配一个数字账号，雇主有权核实推荐资料，而不必担心篡改或伪造风险。

作为一个推荐信检查平台，区块链还处于早期阶段，请保持关注。

教育背景审查

应聘者必须出具书面授权，学校才能向未来雇主发放教育记录。《家庭教育权利和隐私法案》（巴克利修正案）允许学生核查他们的学习记录，拒绝学校发布某些信息。该授权声明应包含在职位申请表的推荐信部分，或单独列表。一旦获取授权，未来的雇主就可以核查应聘者的学校教育信息了。

查看学历证书时，一定要收集以下信息：就读日期、主修和辅修课程、与申请职位相关的特定课程、获得的学位和荣誉称号、出勤记录、勤工俭学项目参与度及学分。大部分此类信息应该出具在标准的官方成绩单上，出勤率和勤工俭学参与度可能除外。还要注意的是，应聘者可能有一份非官方的成绩单。从推荐信调查角度看，你不太可能收到想要的全部信息。不过，只要你付出了努力，就会在将来发生雇用疏忽问题时受到保护。

教育背景审查往往在确定应聘者提供信息的真实性方面最为有效。这一点很重要，因为应聘者有时会伪造证书。当应聘者几乎没有工作经验时，教育背景审查也是很有价值的。请记住，只有当工作描述明确要求具体的学习成绩时，才应该进行教育背景审查。

个人推荐

虽然不常见，有些雇主仍会要求应聘者提供个人推荐者的名字。应聘者通常需要提供三个人的姓名及其职业、相识的年数和联系信息。很多人认为，从应聘者所提供的推荐人那里只会得到正面的表扬，因此纯属浪费时间。但另一些人认为，从他们那里收集的信息可能很有用，尤其在应聘者没有工作经验或教育证书的前提下。

与就业和教育推荐信一样，如果潜在雇主不遵守前述法律指南，个人推荐审查可能带来歧视指控。一些雇主错误地认为，如果推荐人与应聘者以前的工作没有关系，两人的谈话就不必遵从上述法律准则，事实上，在这种情况下就会引发与职位无关甚至非法的问题，熟人才更有可能揭示与工作相关的重要无形品质。

如果调查个人推荐，那么所获信息应被仔细筛选，任何有偏见或不实的信息都应该被过滤掉。

评估推荐信息

虽然获取推荐信息很重要，但如果没有适当的评估，信息就丧失了真正的价值。除了网络获取的证明信息，整个评估过程应该被视为面试。也就是说，检查者应该仔细听取与工作要求和职责相关的信息。在某种程度上，推荐信息比面试更难评估，因为它们往往更主观。不管你的问题措辞有多好，前雇主都可能给出带偏见的（尽管是真实的）正面和负面回答，这可能影响你对应聘者的印象，因此有必要进行额外的核查。例如，一位应聘者在某份工作中表现糟糕甚至因此丢掉工作，并不一定意味着另一份工作他也干不好，也不表明员工有缺陷。可以想象，如果应聘者的职位匹配度很高，或者其工作习惯与经理一致，则应聘者被拒绝的可能性就会很小。

最安全的获取和评估推荐信息的方法是将它们视为做出最终选择时要考虑的因素之一。这并未贬低它们的价值，只是需要正确看待。

提供与获取信息指南

说到推荐信，大多数雇主既是收信人又是写信人。当被问及前雇员的工作表现时，他们可能吝惜于透露信息；然而要获取信息时，他们却需要有关潜在雇员的一切信息，一旦遇挫，就会非常沮丧。

如果所有的雇主都能按照相同的指导方针来提供推荐信息，那就再好不过了。那样，每个人都会遵守同样的指导方针。虽然这种情况不太可能发生，但是你可以建立一套可行的指导方针，以消除在征询或提供推荐类信息时可能引起的内部混乱。

提供信息指南

提供前雇员的工作相关信息时，应考虑以下几点。

- 应由一人或有限的几人负责提供前雇员的有关信息。这些人应该接受过法律业务相关的培训，如有关诽谤人格和有限特权问题的培训。通常，该任务由人力资源人员承担。

- 离职面谈时，告诉被解雇的员工在其他公司对他进行背景调查时会提供何种信息。如果员工被开除，则要确保他们了解原因并签署声明。
- 尽量要求离职员工签字确认一份声明，声明内容是授权公司向未来的雇主提供相关推荐信息。
- 一定要说实话，并确保有文字材料支撑。提供真实且与工作相关的实例以支持你的观点。
- 确保向你索取推荐信息的人有权合法地获取这些信息。
- 确保所提供的信息与工作有关。
- 不主动提供信息，即使与工作相关的信息。

获取信息指南

为了增加获取潜在员工有价值信息的机会，要考虑以下几点。

- 以统一的方式开展全部应聘者背景调查。永远不要只挑出那些你认为"可疑"的应聘者。处理方式不一致可能导致歧视控诉。
- 如果应聘者最终因为负面评价被拒，要准备好与工作相关的缘由记录。
- 在职位申请表或单独的表格中取得应聘者的许可，以便联系前雇主。
- 仔细考察前雇主评论的有效性。对于为了谋求更好的职位而辞职的好员工，雇主提供负面信息的情况并不少见——尽管这样做可能引发法律问题。同样，因表现不佳而被解雇的员工有时会与前雇主达成一致，以确保他们得到积极的背景调查反馈。对于工作表现，要进行客观陈述调查。
- 在解读被调查者的语气、沉默或暗示时要谨慎。另外，要注意那些可能有多种解释的说法。例如，如果前雇主说，"她给人的印象是工作认真负责"，你就有必要请对方澄清。
- 由于背景调查一般只对进入招聘最后考虑阶段的应聘者进行，所以要给予这些人机会去反驳背景调查中得出的任何与面试印象或所获得的其他信息相矛盾的资料。
- 如果可能，至少与两名前雇主确认，排除存在正面或负面偏见的可能性。这也可能揭示个人工作习惯。
- 理想状态下，负责面试应聘者的人应参与背景调查。如果是人力资源部和存在空缺职位所属部门的代表进行面试，人力资源专员通常会开展信息核实。
- 不要理所当然地认为报告中的性格冲突是应聘者的错。
- 被解雇并不一定意味着应聘者有问题。员工会因多种原因被解雇，下结论之前先让他给出一个解释。

- 告诉应聘者，任何工作机会都将视其现任雇主是否提供令人满意的推荐信而定。这是明智的一招，因为应聘者大多不允许联系他们的现任雇主。

背景调查的基本法则

即使雇主聘用外部公司开展背景调查，他们仍然有责任确保所要求和获得的全部信息完全合乎相关就业法律及《公平信用报告法案》的规定。

《公平信用报告法案》

《公平信用报告法案》（*Fair Gredit Reporting Act*，FCRA）是由美国联邦贸易委员会执行的一项联邦法律，涉及的范围远不止个人的信用历史和现状。该法案规定了应聘者和雇员广泛背景信息的获取和使用方法，包括机动车管理部门记录核查、犯罪背景、性格、一般声誉、个人特征和生活方式核查。雇主应该核实是否有额外的地方性法规管辖背景信息或调查报告。在不同的地区设有办事处的机构应遵守被调查者所在地区及被要求提供信息的雇主主要业务所在地的法律。FCRA 一般不能取代地方性法律，但在某些领域可以取代。建议雇主谨慎行事，遵守联邦和地方性法律以确保合规。就像所有涉及法律问题的领域一样，调查之前要咨询律师。要浏览《公平信用报告法案》全文可登录 http://www.ftc.gov/os/ statutes/fcra.htm 获取相关信息。

2003 年，美国国会对 FCRA 进行了修订，制定了《公平与准确信用交易法案》。许多修订旨在加强客户保护，使其免受身份盗窃影响，提高客户报告的准确性。

报告

FCRA 适用于两类报告：客户报告和调查用客户报告。

- 客户报告。FCRA 将客户报告机构出具的其所调查的个人信用价值、信用现状、信用能力、性格、一般声誉、个人特征或生活方式等称为客户报告。客户报告的例子包括犯罪背景调查、机动车辆管理部门核查和信用记录检查。该类信息的收集和使用仅出于雇用目的，包括录用、终止、再分配或晋升。客户报告必须由客户报告机构拟备，以符合 FCRA 的规定，成为真正的客户报告。某些情况下，药检结果也可以作为客户报告。
- 调查用客户报告。FCRA 将其定义为客户报告的一个子集，其中，应聘者或雇员的性格、一般声誉、个人特征或生活方式等信息是通过与此人的朋友、邻居或商业伙伴的面谈而获得的。客户报告机构出具的调查用客户报告，具体包括就业信息核实，以及与前雇主和同事的面谈。调查用客户报告不包括个人信用记录信息。开展调查用客户报告之前，确定你要招聘的职位确实需要该报告。

FCRA 基本合规性

根据 FCRA，雇主进行背景审查或调查时，应遵循以下三个步骤。

1. 雇主必须以书面形式单独告知应聘者或雇员，需要一份调查报告，并取得他们的签字许可。此外，雇主还需要提交一份合乎联邦法律规定的权利摘要。个人如需获得报告副本，也须履行如上程序。

2. 雇主必须向出具背景审查或调查报告的公司证实，其已遵循适用的联邦和州法律，并在调查公司的相关表格上签字。

3. 如果报告的结果是采取不利的行动，雇主必须向被调查者出具一份报告副本。雇主应具体描述此不利行动（如可能撤回录用通知函）。雇主须再等待一段时间（一般 3～5 天较为合理），才可采取不利行动，为被调查者留有时间对报告中任何资料的准确性或完整性提出质疑。

雇用调查公司进行背景调查时，雇主必须确保调查公司通晓现行的法律。此外，雇主必须确保该机构不会披露它们无权披露的信息。例如，机构不允许泄露超过 7 年的税收留置权信息。

背景调查政策

开展背景调查的公司应该有相应的政策和程序供人力资源部和其他人遵守。

目的

该政策应首先说明总体目标。例如，你可以这样开头：

"（Java 公司）致力于聘用那些技能和背景与其申请的职位相匹配的人。此外，我们有义务为员工提供一个安全的工作环境。因此，背景调查能够使得（Java 公司）获得和确认与工作相关的信息，进而帮助我们确定应聘者的整体就业能力，并确保（Java 公司的）雇员、财产和信息得到保护。"

内容

该政策应包括以下几项内容。

- 背景调查所涵盖的内容，如应聘者或雇员的性格、一般声誉、个人特征或生活方式。

- 独立的声明，说明只收集与所执行工作的质量和数量有关的信息。
- 所聘用的信用报告机构的名称，该机构旨在收集个人信用等方面的信息。
- 如前所述，遵守 FCRA 要求的必要步骤。
- 认可现行法律。例如，如打算收集信用信息，你可以说：

"（Java 公司）在遵守 FCRA 指导方针的前提下，有权收集信用相关的信息，并：①确认客户报告机构遵守 FCRA 的规定；②从应聘者那里获得了书面授权；③根据报告性质，告知应聘者其拥有索要更多信息的权利；④通知应聘者报告所包含的内容，⑤向应聘者提供 FCRA 规定的个人权利摘要；⑥告知应聘者任何负面结果、有意采取的不利行动，并给予其充分的时间反驳所收集的信息。"

保留记录

公司政策应明确规定，任何背景调查所得的资料只会用于选拔过程，并将严格保密。示例如下。

"（Java 公司）意识到背景调查可能导致的信息潜在敏感性。因此，（Java 公司）向应聘者保证，任何通过背景调查获得的信息都将仅用于选拔过程，应用的信息将严格保密。只有那些'有必要知道'的人才会获取此类信息。"

选择客户报告机构或公司

背景调查可以由客户报告机构或信息提供商开展。

顶级的客户报告机构包括艾可菲（Equifax）、益白利（Experian）和全联（Trans Union），全都受 FCRA 的监管。法律要求客户报告机构提供一个中央来源网站，客户可以由此获取报告。

FCRA 将信息技术公司归为可出具个人信用报告的"专业客户报告机构"。专业客户报告机构必须有一个简化的流程，以备客户征询个人报告。

还有一些公司被称为"信息提供商"，向客户报告机构提供信息，可能包括催收机构、债权人和银行机构。

为方便起见，我们在此将专业客户报告机构和信息提供商统称为供应商。将某机构确定为特定供应商并不意味着对它的认可，也不是为了提供一个包含所有供应商的列表。

以下是一些有用的准则，选择供应商进行背景调查时应注意以下几点。

- 有耐心。大多数可信的供应商需要 5 天时间完成一项彻底的背景调查，少数机构可以缩短至 3 天，但匆忙完成可能会忽略重要信息。如果第三方供应商告诉你，他们需要一周时间来完成一项彻底的背景调查工作，你要有耐心，也要明白不能走捷径。

- 一分钱一分货。进行背景调查的费用可能相差很大。例如，对一位高管的背景调查的成本将高于对一位主管的背景调查的成本。此外，如果应聘者从一个地区搬到另一个地区，背景调查费用也可能会增加。
- 确保供应商已投保。在雇用过失诉讼中，雇主通常希望将责任转嫁给供应商，这使得保险必不可少。
- 确保供应商具备相关法律知识。例如，任何进行背景调查的公司都应该了解 FCRA 及其负责管理的背景信息使用问题。应该咨询人力资源部，以确保公司知道如何合法使用收到的信息。
- 开展模拟调查。一些专家建议，与供应商签约之前应先测试其能力，方法是提供一个已知的过去事业并不太成功的人的名字，看供应商的调查是否全面和准确。

本章小结

　　大多数招聘人员认为，在没有查看应聘者的推荐信——很多情况下也未进行彻底的背景调查——的情况下，就做出录用决定是不明智的。然而，做到这两点并不容易。

　　雇主通常不愿透露前雇员的相关信息，担心因诽谤人格而惹上官司。另一些人由于现行的立法而不敢寻求背景信息。尽管根据普通法的有限特权原则，雇主有权获悉应聘者的背景信息，且地方法律对提供善意工作推荐信的雇主进行保护，但这种忧虑仍然普遍存在。

　　推荐信调查和背景调查均为选拔过程的一部分，但二者侧重于个人过去的不同方面。推荐信调查审查应聘者的工作和教育背景，而背景调查则审查应聘者生活的其他方面，如性格、一般声誉、个人特征和生活方式。推荐信调查和背景调查都有相关法律指导方针。

　　一旦获得了应聘者授权，就可以通过电话或网络进行背景调查，电话是首选方法。负责背景调查的组织应该有相应的政策和程序供人力资源部和其他人遵循。该政策应说明调查目的，确定背景调查的范围，规定保存所获信息记录的方法。

　　仔细选择一家客户报告机构或信息提供商来开展背景调查，将有助于确保招聘到最合适的人。

第 13 章

社交媒体与招聘

美国电影《大笨蛋》是一部著名的喜剧电影，主角的名字是纳文·约翰逊。电影主角的扮演者史蒂夫·马丁有一次看到自己的名字出现在新电话簿上，感到喜不自禁。他惊呼道："第 73 页——纳文·约翰逊！我现在是个人物了。每天都有成千上万的人在看这本电话簿，这是一种自发的宣传——你的名字成了铅印的字——你就是明星。我的名字成了铅印的字！对我来说，一切都将不同了！"

时光飞逝，社交媒体替代了电话簿，上述情景如今可能变成了这样："我现在是个人物了，每天都有成千上万的人登录我的网站，我就是明星。对我来说，一切都将不同了！"

尽管很少有人看到自己的名字出现在电话簿上时会感到如此兴奋，但是过去和现在之间潜在的相似性很明显，且与本章大有关联。从不同程度看，大多数人都喜欢看到自己的名字被印出来（过去），或者出现在社交媒体上（现在）。这种互动目前以社交网络的形式出现，在个人和职业层面渗入我们的生活。

对有些人而言，如千禧一代，通过社交网络分享信息是他们日常生活中必不可少的一部分，他们不愿选择其他方式。其他人则认为社交媒体本身具有过度干涉个人生活的性质，他们很快发现一旦与朋友、家人、同事及很多时候完全陌生的人发生交流，其生活将以一种与众不同的方式公开。对他们而言，分享是一回事，公开生活方式则是另一回事。

毫不意外，随着数十亿名用户在线分享信息和社交互动，我们使用社交网络的多种方式仍将继续快速发展。社交网络已经成为招聘决策的一部分。最初的社交手段已经变成了个人求职和雇主收集应聘者信息的一种方式。

雇主越来越依赖社交媒体，这一点是无可辩驳的。雇主使用的社交媒体平台范围很广，从较个人化和社会化的网站到较专业化的网站。这些网站通常展示了招聘过程的各个不同环节：预招聘阶段、申请阶段、面试阶段、推荐信和背景调查阶段、发出录用通知函之前的阶段。浏览此类信息快捷简单，但是将社交网站用作评估工具以帮助制定招聘决策则具有一定的挑战性。

　　下面让我们看看社交媒体的使用策略、优缺点、法律风险、责任、推荐的政策和指导方针，以及社交媒体与传统媒体推荐信息的不同之处。然后，你可以做出一个明智的决策：你到底希望社交媒体对招聘决策过程产生多大的影响。

雇主使用社交媒体的方法

　　当被问及会在社交媒体上寻找什么时，大多数雇主会不假思索地说出很多他们认为高度相关的信息。

- 社交媒体上披露的信息与面试、求职简历中出现信息的不一致之处，这些信息涉及求职资格、个人经历和专业知识。
- 对前任或现任雇主及同事的背后议论。
- 质疑应聘者的成熟度和判断力的评论。
- 涉及种族、肤色、性别、性取向、残疾、国籍或宗教的歧视性言论，或者此类煽动性图片。
- 出轨性行为。
- 提供"行善"的证据，如社区服务或其他志愿服务。
- 粗俗语言的过度使用。
- 对形势的极端反应。
- 与犯罪行为相关的问题。
- 俱乐部和组织会员资格。
- 应聘者身处可疑情形之中的图片。
- 条目和简介中反映出的沟通技巧不足。
- 发布有问题或不恰当的内容。
- 发布着装或姿势不得体的图片。
- 激进的政治观点。
- 饮酒或吸毒信息或图片。这里有个好玩的例子：一位供职于大型啤酒制造商的招聘人员承认，他实际上是在寻找人们喝啤酒的照片。
- 揭露前任或现任雇主的机密信息。
- 不切实际的职业目标，可能与组织目标不相容。
- 核实与工作相关的附属机构、协会和活动。

- 暴力或敌对的倾向和行为。

很明显，雇主利用社交媒体作为招聘工具很大程度上是在寻找拒绝某些应聘者的理由。所有上述项目中，只有两个是正面的：提供"行善"服务的证据，如社区服务或其他志愿服务，以及核实与工作相关的附属机构、协会和活动。而俱乐部和组织会员资格可能是个人性质的，也可能是专业性质的。这与背景调查的长远目的——确认选择某个应聘者而非其他应聘者的信息——形成了鲜明对比。

还有一个需要考虑的问题：大部分雇主有关使用目的的说法都是主观的。事实上，以下任何一种说法都不可能出现在职位描述或作为招聘人员文件的一部分（根据记录，它不应该出现）。

- 说坏话。
- 成熟度和判断力方面存在一定问题。
- 出轨性行为。
- 过分的粗俗语言。
- 极端的反应。
- 有问题或不恰当的内容。
- 激进的政治观点。
- 不切实际的职业目标。
- 暴力或敌对倾向。

基于主观因素和根据主观因素做出最终决定的结论可能导致错失机会或雇用决定不当。下述情形说明了雇主如何使用社交媒体来决定两位合格应聘者中哪个更为适合。

高级人力资源招聘人员布莱克为公司寻找市场部副总裁助理已经一个多月了。筛选和面试了十几个可能的应聘者之后，他审查了这个职位有形和无形的要求与任务，并和市场部副总裁一起，把范围缩小到两个可行的人选：索菲娅和麦肯齐。接下来是具有挑战性的部分：如何获取每个人足够的背景信息以确定最佳人选。为了节省时间，尽管存在法律风险，布莱克还是决定借助社交媒体。他正在寻找能打破僵局的东西，于是决定浏览一下他们的社交媒体平台，希望能更清楚地了解每个应聘者。

首先是麦肯齐。在众多信息中，布莱克了解到麦肯齐在业余时间积极参与一个青年指导项目"大哥哥大姐姐"。她还每周给敬老院送一次饭（"行善"服务的证据）。他还了解到，麦肯齐是美国妇女民主俱乐部的活跃成员（俱乐部与组织的成员）。遗憾的是，读到她在某社交媒体平台上的职业目标后，布莱克得知麦肯齐希望一年内成为市场部副总裁，这在布莱克看来是个不切实际的目标。他后悔没有在面试中询问她的短期目标。另一边，索菲亚似乎把大部分业余时间都花在了武术上。事实上，她已获得柔术的二级黑带。布莱克对此印象深刻，他想知道要达到这样的熟练水平需要付出多大的努力；然而，他更想知道这是否意味着她花了更多的时间在训练馆而不是工作上。尽管如此，她的推荐信还是表明她很努力，并愿意为了工作投入足够多的时间。

因为两人在技能方面几乎相当，布莱克决定利用从社交媒体上获得的信息来做出决定：他建议雇用索菲娅。他对麦肯齐在一年内成为市场部副总裁的目标的担忧是这一决策的决定性因素。

假设布莱克通过合法途径获取这些社交媒体信息（可能的话），而且两位应聘者发布的信息都是百分百真实的（我们不可能确切知道），那么用社交媒体做出最终决定就使其成为一个有用的工具。至于它是否比传统渠道更好则是另一回事。

利用社交媒体招聘的优点和缺点

社交媒体对招聘过程既有积极的影响，也有消极的影响。从一开始，社交媒体就在招聘和营销企业品牌方面提供帮助。这也是雇主接触被动应聘者的最好方式之一。一旦雇主进入招聘过程的面试和选拔阶段，他们就有机会在最短的时间内获得大量的信息。但是，这种形式也存在一个潜在的劣势。将来的雇主不仅可以获得与工作相关的材料，还可获得有关个人兴趣和社交的信息与照片。许多人表示，这使得雇主可以在应聘者放松警惕时考察他们；事实上，对于这些行为，通常情况下雇主并不具有合法的权利，而且雇主很容易根据所得信息做出录用与否的决定。

还要记住，并不是每个人都用社交媒体。这种情况本身就可能导致错误的结论，即应聘者不精通电脑或落后于时代。有些雇主不会考虑那些无法在网上找到其相关信息的应聘者，而另一些雇主则表示，只有当对自己所找到的信息"感觉良好"时，他们才会考虑下一步。

使用社交媒体的雇主需要牢记的是，应聘者知道你想看到哪些内容。他们可以创造一个并不真实存在的"面具"，让你不由得自问："我真的了解我得到的信息吗？"正如一位招聘人员告诉我的："一个是现实的应聘者，另一个是网络中的应聘者。我从未确定雇用的是哪个！"精明的应聘者通过研究公司网站来了解公司文化和最受欢迎的员工类型，然后为自己定制一个网络角色，以模仿潜在雇主乐于看见的行为或表现。未来的雇主看到他们认为的理想应聘者，并在毫不质疑其有效性或未意识到应聘者只是向他们展示其想知道的东西的情况下继续这种假设。当然，这也可能发生在面试之中，但招聘人员可能会通过进一步的提问，对应聘者可疑或"太完美"的回答和不安的身体语言进行分析。

大多数雇主都明白这一点，但他们仍然想知道到底能获得什么样的信息，这样他们就可以决定是否录用应聘者。有趣的是，一些企业也会质疑应聘者在更私人的社交媒体上展示的信息是否在故意树立一种专业、雇主友好型形象。他们认为这种表象可能是虚假的，尤其是刚刚大学毕业的学生，他们完全可以如此。但是究竟虚实如何，你敢肯定吗？你可以选择数字档案或其他缓存信息来源，以查看他们的页面是如何被擦除或更改的，但这仅适用于有社交媒体历史的应聘者。况且你可能也不知道如何去做，只是感到不安，或者只是不想去干。归结起来就是，你要么相信你所读所看，要么不信，不可能两全其美。

这让我们想到了混淆身份问题。如果从一开始就使用社交媒体，未来的雇主可能发现有关重名应聘者的错误信息，并被错误信息误导而拒绝了应聘者。这是一个典型的混淆身份案例。当然，你可以给应聘者一个机会来解释，但如果雇主还有其他的应聘者，他们可能将注意力转移到其他人身上。被拒绝的应聘者可能永远不知道真相。

法律风险

当面试应聘者时，我希望应聘者准备好标准问题的答案，能提出与个人相关的问题，对职位和公司有基本的了解，着装和举止符合工作环境和所申请的职位。然而，我的所见所闻让我不禁要问："他们在想什么？"同样的问题也出现在了应聘者的社交媒体上。有人可能认为，任何应聘者都不想在社交媒体上留下任何不好的信息，如喧闹的聚会，或者其他违反职业道德甚至某些情况下非法的行为。

即使有人书面提醒应聘者，雇主可能结合他们的工作兴趣来探索社交媒体网站，有些应聘者也不会试图隐藏自己的不当行为。也许他们认为所做之事毫无问题，或者他们认为雇主根本不会去查看。这引出了一个有趣的问题，目前还没有明确的答案：如果雇主根据应聘者在社交媒体上发布的信息雇用了他，后来发现这些信息是假的，即使网站没有要求应聘者说实话，应聘者是否要为他发布的不实信息负责？如果雇主没有告诉应聘者可能借助于社交媒体来做背景调查，那么这种情况会更加棘手。

喜欢使用社交媒体的雇主坚持认为，像微博这样的社交媒体能够让人们更好地了解应聘者是否符合公司文化。他们看重的是那些标准简历上没有出现的照片和信息。这种观点引起了人们极大的关注，因为雇主的重点本应该是应聘者的相关工作经验而不是个人生活。

由于这些网站极其受欢迎，我们必须问一个问题：与教育和工作经验无关的社交媒体信息能否被合法地用于雇用决定？例如，一位雇主通过阅读应聘者发布的社交媒体信息得知，应聘者打电话请了病假，但实际上是为了照顾一个宿醉者，那么是否考虑将这个应聘者排除？答案是"要看情况"。

尽管雇主很容易使用社交媒体收集应聘者的信息，但仍存在不小的法律风险。使用社交媒体以确定工作匹配度，从法律上讲是件新鲜事：与通过相关合法手段相比，使用社交媒体这一新方法所消耗的时间更少。但也有人担心：在招聘过程中使用社交媒体是否构成对应聘者的另一种形式的歧视？对精明的雇主来说，谨慎行事，有疑问时咨询法律顾问才是正确的做法。

歧视的风险

美国法律规定，某些"受保护"的信息不能被合法地用于雇用决定，此类信息包括种族、肤色、宗教、性别、国籍、年龄、残疾和性取向。如果应聘者怀疑潜在雇主从社交媒体上获取了受保护的信息，并以此作为拒绝录用的依据，他们可以根据相关的反歧视法提出申诉，这可能给公司造成重大经济损失和其他处罚。

社交媒体对雇主来说颇具诱惑性。他们很容易从中获得大量信息，但问题依然存在：雇主是否有权获取和使用这些信息？一旦应聘者在某公开网站上发布信息，雇主就可以自由浏览。问题是，你可能看了本不该看的信息，这会造成有意或无意的歧视，因为涉及的信息属于受保护级别。举个例子，假设你合法地获取了一位应聘者的微博简介，发现她和丈夫及两个孩子在教堂唱诗班唱歌。事实上，他们只是为了拍这张全家福而穿了唱诗班长袍。至此，你了解到三条无权知晓的信息：她的宗教信仰、她的婚姻状况，以及她是否育有孩子。如果你决定雇用其他人而不是她，那么现在你就要证明并未利用在微博上获得的个人信息而拒绝她。

未被雇用后的指控

之前探讨了各种禁止基于种族、肤色、宗教、性别、国籍、年龄、残疾和基因信息等进行歧视的相关法律，还有一些地方性法规禁止基于性取向和其他因素进行歧视。我们也讨论过，如果应聘者自愿提供与工作无关的信息，一旦出现非法使用的问题，雇主也要承担同样的责任。这也适用于访问社交媒体网站。仅仅因为一个人"邀请"你分享他在社交媒体上发布的公开信息，并不意味着你可以利用所了解或所见的信息作为雇用决定的依据。相比你在结构化招聘面试过程中发现违法问题的可能性，你在社交媒体上发现违法内容的可能性要大，结构化招聘面试中的内容大部分是关于能力、职位的问题，或者通过传统的背景调查来面试。无论你发现的违法内容与你拒绝应聘者的理由非常相关、一般相关或毫不相关，都不能阻止该应聘者提出歧视指控。

基于不当使用社交媒体的歧视指控一开始与其他歧视指控没有什么不同。要启动这一程序，个人所要做的就是立案，初步证据主要包含以下四项内容。

1. 她是受保护团体的成员。

2. 她有资格胜任这项工作。

3. 尽管她有资格，但还是被拒绝了。

4. 在她被拒绝之后，该职位仍然空缺，雇主继续寻求类似合格的应聘者。

你当前的任务就是证明，他们被拒绝是基于合法的、非歧视性的理由。尽管你的证明可能是百分之百真实的，但事实是你确实浏览了被拒绝者的社交媒体网站——尽管合法，但你必须承认，如前所述，你看到她在教堂唱诗班唱歌并育有孩子。现在你必须证明，这些信息并未促使你决定不雇用她。

利用社交媒体做出雇用决定而导致的指控正在增加。然而，随着企业越来越依赖社交媒体来拒绝或录用员工，我们预计将听到更多此类消息。还有一点需要注意：即使个人的社交媒体是公开的，某些言论和个人行为也受到法律的保护，如对工作环境的合法抱怨。雇主如有关于法律问题的疑问，要去咨询法律顾问。

侵犯隐私的风险

瑞安是一名刚刚毕业的大学生，要找一份"正式"工作。他向我寻求建议，是否应该修改自己的社交媒体资料。我看了相关内容之后，建议他努力使自己的资料看起来更加友好。我提出了三条具体的建议。

1. 删除那些可能传递错误信息的照片，包括那些作为"派对能手"的照片。

2. 删除那些在工作环境中被认为不适当的语言。

3. 撇清与那些可能让潜在雇主望而却步的团体之间的关系。

瑞安回应说："我没有要求你给我一个全新的身份！"我问他，如果一切都保持原样，他觉得潜在雇主会怎么看。他回答说："这不关他们的事。"我解释道，如果他的设置是公开的，这些信息就可以被合法地获取，相关信息资料可能被利用。我进一步建议，如果他想让这些信息资料保持原样，他应该将设置更改为隐私。即使他这样做，他以前的公众形象和发布的内容仍可以从时光机器和其他缓存信息中公开获得。瑞安显然对我很生气。他停顿一会儿，然后说："我不想那样做，因为那样他们会认为我有所隐瞒。但我也不想改变现状。我有权拥有一份公开的个人资料，而不是由任意公司所使用的资料。"

尽管像瑞安这样的人允许公众浏览他们的个人资料，但他们坚持认为潜在的雇主在做雇用决定时，不应该使用任何来自社交媒体的信息。他们认为这些信息是私人信息，与工作无关。从法律上讲，侵犯隐私的指控主要基于个人"在所查看的信息中是否对隐私具有合理的期望"。大多数专家认为，允许公众浏览其个人资料的应聘者放弃了隐私权。当然，如果有人假装应聘者的"朋友"以获取受限的信息或使用其他隐蔽方法，那么个人的隐私权主张可能是有效的。

在公司职位申请表的"推荐信和背景调查"部分增加类似的以下声明，以避免侵犯应聘者隐私权的可能性："我特此允许（Java 公司）的授权代表进行合法的互联网搜索，包括在社交媒体网站上出现的公共信息。"应聘者的签名对于否认未来侵犯隐私权起到了重要作用。

差别对待和差别影响的风险

差别对待是指有意区别对待所有应聘者。为避免与社交媒体相关的差别对待的指控，可应用与测试相关的这一黄金法则：如果你要测试某个应聘者，那就测试所有人。不要基于某种任意的判断来决定一个人不需要测试，而其他人需要测试。同理，如果你决定只查看三个入选者中一个的社交档案，你可能面临差别对待的指控。例如，如果经过认真考虑的某位应聘者是名女性，另外两人是男性，而你决定在社交媒体上搜索这名女性，你可能被指控在寻找不雇用她的理由。此外，如果你发现三位应聘者的相似信息，但对女性的解释与男性不同，你可能面临差别对待的指控。

当一种看似中性的招聘实践对某一特定群体产生巨大的负面影响时，就会产生差别影响。例如，只考虑那些在社交媒体上保存有某些个人信息的应聘者，或者拥有任何个人信息的应聘者，这可能对受保护成员产生不同的影响，因为从统计学上来说，这些成员不大可能拥有社交媒体信息。

如果并非每个人都有一份社交媒体资料，你应该做什么？在进行搜索之前，你可能对此一无所知。当你发现某位应聘者的信息没有出现在社交媒体网站上时，在这个过程中你可能已经浏览了一位或多位其他应聘者的资料。既然你已付出努力，就要做好记录：关键在于一致性。

职　责

通常，社交媒体搜索是人力资源专业人员的职责。然而，对于负责选拔全程的人力资源招聘人员和面试官而言，情况可能并非如此。理想情况下，只有中立的第三方（不参与招聘决策的人）有权进行社交媒体搜索。该第三方应该了解职位的要求和相关法律，这样便可有效地筛选出合法的、与工作相关的信息。然后，他们可以向决策者简要介绍搜索过程中获得的任何相关信息，而不提及任何受保护的信息。

不鼓励管理人员单独在社交媒体上搜索潜在的雇员。

社交媒体政策和指导方针

由于不可避免地可在应聘者的社交媒体网站上看到受保护的信息，公司应该设置相关程序，以减少因社交媒体招聘而陷入法律纠纷的风险。程序包括制定明确的书面政策和指导方针，明确在社交媒体上发现的哪类信息可用于招聘决策。制定程序的目标是最大化利益，最小化风险。

以下是社交媒体政策中应该包含的一些要点。

- 以书面形式（最好是在职位申请表上）要求所有应聘者授权社交媒体搜索。
- 永远不要问应聘者其社交媒体的密码，否则就会产生了违反法律的风险。一些地方的法律禁止雇主要求应聘者提供社交媒体密码,只能看公开信息。
- 寻求一致性和可靠性，符合法律就任何用于做出雇用决定的工具的指导方针。如果雇主收集了受保护应聘者的不一致信息，并将这些信息适用于不同的标准，就违反了最佳选拔惯例，这不仅降低了选拔过程的准确性，而且使自己面临法律审查。
- 创建一个包含所有社交媒体网站的列表，对每位正在考虑的应聘者进行社交媒体搜索。
- 根据职位描述，确定与工作相关的搜索信息。
- 仔细平衡工作相关性和个人偏好。例如，喝酒并不违法，所以如果一位应聘者在社交媒体上发布了聚会喝酒的照片，这会影响你雇用此人的决定吗？换句话说，你能从一个人在社交媒体上发布的喝酒的照片中合理推断出他的工作能力吗？你可能更希望他们不要喝酒，但这是你的个人偏见还是与工作相关？
- 只对正在认真考虑的应聘者进行社交媒体检查。
- 不参与中立方进行的社交媒体调查，该调查涉及拒绝或雇用应聘者的决策。中立方可以向决策者简要介绍调查过程中获得的与工作有关的信息，省略任何受保护的信息。
- 对审核过程中正在认真考虑的所有应聘者进行社交媒体调查。
- 记录在社交媒体上发现的可能导致决定不雇用某人的信息。如果可能，在文档中包含屏幕截图，因为社交媒体资料随时可能发生变化。

- 确定是否有不成比例的某类受保护成员因社交媒体调查而遭拒绝。
- 将你从社交媒体调查中获得的信息与你在面试中得到的信息、测试结果及传统的背景调查结果进行比较。
- 保留与你的决定相关的记录，即保留你所见并因其而做出决定的信息。
- 熟悉各地方有关在雇用决策中使用社交媒体的法律。例如，有些地方禁止基于应聘者的休闲活动做出决定。
- 用第三方供应商进行包括搜索社交媒体在内的背景调查时，应事先通知应聘者。如果应聘者没有被告知第三方可能调查他们的社交媒体资料，你可能违反了《公平信用报告法案》。

大部分个人社交媒体资料会提供个人图像（他们想描绘的形象），很少与工作相关。专业网站提供更多关于个人知识和能力的信息，但是，正如一位招聘人员透露的"这些没那么有趣"。要小心：仅仅因为你可以通过社交媒体轻松获取一个人生活的细节，并不意味着你应该那样做。

社交媒体背景调查与传统的背景调查

成千上万的雇主每天都使用社交媒体网站查看关于未来员工的有关信息。相比传统的背景资料，使用这些社交媒体网站的主要原因是其便捷性。事实上，没有什么比这更容易或更具成本效益的了。也就是说，除非有人因未被雇用或被侵犯隐私而提出指控，否则谁都会用它。

但是，雇主能够确定社交媒体网站提供的背景信息的准确性吗？例如，作为最具商业性的社交媒体网站之一，领英并不核实会员信息的真实性。这会造成一种令人不安的可能性：雇主可能利用不可靠、过时或不准确的信息来做出决定——拒绝或雇用一个人。在社交媒体网站上找到的信息可能部分或完全错误，或者是故意误导。

背景调查可以帮助雇主避免对雇用疏忽的指控。这种说法适用于通过传统方式来确定工作匹配度，并且可能扩展到社交媒体调查。

社交媒体背景调查的支持意见

社交媒体背景调查的支持者倡导利用应聘者的社交媒体信息来确定工作匹配度。

- 社交媒体背景调查比传统的背景调查方法能够获得更多的信息，因为雇主通常不愿透露前雇员的任何个人信息，主要是担心被控诽谤人格。
- 社交媒体背景调查更加全面，比通过传统的背景调查方法获得的信息更多。
- 雇主可以更好地了解应聘者，以便更好地定义文化契合性。
- 与传统的背景调查相比，应聘者的不当行为更有可能通过社交媒体网站暴露出来。
- 与传统的背景调查相比，社交媒体背景调查花费的时间更少。

可能除了最后一点，上述其他观点都没有得到足够的实用信息支持来证实其真实性。即使最后一点也可能有问题：在社交媒体网站上很容易分心和忘记时间，从而大大延长了背景调查的时间。

社交媒体背景调查的反对意见

支持社交媒体背景调查有效性的有限证据是反对进行社交媒体背景调查的主要证据。除此之外，反对者认为社交媒体背景调查还存在以下问题。

- 对于社交媒体的隐私定义，目前还没有定论。
- 允许经理和其他直接参与决策过程的人员进行社交媒体背景调查可能违反雇用法，陷公司于不义。
- 雇主滥用社交媒体网站可能会损害此类网站的声誉，更不用说损害雇主个人的声誉了。
- 除了通过面试和简历核实应聘者提供的信息，传统的背景调查还提供其他人对应聘者的工作匹配度的看法，并且可能以社交媒体无法做到的方式从整体上符合某一特定的企业文化。

与社交媒体背景调查相比，传统的背景调查有两个额外的优势：①电话调查（通常作为首选的方法）能够让潜在雇主听到并仔细辨别前雇主的语音语调，以证实其所提供的信息；②有经验的招聘人员通过电话调查，能够与前雇主自由交谈，从而掌握有关应聘者资格的更多信息。

雇主一旦决定通过社交媒体进行背景调查，最好针对工作相关的有形和无形信息进行有限的搜索。诸如上份工作核实等有形信息，应该作为背景调查的基础，但社交媒体网站往往关注无形信息。只要这些无形信息与工作有关，它们就可以发挥作用。例如，考察应聘经理职位的应聘者时，压力下优秀的工作能力是一个相关的无形特征，可通过应聘者上份工作中的具体例子得到证实。然而，如果说应聘者的第二份工作是夜间在一个声誉不佳的社区打理酒吧，那么这份工作就很难与应聘职位相关了。这也不是你在电话背景调查中可获得的信息，因此它的适用性值得怀疑。

应聘者在其社交媒体网站上发布的信息的真实性也可能受到质疑。

关键是，当从社交媒体中得来的信息与在传统背景调查中合法获得的信息不一致时，不要相信它们。如果你打算进行一次社交媒体背景调查，最好也来一次传统的背景调查。

本章小结

谨慎使用社交媒体，寻求它所揭示的信息与你通过面试、测试和传统调查所得信息之间的一致性。你的雇用决定应基于对应聘者的总体客观评估，而不仅仅依赖社交媒体网站上的信息。

诸如微博等社交网站已经改变了雇主和应聘者之间的沟通方式。雇主越来越依赖社交媒体来尽可能多地了解将来的雇员，包括他们是否有过不当行为，是否发表过歧视性或贬低性言论，或者是否有过暴力倾向。

雇用决策过程中使用社交媒体会带来许多法律风险，包括未雇用索赔、侵犯隐私、差别对待及差别影响。由于这些风险，我们敦促雇主制定社交媒体政策，第一条政策就是要求所有应聘者书面同意进行社交媒体搜索。

在进行社交媒体背景调查时，专家认为最好也进行传统的背景调查。

第 14 章

选 拔 过 程

假设目前你已经实施了合法的、能力方面的面试，并有效记录了每位应聘者的表现，完成了相关测试，并对入围者进行了全面的推荐信和背景调查。顺利的话，招聘经理和人力资源招聘人员可以就录用人选达成一致。否则，招聘主管将参考人力资源部门的相关记录来做出最后的录用决策。接下来，就应该向脱颖而出的应聘者发出录用通知函了。

最后录用的决定因素

向应聘者发出录用通知函之前，花一分钟回顾一下以下几个决定录用的因素。

- 组织目标。你应该清楚地知道该职位在公司、组织及部门中的角色，以及它是如何同其他职位互相配合的，明白该职位对组织和部门工作目标的影响。
- 审查职位描述，以确保完全熟悉该职位的要求、职责和责任。明确工作的必要和非必要功能，以及完成每项任务所需的大致时间。
- 查看该职位的成功典范，确认所选人员应达到的要求。
- 工作所需的无形技能。请记住，某些无形技能虽然从定义上看是主观的，但仍会对工作产生影响。只有确认并评估了这些无形技能才能保证工作绩效。
- 评估应聘者对各种问题的回答及对某些陈述的反应。假设面试官在面试过程中提出了正确的问题，且善于解释答案，那么这些回答和反应将使应聘者的技能、知识、兴趣与组织和职位要求的能力相匹配。

- 比较应聘者的语言与非语言沟通模式。回忆应聘者在面试中针对某一问题的非语言表达，认真解读应聘者的姿势、动作和微表情中流露出的信息。确定这些动作表达的信息是否与其语言回答一致。
- 考虑应聘者的薪资要求，将其与职位的薪资范围进行比较。提供的薪资应为准员工和公司都可接受的水平。
- 评估应聘者离开原雇用单位的原因。如果一位应聘者在工作一两年后以"没有发展空间"之类的理由离开了公司，很可能在不久的将来，他也会离开你的公司，并且离职理由相同。
- 参考入职测试结果。确保给出的任何测试均经过验证且客观。
- 考察应聘者的潜力，尤其是当前职位较容易晋升时。能聘用一位有潜力、未来能推进公司业绩的应聘者当然很好，但也不要因为某位应聘者的潜能还未充分展现就马上拒绝他。
- 应聘者是否符合职位和组织的总体要求。公司提供的发展机会和晋升机制是不是应聘者真正在意的？你也不希望员工入职后变得焦躁不安。
- 推荐信非常重要。你从前雇主处得到的反馈与你的评估一致吗？你是否考察了应聘者与工作和教育相关的背景？你是否验证了应聘者提供的信息？
- 参考背景调查中的信息。必要时（如涉及安全方面的职位）权衡应聘者在未就业期间和教育空档期的信息。

最后录用的法律问题

进入下一步之前，请查阅关键的就业法规及其对最终录用的影响。实例如下。

- 在评估与面试问题有关的回答时，请考虑有关就业的法律。避免提出或接收有关以下方面的问题和信息（除非存在与这些信息密切相关的实际职业资格情况或经证明的业务必要性）：年龄、子女、残疾、基因信息、移民身份、语言、婚姻状况、组织成员、入伍经历、国籍、体貌特征、逮捕和定罪记录、怀孕、种族、肤色、宗教、性别、性取向，以及最重要的——薪资。仅寻求与职位相关的信息。
- 如果雇主有意借入职检测实施歧视，或者如果他们不成比例地排斥任何受保护群体中的个人，且与职位无关，则可能违反相关就业法。例如，有关年龄的测试（如身体能力和敏捷性测试）和残疾测试（包括体检及心理和人格测试）可能违反相关法律。
- 推荐信和背景调查可能导致对应聘者品格的诽谤和雇用疏忽，或者违反《公平信用报告法案》。

预录用阶段

许多雇主倾向于增加一个预录用阶段,在这个阶段,通常那些被豁免的应聘者将被纳入认真考虑的范围之内。这不是正式的录用,可以将这个阶段视为面试后的通话或面对面的会议,在此期间雇主会讨论录用所包含的内容。该阶段最常用于竞争最激烈的时候,目的是与你的第一人选保持沟通,直到你准备好做出最终选择为止。在继续这一步之前,要确保每个人,尤其是人力资源部和招聘经理,都清楚哪些人是可能的人选。

一般来说,薪资、福利和入职日期都是在这一阶段约定的。有需要的话,可能还包括搬迁补偿和入职奖金。澄清任何可能存在的问题,如应聘者需要提前给出的信息是否比你准备的要多,或者自你上次谈话以来他对薪资的要求是否有所提高。如果你在同时考虑几位应聘者,这些担忧可能让天平偏向一个人。

从好的方面看,录用前的对话可以深化潜在的劳资关系。应聘者明白他正在接受你的认真考察,并希望自己成为你的最终录用人选。这一阶段也是讨论以后可能引起关注的问题的一次机会。实际上,这是在面对面面试的前几分钟开始建立的融洽关系的延伸。

从另一方面看,这可能让人觉得有点好笑。你是否曾经收到过一份"预录用"通知?如果最终的录用通知函还没有出来,你是否对自己投入的时间感到不满?在等待的过程中,你是否拒绝了其他的工作机会?这些都是现实和合理的关切。

预录用使雇主比应聘者受益更多。它是某种意义上的保险单:你让应聘者知道你想录用他们,但是你还没有准备好书面承诺,并且你希望他们在没有任何工作机会的情况下等待。

如果你决定实施预录用,那么就要合理地考虑让最优秀的应聘者等待最终决定时间的长短。小心不要成为"紫松鼠综合征"的受害者,也就是说,你要寻找的理想人选可能并不存在,他们只存在于你的假想中。拥有较高期望值是好的,但不切实际的期望则是另一回事。给每个你认真考虑过的应聘者一个出局日期——一般不超过一周,因为他们无论如何都会得到消息。拖延和优柔寡断会导致你的录用通知函被拒绝,对此不要感到惊讶。

发送录用通知函

通盘考虑以上几个因素之后,你可以考虑向最后脱颖而出的应聘者发送录用通知函。发送录用通知函是相当容易的，但是你应该确保应聘者能够顺利地完成从应聘者到员工的身份转变。安排一个时间来制定和讨论录用细节。如果交通条件允许，可以考虑面对面交流，这有利于你察觉任何最后的重要的非语言反馈。

雇主常常期待新员工已经大致了解了工作岗位，然而多数情况都证明，事实并非如此。如下是我很喜欢讲的一个故事，正好可以说明这一点。一位名叫迪莉娅的年轻女士被雇用为一家小型出版公司的公共关系助理。她很激动，期待着开始新的工作。工作第一天，考虑到通勤问题，她提早出门，以保证自己不会迟到。她对自己的时间表做了足够细致的安排，并在 8:15——提前了 45 分钟到达了她的新工作岗位。第二天，她于同一时间离开家，再次很早到达，这次是 8:20。接下来的一周内，她一如既往早早到达公司，结果都是在 8:15 左右到达公司。之后她开始懈怠了。迪莉娅是唯一如此早到公司的人，不用再担心自己会迟到了。这个想法促使她决定乘坐晚一点的列车去上班。第二周周一，她于 8:45 到达公司，还是早了 15 分钟，她有足够时间安顿下来并准备开始工作。她发现，当她到达公司时别人已经开始工作了，但是她并没有太在意。她认为，只要到公司后还有充足的时间准备开始工作就行。接下来的几个早上，她在 8:50 前到达公司。可是星期五那天，她的经理鲁珀特将她叫到办公室，情绪十分激动。她还没有反应过来是怎么回事，鲁珀特就开始大吼大叫："你知道自己在干什么吗？你来这里才两个星期，已经连续五天迟到了！我希望你能对此有个好的解释，以便打消我对你产生的不好印象。"迪莉娅惊呆了："你在说什么？自从我开始工作以来，我每天都很早。没错，我这周不像上周那么早了，但我还是提前了 10~15 分钟到达。"鲁珀特平静了下来，看着她。然后他有了一个令人不安的想法："迪莉娅，人力资源部告诉过你，我们这个部门是几点开始工作的吗？"迪丽娅回答说："他们什么也没告诉我，所以我以为工作时间是朝九晚五。这不就是我应该工作的时间吗？"鲁珀特叹口气说："不，迪莉娅。我们从 8:30 工作到下午 5:00。"

你可能认为迪莉娅应该向人力资源管理部门询问上班时间。但是，迪莉娅在开始这份工作之前仅在一家公司工作过，而那里的上班时间是朝九晚五。因为没有人告诉她另外的安排，她想当然地以为这家公司的上班时间与前一家公司相同。的确，她理应确认一下具体上班时间，但入职之前，向她说明这份工作的详细情况包括诸如工作时间等细节问题，本该是人力资源部门或其主管的职责。

录用清单

为避免产生雇主与员工之间的信息不对称，如上述鲁珀特与迪莉亚之间的分歧，请制定一份相关职位所有应注意的细节清单。这份清单应该包括与应聘者之前已讨论过的问题，也包括正式工作后的新问题，如具体起薪和福利待遇等。表 14-1 列举了所有需要注意的基本问题清单，可作为范本。某些条目可能并不适用于所有工作，但多多少少能提供一些参考。

表 14-1　录用清单

主题	已讨论 ✓	已同意 ✓	需继续讨论 ✓
职位名称			
豁免状态			
工作部门			
直属领导			
基本义务与职责（附职位描述）			
入职日期			
时间表			
工作时间			
天数			
班次			
工作地点			
固定			
轮换			
薪酬			
底薪（每周/双周）			
奖金			
佣金			
入职奖金			
加班费			
差旅补贴			
薪金审查时间表			
自由就业关系			
入职条件			
合规的推荐信调查			
合规的背景调查			
就业资格证明			
合规的我司核发体检表			
合规的我司核发药物检测表			
工会/非工会会员			

（续表）

主题	已讨论 ☑	已同意 ☑	需继续讨论 ☑
福利（入职培训期间特殊政策另议） 　带薪假期 　带薪休假 　　个人特殊日期 　　病假 　　空岗（合规性；天数）			
普通健康福利 　医疗 　牙科 　眼科			
保险：人寿、意外身故、残疾 利润分成：员工持股备选方案 养老计划：401 条款 学费报销			
额外项目，如电脑、手机、公司用车			
竞业禁止协议			
附加入职条款			

　　当你和拟聘雇员坐下来一起浏览这份清单时，一定要认真核对每一项。最好复印一份清单给他，这样他能清楚地了解其中的每一项，最为重要的是明确针对清单中的每项内容，你们是否已尽量达成统一意见。如果存在一些分歧，应共同分析分歧实质，并制定解决方案。例如，对方可能认为有权获得与现任职位相同的休假天数。但你认为这不合理，应先标记这一点再讨论下一项内容，谈话结束前，再对休假时间问题进行讨论，看能否达成一致。如果依然不能，那应该承诺再找时间答复。之所以说暂时搁置、择期再议的做法好，是因为你不必在某一点上耽搁过久。你自己再重新浏览一遍清单，确定存在多少分歧之处，从而大致了解双方具体在哪些点上、多大程度上无法达成一致。你还需要对能够做出让步的地方了如指掌，以便在更为重大的问题上获取平衡的筹码。此外，应聘者也有时间来反思自己的想法——有些棘手的问题也许会因其他方面超出预期而有所缓和。

　　表 14-2 列举了双方因假期时间没有达成一致，而在清单上进行标注的情形。

表 14-2　有关假期时间不一致的最终讨论清单

主题	已讨论 ☑	已同意 ☑	需继续讨论 ☑
假期（合理性；天数）	☑		☑
			应聘者期望 20 天；该职位允许 15 天。建议：5 天无薪假期，但不能连休 20 天。应聘者考虑，并于 24 小时内回电

可能出现的问题和解决方案

人力资源代表和准员工的最后一次会面的程序很简单：使用清单作为指南，检查与准员工要完成的工作相关的每个主题，并回答他剩下的任何可能的问题。然后，如前所述，在会议结束时，回顾任何有分歧之处并尝试达成解决方案。

这个过程虽然简单，但有时会出现重大差异。虽然在谈话中并没有激烈的争论，但这些问题可能导致准员工与公司的关系最终破裂。例如，我的一位同事艾力去面试人力资源主管的职位，直接向公司总经理负责。艾力对职位描述感到满意，对薪资和福利没有异议，但他希望被称作"人力资源副总裁"而不是"人力资源主管"，前者与公司其他部门类似职位的头衔一致，均为副总裁。他认为，如果不变更头衔，这将损害人力资源管理职能的可信度。但公司总经理并不让步。尽管总经理意识到人力资源部的工作目标是使其在实现公司战略目标上承担更具战略性的角色，但是她坚持不变更头衔。因为她认为人力资源部门不会因某位领导而抬高身价，而且现在突然做出改变可能太突兀。艾力开始担心，总经理目前的行为就是以后公司运营中其他行为的一种写照，如果他现在连说服总经理变更一下头衔都不可能，以后想说服她采取某种措施将更不可能，所以，他最终拒绝了该公司提供的职位。

在以上例子中，我们从应聘者的角度来审视一下最后会面中那些存在分歧的问题是如何出现、发展及最终被解决的。注意，以下论述假定会面将尽量避免出现新的问题或不一致的地方。

主题：职位名称

可能的问题：职位名称没能准确反映岗位职责，与其他相似职位的职责并不一致。某些特定的职位词汇，如"职员"或"助理"等，令人反感。

可能的解决方案：向应聘者解释职位名称是上班族的一部分，变更任何一个职位的名称都会影响整个工作群，阻碍某些职位共同发挥类似的作用。建议应聘者从现有的职位开始工作，并保证人力资源部会在 3 个月内复核其合理性。尽量使应聘者在开始工作之前，能够接受目前的职位名称及相关建议。

主题：基本义务与职责

可能的问题：初始职责中包含应聘者不知道的工作任务。

可能的解决方案：首先，解释一下这与应聘者在面试中所了解的职位描述相同。然后集中精力一起讨论共同关心的问题：是否感到难以胜任这些任务？如果是，那么经过在职培训或外部培训后可以解决这个问题。如果应聘者认为某些任务不属于这个职位的工作内容，那么就要明确本职位的职位描述涵盖了该职位员工需要完成的所有工作。如果他对涉及的职责感到不适，要问清楚他对该职位的实际期望是什么。这一点非常关键：如果他表现得更加不适，那么你可能不得不问这是否意味着他不再对这个职位感兴趣。但是，如果他说他最初误解了工作的某些方面，但现在已经完全清楚，这就表明他愿意接受工作中的所有职责，包括之前并未弄清楚的部分。

主题：入职日期

可能的问题：应聘者希望的入职日期比你所希望的要晚，并且远超出合理的范围。

可能的解决方案：弄清楚应聘者需要如此长时间的原因。如果是因为他觉得愧对现在的雇主，那么公司可以安排同他的现任上司进行一次谈话、沟通。但是，如果是因为他想在两份工作之间有一个短暂休息的机会，以便调整状态，重新制订工作计划，公司可以允许其刚开始工作的前两周每周休息 2～3 天。

主题：时间安排

可能的问题：应聘者可能无法接受公司统一安排的工作时间、轮班时间或休息时间。

可能的解决方案：弄清楚这个时间安排是否与应聘者的宗教信仰有关。如果是的话，公司就有必要为应聘者制定符合其宗教信仰的时间安排。如果问题与宗教无关，要重申该时间安排与面试中所述相同。然后向应聘者了解是什么原因导致其认为这个时间安排不合适，尽量避免讨论私人问题。如果他的解释合理，查看是否有其他可供选择的工作时间安排。例如，询问他弹性工作时间、压缩工作周或远程办公是否合适。如果可行，还需要考虑满足他的要求是否会影响部门其他同事的工作及部门的工作氛围和工作负荷。

主题：薪酬

可能的问题：应聘者实际期望的薪酬比面试中约定的要高。

可能的解决方案：薪酬是一个棘手的话题。最终薪酬必须是双方都能接受的，如果任何一方感到不满，雇主与员工之间的关系就会注定在开始之前失败。具体支付的薪酬取决于市场薪酬水平，即大多数雇主向该相同职位支付的金额。然而多数应聘者都会拒绝你第一次提出的薪酬然后重新谈判。因此，在发出录用通知之前，招聘人员应该对薪酬有清晰的计划，包括基本薪酬和附加薪酬（含奖金、津贴、差旅补助等）的金额，然后同应聘者讨论。应考虑以下几个方面。

1. 仔细聆听应聘者的说法，同时考虑他的要求是否合理。

2. 提出有意义的问题，包括："你认为自己应该加薪的理由是什么？""我们上次见面后，发生了什么？""你觉得以前的雇主没有付给你应得的薪酬的原因是什么？""你是否想象过我对你的薪酬要求会有何反应？""如果我现在告诉你我们不能向你支付超出我司提供的薪酬数额，你会怎么做？""如果你是我，面对有应聘者提出薪酬要求，你会怎么做？"

3. 寻找可能达成妥协之处。例如，如果应聘者不满意公司所提供的基本薪酬，公司可以考虑使用一次性入职奖金来解决问题，或者调整绩效加薪的条件，这样也可能得到满意的答复。

4. 始终记住自己所拥有的灵活空间的大小。为了雇用该应聘者，你最多能支付多少？

5. 应当注意该应聘者的薪酬对公司在职员工中与该应聘者能力相当但薪酬更低的员工的可能影响。

6. 考虑组织想要或需要该应聘者的程度。在招聘到与该职位匹配的应聘者之前，职位空闲的时间会有多久？这个职位要求的知识和胜任力高吗？找到合适的应聘者很难吗？目前这个应聘者能提供的独特价值是什么？

主题：入职条件

可能的问题：在收到录用通知函并告知现任公司之前，应聘者可能不希望招聘人员与他的现任雇主接触，进行背景调查。

可能的解决方案：这应该不是问题。向应聘者解释背景调查可以在应聘者正式来到本公司上班之后进行。也就是说，对应聘者进行背景调查可以在雇用之后进行，应聘者也充分了解此后公司可能采取的行为。所有的背景调查可能不是在事先约定好的时间进行的。

主题：福利

可能的问题：福利可能涉及多个问题，包括休假天数、一般的健康福利、分红和教育津贴。

可能的解决方案：大多数福利是公司统一设定的，尽管有时可以重新计算休假天数等福利，但人力资源部几乎没有谈判余地。明确说明这一点，建议应聘者在入职培训期间提出与福利相关的特定问题。如果应聘者认为基于自己的能力应该获得更好的福利待遇，招聘人员可以同上级主管通过面谈或电话进行协商，或许能够获得某些协商空间。

主题：额外津贴

可能的问题：应聘者想获得更多原始协议中未包含的内容。

可能的解决方案：如果你决定给予该应聘者额外的津贴，你应该清楚这种做法对其他在职员工产生的影响。这些额外津贴短时间内可以满足应聘者的需求，但从长远看，会挫伤其他员工的士气和工作积极性。

主题：竞业禁止协议

可能的问题：应聘者拒绝签署竞业禁止协议。

可能的解决方案：竞业禁止协议的期限是有规定的，通常是一至两年，员工离职后生效。签署竞业禁止协议后，员工可能被禁止为竞争对手工作，或者禁止在同一行业从事相同或类似的工作，或者禁止在某个特定地理区域为竞争对手工作。由于这些协议通常措辞复杂，如果应聘者拒绝签署或要求修改组织的标准竞业禁止协议，你可能需要律师介入。请注意，你应该确认应聘者不会因本次求职而违反他与现任或前雇主之间的竞业禁止协议。

当你仔细研究可能出现的问题清单时，请尝试从应聘者的角度审视问题。提醒他为公司工作的一些好处，以及公司能够提供的所有奖励。另外，请记住，应聘者更在意公司其他员工对公司的夸奖、晋升机会及公司所特有的文化。

为举例说明最后一点，我们可以看看纽约市北部一家小企业为新员工提供了什么。该企业知道自己无法承担与竞争对手相同的薪酬，所以它通过其他方式吸引和留住员工。该企业向应聘者提供以下选择：如果被聘用，他们可以享受全额支付宠物保险等相关服务，如免费遛狗，或者享受同等价值的集中托幼或上门照看孩子的服务；如果选择宠物套餐，员工每月可以有一天带宠物上班；同样，如果他们更喜欢育儿津贴，可以每个月一次带孩子去他们的工作地点。人事经理说应聘者似乎喜欢有选择的机会，且据他所知，没有人被宠物咬过（注意：允许动物进入工作场合之前，要先考虑保险和责任问题）。

达成协议

假设在录用阶段一切顺利，并且你已经就聘用条款与应聘者交换了口头协议，那么现在是时候以书面形式正式录用他了。

录用通知函可被视为具有法律约束力的雇用合同，雇主应确保该信函的内容完整、准确地反映了双方在最后一次会面中达成的协议。

人力资源部代表应将信函的两份副本发送给准员工：一份供其签名并返回给雇主，另一份由他自己保留。另外，复印一份并交给人力资源部经理。

信函中的内容应简洁明了，不能有歧义，以免造成任何误解。雇用阶段中双方讨论的事项大致包括以下几部分。

- 职位名称。
- 豁免状态。
- 工作部门。
- 基本义务与职责（列出或附上职位描述）。
- 入职日期。
- 时间安排。
- 工作地点。
- 周薪或双周薪酬。
- 自由就业关系。
- 入职条件，包括满意度调查、背景调查、入职体检、药物测试及就业资格认证。
- 相关准备工作：
  * 入职体检（可能需要一份单独的证明文件）；
  * 入职药物测试（可能需要一份单独的证明文件）。
- 工会身份。
- 福利亮点，包括合格标准。
- 随附任何材料的标识和说明，如福利表。
- 补充待遇。
- 竞业禁止协议（可能需要另外发出一封信）。
- 其他与雇用条款有关的事项。
- 相关联系人。
- 录用通知函及回函的确认。

图 14-1 是一份包含了上述各种主题的录用通知函范本。如你所见，这是一封高度正规、综合性的长信。根据职位的性质不同，某些事项可以省略，如签约奖金。另外，你的公司可能不需要对所有新员工进行入职体检或药物测试，可能也不需要签订竞业禁止协议。即使没有这些内容，这也是一封很长的信，你可以有选择地使用部分内容。除了竞业禁止协议，可以省略的部分还包括与入职体检和药物测试相关的任何要求。

有些公司不会在录用通知函中提及"自由就业"声明，理由是该声明过于正式。即使应聘者签署了该声明，在开始工作后，他们的员工手册中也会有相应的要求。事实上，我们建议在录用通知函中包含自由就业声明，因为这份声明是劳资关系的关键文件。重复工作总好过遗漏。

20××年 1 月 23 日

理查德·瑞森先生

福克斯朗环路 20 号

内华达州塞库纳 55555

亲爱的瑞森先生：

我们非常高兴地通知你，你已经被我公司——硬核产业——录取为信息技术部计算机与信息系统经理，岗位性质为非工会、享有豁免权。随函附上该岗位的工作要求，包括基本义务与职责，与 20××年 1 月 21 日面试中所谈内容相同。

根据约定，你应于 20××年 3 月 1 日来我司上班。请于当天上午 9：00 至位于塞库纳杰克逊大街 477 号的公司总部，会见信息技术部经理克莱尔·辛顿。为方便起见，你可在南停车场 47 号员工车位停车。一旦入职我司，该车位就归你日常使用。如需要其他地点，你可以使用所在地员工车位停车。

我司日常主要工作时间为每周一至周五上午 10：00 至下午 4：00，该时段前后会有一至两小时的额外工作时间。是否需要额外工作取决于你与你的部门经理。总计每天工作 8 小时，包括 1 小时的午餐时间。

我们另有约定，你的基础起薪是每周 3 461.54 美元。此外，你将一次性收到签约奖励金 10 000 美元，入职即生效。根据本公司"自由就业"协议（附后）中的条款要求，入职之日起算 6 个月内，一旦发生合同中断或终止，全部款项需要退回。在你任职期间，如遇任何符合条件的工资调升，该笔签约奖励金将不再相关。

本公司的"自由就业"协议全文如下：

受雇于硬核产业的员工有权在任何时间，不管有无声明或理由，终止雇佣关系。同理，硬核产业也可以在任何时间，不管有无声明或理由，解除雇佣关系。

我已知晓该工作不设特定时间段，一旦合同终止，硬核产业有义务发放合同终止当日之前的工资。

我亦知晓除硬核产业董事长或其指定领导之外，任何人无权订立任何口头或书面的雇佣合同，无论雇佣期限长短，亦无权订立与该条款相抵触的任何协议或承诺书。

此信函、员工手册或硬核产业的任何其他文件均不能解释为与该自由就业条款有任何形式的抵触、冲突或变更。

- -

本次雇用依赖于以下特定情形。

1. 符合硬核产业发起的推荐信调查结果。

2. 符合硬核产业发起的个人背景调查结果。

3. 提交符合 1986 年《移民改革和控制法》规定的合规材料，以证实你在美国的个人身份和工作许可。

4. 符合硬核产业核发的入职体检要求。

5. 符合硬核产业核发的药物测试要求。

有关第 4、第 5 两项，我公司医务室已知晓你的入职日期，会提前一周，即不晚于 20××年 2 月 22 日安排你随时前来参加入职体检和药物测试。医务室开放时间为周一至周五上午 8:00—12:00。请致电分机号 6488 预约，并获取两项测试相关指令。

图 14-1　录用通知函范本

录用可以展期，前提为你遵守硬核产业的竞业禁止条款。你将另函收到硬核产业法务部门的信息，要求确认：①无任何约束你在硬核产业工作能力的合同；②一旦离职硬核产业，确保一年内不在同业或竞争性岗位求职。收函如有任何涉及非竞争协议的疑问，请即致电法务部乔思林·赖特，分机号为6420。

附表中的福利条款涉及公共及个人假期、病假、旷工、普通健康护理、保险、硬核产业津贴计划及学费报销。与20××年1月21日面试中所谈相同，所有以上及其他福利都将在20××年3月1日开始的入职培训中详加说明并答疑。届时你可能需要填报部分福利表格和工资单。在此之前，你如有任何需要了解的问题，请随时致电硬核产业福利部经理娄·布里斯科，分机号为6499。

你收到的入职大礼包中，还包括长寿健康俱乐部的免费会员卡、一部智能手机和一台笔记本电脑。据所附时间表，你如有与硬核产业业务相关的消费，一经核准便可以报销。以上权利会在任何一方触发自由就业条款之时终止。

据双方此前的协定，一旦收到该录用通知函并同意所附条款，你应辞去目前职位。一旦辞职，请书面告知，我公司即会启动与你现任雇主的推荐信息核查程序。

请在20××年2月1日之前，拨冗阅读并签署硬核产业的录用通知函，以随函所附的信封惠寄此签名信一份给我公司。

为你发来硬核产业的录用通知函，是我的荣幸。如有任何非福利、非保健、非法律问题，请随时与我联系，分机号为6815。

你真诚的
韦斯·罗罕
人力资源部经理

我，理查德·瑞森，理解并接受硬核产业在本函中所提及的条款要求。

_____   _____
（签名）   （日期）

图 14-1　录用通知函范本（续）

通知被拒绝的应聘者

一旦收到了拟聘应聘者的签名回函，你就可以给未被录用的应聘者发通知了。除了那些面试结束时就被告知不会被考虑的应聘者，对于曾表达出强烈雇用期望的应聘者，你应该给他们写一封拒绝信。

拒绝信应提及应聘者申请的具体职位。换句话说，不要整体拒绝这个人，你也可以表明以后可能会考虑他担任其他的职位。拒绝信的语气应该专业而真诚。避免透露有关成功候选人的详细信息，因为如果未经新员工允许，这样做可能被视为侵犯隐私。此外，被拒绝的应聘者可以根据这些信息来指控你歧视他们。

拒绝信应简短，以积极的语句开头和结尾。这些拒绝信通常以面试这些应聘者的人力资源部代表的名义寄出。

图 14-2 是包含了这些要点的拒绝信范本。

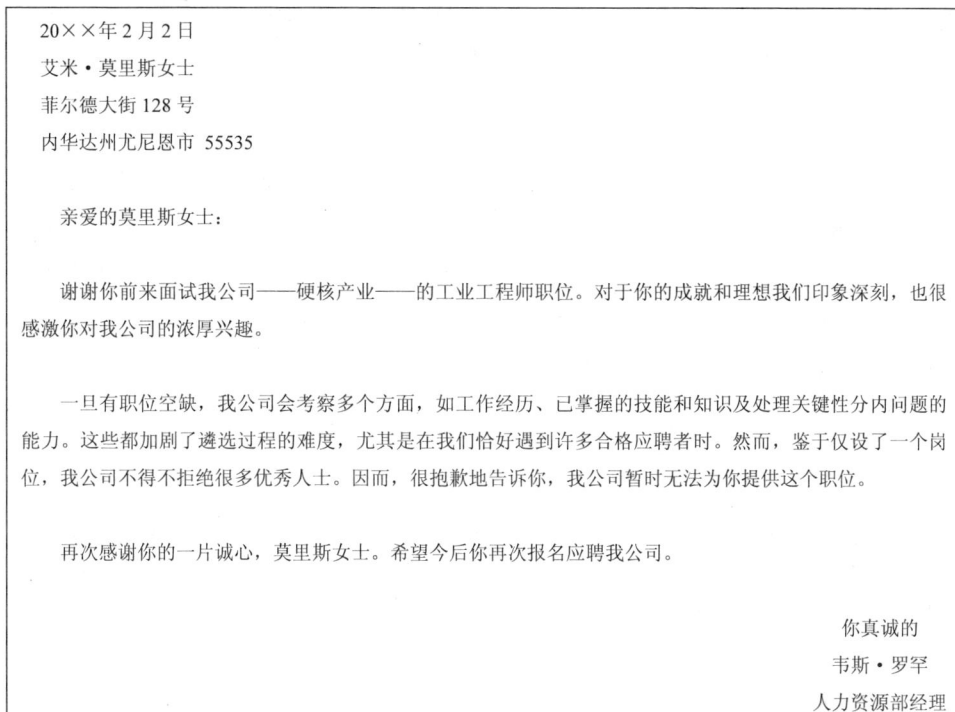

20××年 2 月 2 日
艾米·莫里斯女士
菲尔德大街 128 号
内华达州尤尼恩市 55535

亲爱的莫里斯女士：

谢谢你前来面试我公司——硬核产业——的工业工程师职位。对于你的成就和理想我们印象深刻，也很感激你对我公司的浓厚兴趣。

一旦有职位空缺，我公司会考察多个方面，如工作经历、已掌握的技能和知识及处理关键性分内问题的能力。这些都加剧了遴选过程的难度，尤其是在我们恰好遇到许多合格应聘者时。然而，鉴于仅设了一个岗位，我公司不得不拒绝很多优秀人士。因而，很抱歉地告诉你，我公司暂时无法为你提供这个职位。

再次感谢你的一片诚心，莫里斯女士。希望今后你再次报名应聘我公司。

你真诚的
韦斯·罗罕
人力资源部经理

图 14-2　拒绝信范本

关键的"最后一分钟"

恭喜你！大功告成！录用通知函已经寄出，接下来你只需要等待应聘者签名并返还给你。然后，你可以继续执行剩余步骤，如新员工体检和药检、安排新员工培训。仅此而已，对吗？

好吧，从技术上讲，确实没有什么要做的了。但这并不意味着所有的事情都会按照预想的进行。思考以下 3 种"最后一分钟"可能出现的情形，尽力避免不必要的悲剧。在每种情形中，时刻记住，你可能面临最糟糕的结局——失去这位新员工。因此，有必要认真考虑这些可能的"最后一分钟"要求，否则就会埋下隐患。

- 情形 1：应聘者收到录用通知函后打来电话，指责你更改了双方已经达成一致的薪酬。

回复：给应聘者回电话，询问她认为合理的薪酬。立即检查你的笔记，确认自己是否记错了数据。确认录用通知函中的薪酬是经协商同意的数字后，给她打电话，这样说："奇泽姆女士，我核对了当时的记录，信中提到的薪酬是正确的。此外，我还记得我们关于薪酬的讨论，你同意将起薪定为每年 85 000 美元，即每周 1 634.62 美元。"在这一点上，请不要多说。应聘者可能会这样回答："我记得你提供的是 85 000 美元，但我说过我至少要在你们提出的基础上多加 5 000 美元。""是的，奇泽姆女士，你确实说过你认为自己物超所值。但是，如果你还记得，我曾明确表示，我们目前不能为你提供超过 85 000 美元的薪酬。"然后，仍然不再多说话，需要采取行动的是对方。对方可能有各种各样的回答，包括直接拒绝你的提议。所以，在你的声明与她的回答之间的间隙中，你需要决定下一步准备做什么：你可以坚持自己的立场、折中或默许她的要求。当然，这取决于你。这个人有多大价值？我的建议是坚持自己的立场。如果她继续争辩，请告诉她："奇泽姆女士，希望我们另找时间讨论这个问题，但是目前没有更多可说的了。现在我需要知道你是否愿意接受商定的 85 000 美元的薪酬。我们不会改变报价。"

- 情形 2：应聘者打电话说他收到一份更好的工作邀请，但他更喜欢为你们工作，并且想知道你们是否愿意增加筹码。

  回复：这是第一种情形的变体，应聘者想得到比原先更多的薪酬。在这种情形下，提高待遇就意味着更高的薪酬、更好的福利或额外津贴。除非这是一个不可多得的人才，能胜任该职位的人寥寥无几，否则我的建议是相同的：不要改变你提供的薪酬。因为谈判的时间已经过了，所有的待遇都是经过双方同意的，应聘者最后一刻的故作姿态只会给人留下不好的印象。因此，你可以这样回复："得悉你不能信守口头承诺，我们很抱歉。我们会给你寄出另一封函件，确认已达成的内容，并收回录用通知函。"他可能会说："我没有说不遵守承诺。我想为你们工作，只是我收到了另一份录用通知函，他们提供的条件很诱人。"再次，要坚定你的立场："我知道，斯塔斯先生，但是讨论你工作待遇福利的时间已经过去，你我双方都已同意雇用条款了。"如果应聘者确实有其他录用通知函，他可能会收回口头承诺。然而，他也可能没有，只不过想从你那里获得更多薪酬。如果是后者，他可能会说："我只是希望你们能够提供跟他们差不多的待遇。但是，即使挣得更少，我也更愿意为你们工作。"

- 情形 3：应聘者收到录取通知函后说她需要更多时间才能做出最终决定。

  回复：询问她是否遇到了新的具体问题，看看你能否帮上忙。她可能会说："我也不确定，我只是不清楚是否真的应该辞去目前的工作。他们真的需要我。"这样的回答令人窝火，但你需要保持冷静。你可以这样问："玻利默女士，你是在拒绝我们的录用吗？"这时，她可能会寻求更多的动机来换工作，或者可能会说："是的，我想这就是我想说的。对不起，我认为待在原来的岗位会比较好。"这可能是你遇到的最坏情形。你已经停止了该职位的招聘，现在面临着要重新招聘一次。但是，或许情况并没有你想的那么严峻。首先，让她以书面形式正式拒绝你的录用。然后，浏览你之前准备拒绝的应聘者名单，重新筛选出符合条件的应聘者。如果运气够好，你会找到对该职位仍然感兴趣，并能像你的第一人选一样优秀的人。这会使入职日期延后，但你应该庆幸自己在收到入职承诺之前没有寄出拒绝信。

有时会发生无法预料的事件，且毫无任何解决办法。例如，一个工作了三天半的应聘者，第四天下午说他头疼，需要到街角的药店买些止痛药。然而，那是你最后一次见到他。然后，他的电子邮件和电话都无人应答。一周后，他给上司发了一条简短的短信："我想现在你应该知道我不会回来了吧。"

本章小结

最后一步发送录用通知函是相当容易的，但是仍应明确一些关键要素来确保应聘者顺利地成为公司员工。

在做出最终决定之前，请回顾一些关键因素，包括组织目标、职位描述、入围者的相关证明文件及其薪资要求。同时也要了解应聘者离开前雇主的理由。

许多雇主倾向于增加预录用阶段，这不是正式的录用，可以将其视为面试后的通话或面对面的会议，在此期间雇主讨论录用所包含的内容。当几位应聘者间的竞争特别激烈时，通常会采用此手段。

一旦决定向最后那位脱颖而出的应聘者发录用通知函，你就可以与他会面，以便讨论一些细节，如基本义务与职责、薪水、福利和入职日期。在准备这次会面的材料时，你应当把要讨论的细节列在一张问题清单上。会面中，你同拟聘员工一起浏览这份清单，一定要认真核对并讨论每一项。针对清单中的每项内容，你们都尽量达成统一意见。如果存在一些分歧，应共同找到分歧的原因，制定解决方案。

有时，应聘中的关键问题会在最后一次会面中显露出来。可能引起纠纷的典型问题包括职位名称、基本义务与职责、入职日期、时间安排、薪酬、入职条件、福利、额外津贴和竞业禁止协议等。当这些事项逐渐显露时，容易导致雇用失败。

当你仔细检查清单的具体事项时，请尽量不要被一些事项绊住，它们会让你忘了你的主要目的是让这位应聘者成为你公司的员工。如果你遇到一个小困难，退一步，提醒自己为什么想招聘这个人，并重申为你们公司工作的一些好处来帮助应聘者想起她为什么想要这份工作。

假设最后一次会面一切顺利，并且你已就雇用条款与应聘者交换了口头协议，公司就可以给应聘者提供一份正式的录用通知函。信函内容应该简洁明了，不容易引起误解，并且包含最后一次会面中讨论的绝大部分事项。

一旦收到了拟聘应聘者的签名回函，你就可以给未被录用的应聘者发通知了。除了那些面试结束时就被告知不会被考虑的应聘者，对于曾表达出强烈雇用期望的应聘者，你应该给他们写一封拒绝信。

在你寄出了正式录用通知函后，看上去确实没什么事要做了。但这并不意味着所有的事情会按照预想的进行，因为可能会发生一些预想之外的情形，最坏的情形是你可能因为某些无理的缘由失去这个新员工。最好是将合适的人选暂时保留，以防第一人选在"最后一分钟"提出无理要求，给后续工作带来麻烦。

第 4 部分

新员工
入职培训

第 15 章

组 织 介 绍

开始一份新工作可能令人感到紧张。新员工只有充分熟悉周围的环境，掌握每天的工作细节和惯例，并且充分了解公司的期待之后，才可能专注于工作业绩。大多数企业都认识到了这一点，相应地安排了某种形式的新员工入职培训，涵盖的主题多样，持续时间也有差异。组织介绍项目是否能使新员工不再生疏，尽快熟悉他们的工作环境？有些项目可以，有些却失败了。成功的项目之所以可行，是因为它们不论在形式还是内容方面都经过了精心策划和组织。但是有些雇主对"入职培训"一事了解不足，以为不过是派新员工参加一个简短的会议，让人力资源部讲述一下公司的历史、规则和福利，而很少甚至不留时间来进行提问或互动，这样的组织介绍项目很难成功。既然花了大量时间、精力和金钱才找到了合适的人，为什么一开始就要冒失去他们的风险呢？

本章探讨了成功的"现场"组织介绍的要素。第 16 章将讨论线上培训，第 17 章将讨论入职培训。

组织介绍的目标

首先，也是最重要的一点，组织介绍项目应重点确认应聘者决定加入公司。没有什么比换工作更令人遗憾的事了。为了避免新员工出现这种心理，组织介绍项目应该扩展到员工在面试中获取的信息（如公司的价值观和公司文化），以及个人目标如何与公司目标保持一致。组织介绍还应着重鼓励每个人从一开始就感觉到自己对公司有所贡献。你的目标是让新员工在第一天工作结束时，感觉自己是一位受重用的人，而不是新员工。换句话说，你希望给新员工留下良好的第一印象。

第一印象

关于第一印象的优点有很多讨论。通常，人们谈论的是应聘者开始时如何打动他们的准雇主，以及后来如何在开始工作时转换成为正式员工。毫无疑问，这很重要。但雇主给新员工留下的第一印象也很重要。雇主有时会忘记，特别是在岗位稀缺而应聘者人数众多的经济不景气时期，有效的劳资关系需要双方共同的努力。这项工作必须从工作第一天开始。

要形成对一个人的看法并不需要花多长时间，但这短短几小时内发生的事情可能给我们留下不可磨灭的印象。有时，这种看法会传递给他人，产生不利影响。举例来说，看一下卡里布在入职培训的第一个小时里的遭遇。他准时到达，但培训延迟了。人力资源部主管并未解释原因，也没有做自我介绍（卡里布知道他是人力资源部主管的唯一原因是他有一份打印好的议程，而这位主管的名字居首）。主管首先发问："谁能告诉我，你到此的最重要原因是什么？"他的语气暗示了大家不必回答，但卡里布和其他人主动给出了答案，如"了解公司"或"为了明确自己的职责"。人力资源部主管面无表情。听完几个人的回答后，他断然说："错！最重要的原因是我们花了大价钱请各位来，就要确保物有所值。"卡里布认为这只是玩笑，但主管的声音很严厉，肢体语言僵硬，没人敢笑。卡里布强忍着熬过剩余的入职培训，当天晚些时候开始工作，他对所谓的入职培训就此结束感到暗自庆幸。此后不久，他收到人力资源部发来的电子邮件，涉及一些需要填写的表格。卡里布的第一反应是负面的。与人力资源部打交道的想法使他感到不安。他很不情愿地去了人力资源部，遇到的不是主管而是一位普通员工，他立即产生讨厌的感觉，尽管这个人很好相处，也比较友善。由于负面的第一印象，在与人力资源部的任何人打交道时，他仍然很难做到客观。

现在，让我们再看看伊安的首次入职体验。他入职的职位提供的薪酬比过去的要少，但他已经失业近一年了，很高兴得到这份工作。他知道自己有点愤世嫉俗，但这次他本着多付出、少索取的态度开始。他双臂交叉坐在那儿，不与周围任何人交谈，也不去房间后面吃早饭。到了预订开始时间 9:00，一位参会者走到会议室的前面，自我介绍说："嗨，大家好。我叫奥利维亚，我会尽一切努力在接下来的两小时中为你提供更多的信息和乐趣。"她也是这么做的。伊安打开双臂，开始倾听。几分钟之内，奥利维亚轻松的风格就赢得了伊安的注意。他关注的焦点不再是身价与薪水，转而开始考虑如何实现自我价值。

简而言之，积极的第一印象是一把黄金钥匙。

为了给人留下良好的第一印象，有些雇主采取积极措施以实现这一通行目标，在入职培训之前就致力于身份转换，将应聘者转换为员工。有些雇主通过电子邮件向个人发送迎新包，其中含有入职培训涉及的主题清单。其雇主则将新员工的新名片提前寄到家，以使员工提前开启心理转换过程。有家公司为新员工寄送了一个被称为"徽标彩票"的纸箱。打开之后，新员工发现里面有 T 恤、帽子、杯子、水瓶和其他刻有公司徽标的物品。公司发放这些物品的原因很简单：在正式上班的第一天，公司希望即将入职的员工在走进大门之前就有种已在公司工作的感觉。

其他目标

除了确认应聘者决定接受你的工作邀请，组织介绍的其他目标如下。

- 减轻焦虑感。新入职一家公司，每个人都会或多或少感到焦虑。组织介绍事无巨细，通过营造宜人的环境，带给新员工轻松自在之感。
- 回答问题。你可以设身处地地为新员工着想，员工在公司待得越久，越不好意思提问。组织介绍为新员工提供了提问的机会，如询问某些缩写词的含义、不同部门之间的协同配合及诸如停车位置、买咖啡的最佳地点、附近哪家餐馆好，甚至卫生间的位置等一系列问题。时间久了，再问这些问题就会让员工感觉很愚蠢。
- 警示可能的纪律处分。清晰地传达公司的期待和政策，避免将来出现误会，防患于未然。
- 提高员工留职率。员工的离职成本可能奇高无比，任何组织都应尽其所能，使员工从一开始就保持工作动力，激发工作兴趣。
- 改善公共关系。你的目标是让新员工在家人和朋友面前谈及组织介绍时，保持积极向上的态度，将其视为一次宝贵的经历。那些倾听者很可能也会成为你未来的员工。
- 描述企业文化。组织介绍有利于新员工适应企业文化，传递有关公司价值观、员工行为、工作绩效及期待等的有用信息。许多文化规范微妙而含蓄，也并未成文，但是它们对每个员工如何融入公司至关重要。

组织介绍的好处

如果方法得当，组织介绍将让雇主和员工都受益。

组织介绍对雇主的好处

许多雇主并未意识到，其实他们从准备充分、实施顺利的组织介绍中受益良多。首先，要认识到此种培训为整体有效的劳资关系定下了基调。精明的雇主将其视作向公司员工传达有关福利和发展的坚定承诺的机会。作为回报，新员工通常会在工作中尽其所能。向员工讲一些最受欢迎的计划，展现对员工提升所付出的努力。选择一些员工可能意料不到的案例（如基本医疗保险），以证明为公司效力是很值得的。在组织介绍之初，不要描述公司的规章制度，而应该从下列事情开始。

"我们关心员工的需求！我们如何知道你的需求呢？只要问就行了！去年我们通过多项调查、员工建议计划及与管理团队成员的一对一对话，重新修订了自助餐厅菜单，设立了一个员工休息室。实际上，我们正在扩建休息室，增加一个午休间！前年，我们实施了"换岗"计划，让管理人员抽出一天时间自愿完成员工最不希望承担的任务。如我们所愿，这取得了巨大的成功！因此，欢迎每位来到硬核产业的人，我们知道你的努力工作是公司进步的保障，作为回报，我们希望你在硬核产业的工作体验达到最佳。实际上，到今天下班时，我们希望每个人都能说出一个你们喜欢在硬核产业工作的最佳理由。你永远想不到：这可能成为我在下一次组织介绍上要谈到的东西！"

一旦吸引了他们的注意，就可以接着讲一些细节了。虽然不建议一开始就大谈公司规章制度，但新员工需要知道他们应遵守的规章制度及违背规章制度的后果。但是，讲这些问题需要策略，应选择合适的方法。例如，与其说"我们要讲一下硬核的规章制度"，不如说"让我们看一下硬核有哪些政策和流程"。前者听起来有些严厉，而后者是在传达信息。谈论这个话题，可以从如下方式开始。

"现在大家人手一本硬核产业的员工手册，你会发现其中有许多有关日程安排、假期及休假的公司政策。你将熟悉硬核产业所有员工享有的待遇，以及公司在出勤和守时等方面的期待。稍后，我们将一起学习其中的内容。但是首先，我想强调一点，硬核产业的所有政策都反映了我们对劳资互惠关系的坚定承诺。"

以这种方式引入对公司期待的讨论，能够建立相互尊重的氛围，而这正是提高生产力的基石，最终会让雇主受益。

组织介绍还可以帮助缩短新员工的适应周期，这对雇主来说是个莫大的好处。学习如何承担职责而不是如何完成工作，这也是入职培训的一部分。熟悉流行的公司文化也很重要，与其他新员工交流，听取人力资源部、高级管理层和各个部门代表的意见，才能实现这一目标。如果员工从一开始就领略了部分公司文化，那么他们更有可能专注于工作。

组织介绍对员工的好处

员工对组织介绍的好处的看法可能不同于雇主。雇主对培训全程有长期的整体性看法，而员工首先想到的是他的入职决定是否正确。雇主不需要付出太多就能让员工坚定自己的选择。如前所述，有些雇主会发放迎新礼包，然后才开始培训。有些雇主则会先告诉现任员工入职培训的开始日期。这些传统的做法会在新员工入职的第一天就营造出热情的氛围。你可能还会想出一个更具创造性的方案。例如，有位经理说他永远无法理解为什么有人离职时员工会举办聚会。相反，他觉得举行"欢迎上船"的聚会更有意义。人力资源部支持他的想法，于是入职培训就从庆祝活动开始，办公室里布满了气球、鲜花和蛋糕。整个活动仅持续大约 30 分钟，但这对新员工产生了重要影响。

新员工对公司的历史或上年的收入并不感兴趣，而是关心那些直接或间接影响他们个人的话题。也就是说，他们可能从下述信息中受益。

- 食物：公司有自助餐厅吗？附近的餐馆如何？每个楼层都有咖啡机吗？
- 着装：穿什么衣服合适？周五可以穿休闲装吗？如果不行，那穿什么合适？如果周五有个重要的会议，是否依然能穿休闲装？
- 停车：应该在哪里停车？有指定的车位吗？有哪些位置不能停车？哪个停车场优先？下班时通常要花多长时间才能开出停车场？
- 耗材和设备：应该去哪里购买耗材？购买特殊物品时是否需要先填表？复印机在哪里？需要自己复印吗？
- 电话：电话系统如何使用？接电话时该说什么？哪里可以找到重点员工的电话号码？我的电话号码是多少？
- 电脑：某些特定程序如何使用？如何访问内网？如果对使用计算机有疑问，应该找谁？电子邮件是首选的沟通方式吗？我的电子邮箱是什么？哪里可以找到各部门电子邮箱的目录？公司其余部门呢？
- 个人卫生：洗手间在哪里？员工休息室呢？使用休息室的"规则"是什么？
- 问候：我该如何称呼同事？经理呢？高层管理人员呢？

如果你不确定哪些主题对新员工来说很重要，请考虑一下你的工作场所，并考虑一下你现在固有的所有知识，它们就是你的主题列表。

除了关心那些每天都必须用到的事物，新员工还想了解福利方面的内容，包括应享有的权利、何时开始享有及遇到问题找谁解答等。

这些听起来有点自私，确实是，但员工只有对自己在公司的位置有了安全感之后，他们才有可能将注意力转移到更宏观的问题上来。例如，公司的目标是什么？我在帮助实现这些目标中扮演什么角色？谁是我们的竞争对手？相对于竞争对手，我们的定位如何？影响我们的主要外部问题是什么？

如果能认识到新员工的关注有不同的优先级，就会使你在劳资关系的博弈中占得先机，更有可能创建健康的长期关系。

组织介绍项目成功的要素

在讨论组织介绍项目的具体构成之前，让我们先来考察那些可能有助于成功开展组织介绍的要素。

- 制定目标。设计组织介绍项目时，要让员工感受到被重视和被需求。如果组织介绍结束时新员工对整体体验感觉良好，并相信公司在设计组织介绍流程时充分考虑了他们的最佳利益，那会比让他们记住每个部门的位置重要得多。一旦实现了员工满意度目标，你就可以专注于组织介绍的构成、参与者、时间表、持续时间和地点等更切实的目标。
- 邀请高层管理人员参与。高管的某些言论可以向新员工传达坚定的承诺信息。
- 引入其他人的发言。除了让高层管理人员出席会议，其他的部门代表也可以为培训带来活力和变化。要根据表达能力敲定人选，而不仅仅看职务。
- 换位思考，从新员工的角度看问题。如果是你接受培训，你想听到什么？同样重要的是，你不想听到什么？找现任员工来，问他们两个问题：①你从组织介绍中学到了什么？②如果你有权选择，你希望组织介绍涵盖哪些内容？你可能对得到的答案惊讶不已。
- 让演讲生动有趣。通常，交互式演讲会更加有趣。即使在讨论不太可能引起新员工关注的话题时也是如此。有什么办法让组织介绍涵盖那些有吸引力的话题吗？创新性地思考一下，不要阅读员工手册或展示冗长的幻灯片，而应该设计各种场景、游戏或其他活动，这会让每个话题都容易被接受，且令人难忘。
- 每次休息之前不要讲太多。把握好节奏。在新员工的诸多抱怨中，最大的抱怨是单次讲解的信息量太多。避免信息过载的一个好方法就是利用休息或活动时间将主题一分为二。
- 保持信息简洁。请遵循报告的基本规则：将每个主题分解为人、物、地点、时间、原因及方法。如果你不能把某个话题分解成这几项内容，请重新考虑将其纳入组织介绍项目的合理性。请记住，让每个主题的介绍都生动有趣，这就是最重要的"方法"。
- 摆放食物。还记得电影《梦幻之地》（*Field of Dreams*）吗？那句台词"你建好了，他就会来"经常被错误地引用为"你只要建好了，他们就会来"。就是这个有误的版本被进一步用到入职培训的场合中：只要喂了食儿，他们就会来。好吧，我觉得不管有没有吃的，他们都已经来了，但如果有些东西可以吃，这样的培训可能让参与者更加欣慰。

- 成为晚宴上的焦点。当新员工完成组织介绍项目时，你一定希望他回去后对家人说这个项目多么有趣、有益。如果他说自己有被重视、被需求的感觉，那会是个完美的开局，而且他很可能会在公司供职很长一段时间。

组织介绍的构成要素

建议你创建并分发书面议程，以明确公司组织介绍项目的组成，这会消除新员工的生疏感，从而有助于减轻焦虑。议程还会投射公司专业、优雅的形象，表明公司对待迎新培训的态度严肃认真。这样，你也能够坚持结构化演示，从而不会忽略任何内容。

除了书面议程，还要准备需要员工填写和签名的全部表格清单。可能包括表格，以及紧急告知书、员工手册等文件。要确保各表格中含有填表说明、提交说明和截止日期等信息。

组织介绍的基本内容

从根本上说，组织介绍期间涵盖的所有主题都可以归入以下两类：①员工对公司的期待；②公司对员工的期待。在这两个宽泛的领域中，雇主可以从中选择其他主题，只要适合公司的工作环境，并且与特定的受训群体相关即可。

在确定组织介绍的具体内容时，要牢记，在工作的第一天，员工的信息保留率可能会低至15%，因此请谨慎选择要讲的内容和时长。

如前所述，通常不建议以描述公司的历史、产品、服务或组织结构开篇。同样，也不要冗长地解释公司与主要竞争对手的不同之处，或者公司理念、使命和目标。公司应该开门见山地宣讲福利待遇和优待员工的举措，这才是正道，才能够吸引员工的注意力，明确公司对员工的承诺。需要讨论政策和程序时，请先讲清楚有利于员工的那部分，然后讨论公司的期待。

公司不同，组织介绍的内容不同，具体取决于公司的规模和新员工的人数。通常，要讲的内容包括以下五大类。

1. 公司对员工的承诺。可能的主题包括：无骚扰的工作场所、晋升机会、安全可靠且远离毒品的工作场所。

2. 公司的期望。这可能包括利益冲突、绩效标准、公司行为准则、机密和专有信息、道德和法律方面的业务惯例。

3. 福利待遇。该项可能包括法定的和法定之外的福利、牙科保险、教育援助、员工援助计划、财务咨询、弹性福利、假日、人寿保险、医疗保险、俱乐部和组织会员、个人特殊节日、税前计划、短期和长期残疾保险、病假、退休金计划、利润分享计划、退休储蓄计划、休假时间和健康计划。

4. 员工手册。可能的主题包括员工权责、工种、出勤和守时性、工作时间表、考勤、发薪日、休息时间、工作与生活的平衡、职业生涯规划、绩效评估、补偿金、员工认可度、任职地点、员工推荐、亲属雇用、建议计划、培训、违纪处理、申诉程序、疾病、事假、使用公司通勤服务、着装打扮、借调、公司设备和财产的使用与维护、吸烟、安全问题、工作场所暴力和恶劣天气等。

5. 公司概况。该项可能涵盖公司的历史、公司的产品或服务、与竞争对手相比的优劣势、公司使命、公司理念、目标和战略定位、公司文化、公司规模和组成及组织结构。

组织内部导览

如果后勤工作允许的话，来一次关键部门和其他重要地点的导览将有助于新员工适应环境。与其告诉新员工自助餐厅在三楼，但只能由一楼的电梯进入，不如直接带他走一趟。

通常，导览会安排在第一天结束或组织介绍结束时（如果少于一天的话）进行。有些公司倾向于将导览活动安排在组织介绍期间，可能紧接在特别详细的某一部分（如福利待遇）介绍之后或之前。其他公司则安排"一日游"，当天并无其他要宣讲或讨论的内容。

新员工希望看到什么？要务实点儿，去那些最基本的地方，如餐厅、咖啡机的位置、洗手间等。然后考虑员工感兴趣的或关键性部门，如人力资源部，大多数员工都需要经常去。

根据你导览的区域范围，可以备好并分发地图，勾出要参观的地点。在每个位置上标出负责人，这会改善导览体验。

大多数入职导览持续 20～60 分钟。通常情况下，是否提前通知各部门并不重要，毕竟你只是带领新员工一起走过。有时，部门经理可能看到人们正在走来，于是决定简单介绍几句。这种即兴的互动可以大大巩固雇主与员工的信息交流。评论只需简明扼要，不超过 3 分钟，这样你就可以按计划进行。

组织介绍项目的参加者

在规划公司的组织介绍内容时，请考虑以下两个方面：公司代表和参与者。

公司代表

谈到组织介绍，你立即想到的会是谁？我猜你会说人力资源部。如果你真的这样想，那就对了。人力资源部应在规划、筹备和实施组织介绍中发挥主导作用。由于人力资源部代表的职责范围很广，因此相关人选应该对公司有深入的了解，拥有有效的人际交往能力。如果你有不止一位具备以上两种技能的人力资源部专员，则可以设置轮换时间表，以保持各自的宣讲内容新鲜。

其他人也应参与。首先，新员工需要听取高层管理人员的意见，以传达公司对新员工的期待。同时，不同部门的代表可以简要描述各部门的主要职能，然后讨论部门之间的协作关系。这会帮助新员工树立对公司的整体看法。理想情况下，选择表达能力强的人员，这样也会彰显公司多元化驱动的工作环境。

新员工听取了现任员工谈论公司的受人欢迎之处后，也会从中受益。即使善意的雇主也可能错过员工最看重的一些细节。例如，方圆 4.8 千米之内最好的面包店距离公司不到一个街区！

有时，邀请相关领域的专家参加宣讲是很有帮助的。熟悉福利的代表、薪酬管理者及可以讨论升职机会的学习和发展专家都是首要人选。这些专家应精通公司的运作，具备有效的语言沟通能力。对于宣讲重要但又有些枯燥乏味的主题（如保险）的专家来说，这一点尤其重要。无论什么主题，只要它能够被纳入组织介绍，就说明它足够重要，所有的宣讲者都应该能激发新员工的兴趣并促进留任。

参与员工

在哪些人需要参加组织介绍项目这一问题上，人们看法不一。有些人赞成"一刀切"的模式：毕竟，每个人都在为同一家公司效力，因此需要向他们灌输有关公司历史、目标等方面的相同信息。其他公司（通常是大公司）更倾向于针对豁免性员工制订一项计划，而针对非豁免性员工制订另一项计划，或者仅针对技术人员、营销人员等制订一项计划。通常情况下，只有当所提供的特定信息

（如福利管理和执行有关的政策）存在实质性差异时，才会执行此操作。有些员工对这种方法抱有不适心理，说他们感到孤立无助，想知道其他人都培训了什么内容。还有其他一些公司将新加入的员工与以前有经验的员工分开。新员工可能包括应届毕业生，他们需要帮助，才能实现从学生到员工的过渡。有些公司还会考虑员工的日程安排，根据轮班工人的工作时间为他们提供培训。

虽然组织介绍项目是为新员工而设的，但也可以考虑邀请现任员工参加某些特定主题。重温公司目标和绩效标准等内容，对所有员工都是有益的，还可以激发现任员工认识到他们在公司越来越重要的地位。让现任员工与新员工同台，也可以让他们之间进行有益的信息交流。

由于讨论是组织介绍有效性的重要组成部分，因此参加者的人数最多应限制为 20 人。理想的规模是 12～15 人。这样就会鼓励新员工之间的交流，同时留出提问的时间。通常不建议参加者少于 4 人，因为这会使参加者感到自己过于扎眼和不自在。

组织介绍的形式

组织介绍可以多种形式开展。实际上，多样性对组织介绍项目的成功至关重要，特别是当有大量信息需要宣讲时。

接纳不同的学习风格尤为重要：视觉、听觉和动觉（人们通过肢体动作来学习）。吸引人接收信息的渠道主要是视觉，演示手段包括活动挂图、课件、书面材料、电影、示例或模型及其他视觉展示。针对那些主要靠听觉接收信息的人，任何小组讨论中的宣讲都要简短，配以柔和的音乐，用音效突出要点。另外，一定要字正腔圆，不时变换声速和音量。针对那些喜欢通过肢体动作进行学习的人，组织介绍应该以小组或结对讨论、示范、角色扮演和游览展开。

组织介绍的时间和时长

大多数公司都会安排新员工尽快接受培训，通常是在他们上班的第一天。上班第一天，员工尚未了解他们工作的具体情况，几乎不可能由其他渠道得到任何真假难辨的信息。

把关键主题宣讲完毕，一般需要几小时到几天不等。如果超出一天的话，请考虑将讨论分割为每半天进行一次。更好的情形是，开展几组时长两三小时的模块化培训，这样员工能记住的内容必将更多，而且不易感到疲劳。此外，他们的经理可能更乐于接受这种方式，因为他们可以一次只讲几小时，而不是宣讲整整几天。宣讲时应采取渐进法，从一般信息到具体信息，以确保员工记得更多。

场地与房间布置

为组织介绍项目选择的场地应该位置显眼，利于大多数员工出入。该场地应该能轻松容纳预订的规模人数，当然也不能太大。场地内应该有桌子，因为很可能发放资料，员工也可能在培训期间记笔记。桌椅应随意摆放，圆形布置优于课桌式布置。应避免在礼堂进行组织介绍。

员工对组织介绍活动的反馈

你可能认为公司的组织介绍项目实施得很好，但是如果有员工觉得不值或对某些显著特征不够了解，那么你的努力就白费了。

你的组织介绍项目应从构成要素、参加者、基本内容、形式、时间和时长、场所与房间布置及总体影响上进行多次评估。你可以在每次培训结束时，让员工给出反馈，然后查看并比较一段时间内的调查结果。图 15-1 列出了组织介绍反馈中的典型问题和陈述，可供你参考。

---

1. 你对组织介绍中的哪部分内容最了解？哪部分最不了解？为什么？

2. 你对组织介绍中的哪部分最感兴趣？哪部分最不感兴趣？为什么？

3. 宣讲主题的顺序设置是否有效？ 是　　否

4. 你希望按什么顺序排列主题？

5. 宣讲者是否为每类信息分配了适当的时间？具体而言：

       雇主对员工的承诺　　是　　否

       雇主的期待　　是　　否

       福利　　是　　否

       政策和程序　　是　　否

       组织　　是　　否

图 15-1　组织介绍反馈中的典型问题和陈述

6. 指出下列各类信息是否应用更多或更少的时间讲解。

雇主对员工的承诺	更多	更少
雇主的期待	更多	更少
福利	更多	更少
政策和程序	更多	更少
组织	更多	更少

7. 作为本次组织介绍项目的结果，指出你从以下每类信息中学到的知识。

　　雇主对雇员的承诺

　　雇主的期待

　　福利

　　政策和程序

　　组织

8. 按 1~5 的等级对以下各项进行评级，其中 1 代表最佳，5 代表最差。

时长	1　2　3　4　5
形式	1　2　3　4　5
场地	1　2　3　4　5
受训人数	1　2　3　4　5
印刷材料质量	1　2　3　4　5
视觉效果	1　2　3　4　5
主题范围	1　2　3　4　5
房间布置	1　2　3　4　5
宣讲者人选	1　2　3　4　5

9. 组织介绍结束之后，你是否充分了解福利待遇？

　　是　　否

10. 组织介绍结束之后，你是否充分了解公司的政策、程序和员工手册的内容？

　　是　　否

11. 按照 1~5 的等级，对每位宣讲者进行评级，主要考察其传达主题、激发兴趣和回答问题的能力，其中 1 代表最有效，5 代表最无效（列出宣讲者的职务及其负责宣讲的主题）。

　　　　　　　　　　　　1　2　3　4　5

12. 按 1~5 的等级（其中 1 代表最有帮助）对导览的实用性进行评级。

　　　　　　　　　　　　1　2　3　4　5

13. 按 1~5 的等级，描述你对本次组织介绍的整体兴趣，其中 1 代表最高，5 代表最低。

　　　　　　　　　　　　1　2　3　4　5

14. 你对改善组织介绍项目有什么建议？请具体说明。

15. 请用一句话总结你对组织介绍的总体评价。

16. 你会向其他新员工推荐此组织介绍项目吗？

　　是　　否

图 15-1　组织介绍反馈中的典型问题和陈述（续）

　　此外，也请宣讲者提供反馈，尤其要向其询问组织介绍项目的整体结构，信息的平衡性、完整性、清晰度和相关性，以及总体基调。还要向他们询问对参加者的反应的看法，将这些信息与员工的反馈进行比较。

有些公司在组织介绍结束几个月后再与员工沟通，以进行"跟踪"调查。跟踪调查的内容如图 15-2 所示。

亲爱的硬核产业最受重视的员工：

　　有记录显示你于＿＿＿＿＿＿（日期）参与完成了我们的组织介绍项目。截至目前，你已经工作＿＿＿＿个月，请告知我们你对本次组织介绍项目所涉及内容的有效性的看法。

　　请对下述各项按照 1、2、3 的等级进行评价。1 代表非常有益，2 代表有益，3 代表根本无益。

让我感到很受欢迎	1	2	3
帮我认识了其他员工	1	2	3
了解到硬核产业对员工的承诺	1	2	3
了解到硬核产业对员工的期待	1	2	3
了解到硬核产业的员工待遇	1	2	3
了解到硬核产业的政策和程序	1	2	3
对硬核产业有了整体了解	1	2	3
你对改善组织介绍有任何建议吗？	是	否	

请具体说明。

谢谢你的反馈。本问卷上的签名是自愿的。

_____

（自愿签名）

图 15-2　组织介绍活动的跟踪调查

本章小结

　　开始一份新的工作可能令人感到紧张。新员工只有充分熟悉周围的环境，掌握每天的工作细节和惯例，并且充分了解公司的期待之后，才有可能专注于工作绩效。大多数公司认识到了这一点，会开展某种形式的组织介绍，涵盖一系列主题，持续时间各异。

　　完善的组织介绍项目应首先确认应聘者加入公司的决定。该计划还有助于留住员工，预防可能的违纪行为，提升良好的公共关系。

　　如果做得好，公司的组织介绍项目会让雇主和员工双方受益。雇主能够营造相互尊重的氛围，这会成为促进生产力的基石，而员工可以学习到公司有效运作的信息，以便开展每天的工作。

　　成功的组织介绍项目应包括明确的目标，从新员工的角度看问题，让宣讲生动有趣，保持信息简洁。你的目标是让员工在组织介绍活动结束时对自己和新雇主感到满意。

虽然组织介绍项目的具体内容会根据公司规模和新员工数量的不同而有所不同，但主题通常分为以下两类：员工对公司的期待和公司对员工的期待。通常，这又可细分为五大类：雇主对员工的承诺、雇主的期待、福利待遇、政策和程序及整体组织。

公司应从构成要素、参加者、基本内容、形式、时间和时长、场所与房间布置及总体影响等方面来评估组织介绍项目，以确保维持更有效、更持久的劳资关系。

第 16 章

线 上 培 训

虽然组织介绍是每位新员工都必须经历的一环，但有些人对线上培训的反应更好。

线上培训概述

线上培训的设计目的是让新员工通过与其他人一起进入虚拟教室或通过自主体验某些或全部与传统课堂教学相同的组件，从而使新员工在规定时间内按照自己的节奏学习。在这两种情况下，新员工通常会收到网站登录说明、用户名和密码，以及导航工具和提示。课程安排表包含受训员工选择进行线上课堂交流的日期和时间；当录制和存档的现场会议视频可供观看时，选择自学的员工就会得到通知。后者更适合那些在适应工作场所初期习惯自我调节、保持独立的人。然而，这并不意味着在最重要的入职初期，自主学习应该取代人际交往。

线上培训与传统的课堂培训方式大同小异，尽管线上培训项目可能因为形式差异而通常比现场培训简短，但仍可能延续几小时甚至几天或更长。线上培训的不同之处还在于，信息是通过一系列模块化的演示呈现出来的，通常每个演示持续 60～90 分钟。

线上培训的内容主要以现场讲座、流媒体视频和幻灯片等形式呈现。虚拟教室的使用者可以把问题输入电脑，向培训组长提问，通常会在课程结束前得到口头回答。查看存档文件的员工通常会通过电子邮件向宣讲者提交问题。在每个模块的最后，员工可能必须回答一些问题，表示理解本模块的内容。在开始下一模块的学习前，他们可能还需要完成一项任务来复习上一模块的内容。培训结束后，员工通常需要签署并提交一份声明，说明已经理解培训的内容并完成了各项任务（电子签名可能导致法律纠纷，本章稍后将探讨这个问题）。

有些线上培训课程非常精简，仅提供极少量的信息，且持续时间不过一个多小时。宣讲者使用幻灯片，通过几个箭头来展示主题，要求员工按照指定的交互方式获取详细信息。有特定主题的联系人信息，但再无其他信息。这种精简版的培训虽然省时，却被认为是所有方法中效率最低的。该方法省去了雇主提供重要信息的麻烦，而是把获取信息的任务交给新员工，他们必须独立获取，同时要了解工作。

线上培训的特点

就像传统的课堂培训一样，企业的线上培训可能会根据服务或产品及员工人数等因素而有所不同。即便如此，它们依然拥有一些共同的基本特征。

- 确定学习目标。由于线上培训的互动有限或根本不存在，所以要把目标设定为新员工可以轻松完成的级别，不管员工的级别或职位如何，都不需要额外说明或进一步解释。不要出现模糊的目标，而要关注细节，如企业的整体信息、对员工的承诺、雇主期待、福利和保险。
- 保持简洁。试想一下：你刚刚收到两份打印的简历。第一份仅一页纸，有效地利用了篇幅、页边距、项目符号、副标题和关键词。另一份有几页纸，而且用记叙形式，你必须费力读完大量的废话，才能获取重要信息。你更喜欢看哪份简历？线上培训要像第一份简历一样简明扼要。这并不是说语气不应该友善，而是说内容要保持简短。
- 格式多样。可以通过混合格式来避免单调感，也可以尝试纳入互动活动和电子教学游戏，让新员工增强积极参与的意愿。利用项目符号，改变字号和字体；使用有趣的视觉效果、动画和运动图像；整合视频和音乐；加入不同声调、语速和音量的语音。这将提高学习者的参与度，有助于他们记忆所学内容。
- 确定关键资源。记住，简洁是线上培训项目的重要主题，因此描述重要资源时，不必冗长地描述谁、什么、哪里和为什么，而应关注什么时候。例如，员工什么时候对福利有疑问，或者他们什么时候需要订购设备或用品。你只需提供相关资源的有用链接，这样新员工需要时便可直接访问。
- 使线上培训便于使用。线上培训项目的一个主要功能是其通用性。对一些员工来说,这可能意味着在方便的时间和地点,他们可以从移动设备访问部分或全部内容。

- 获取员工反馈。与传统的课堂培训一样,你可能认为公司的线上培训很棒,但如果员工觉得不值,或者对课程的突出特点不了解,那么你的努力就白费了。该项目应根据其构成要素和整体的可用性水平不断地进行评估。你可以在最后一个模块结束时征求即时反馈,然后检查并比较一段时间内不同员工的反馈。线上培训反馈示例问题和陈述如图 16-1 所示。

---

1. 你对线上培训中的哪部分内容最了解?哪部分最不了解?为什么?

2. 你对线上培训中的哪部分最感兴趣?对哪部分最不感兴趣?为什么?

3. 宣讲主题的顺序设置是否有效? 是 否

4. 你希望按什么顺序排列主题?

5. 宣讲者是否为每类信息推荐或投入了适当的时间?具体而言:

雇主对员工的承诺	是	否
雇主的期待	是	否
福利	是	否
政策和程序	是	否
组织	是	否

6. 指出下列各类信息是否应用更多或更少的时间讲解。

整体组织	更多	少
雇主对员工的承诺	更多	少
雇主的期待	更多	少
福利	更多	少
政策和程序	更多	少

7. 作为本次培训的结果,指出你从以下每类信息中学到的知识。

整体组织

雇主对员工的承诺

雇主的期待

福利

政策和程序

8. 线上培训结束后,你是否充分了解福利待遇? 是 否

9. 线上培训结束后,你是否充分了解公司的政策、程序和员工手册的内容? 是 否

10. 按照 1~5 的等级评分,其中 1 代表最高,5 代表最低,你如何评价课程形式的视觉效果和吸引力?

    1 2 3 4 5

11. 你是否使用移动设备访问全部或部分入职培训内容? 是 否

12. 按照 1~5 的等级评分,其中 1 代表最高,5 代表最低,描述你对整个培训课程的兴趣度。

    1 2 3 4 5

13. 你对改进企业线上培训项目有何建议?请具体说明。

图 16-1 线上培训反馈示例问题和陈述

14. 请提交一份总结，说明你对线上培训的整体评价。		
15. 你会向其他新员工推荐这个线上培训吗？	是	否
16. 事后想来，你会更喜欢课堂培训吗？	是	否
17. 你是否有兴趣在大约三个月后进行一次后续的线上培训，以解决本次培训未涵盖或需要详细说明的问题或疑虑？		

图 16-1 线上培训反馈示例问题和陈述（续）

线上培训项目示例

模块法有效定义了员工线上培训项目。根据课件时长的不同，每个虚拟课程可安排一个或多个模块，或者由新员工根据自己的时间自由学习。下面每个模块的时间是相同的，不管是在规定的时间内学习还是自由学习。

以下是一个包含 40 个主题的线上培训项目示例，分为 8 个模块，总时长 8 小时。并非所有的主题或建议的时间分配都与你的实际工作环境相关，所以你可根据需要进行相应的调整。

模块一：导论（45 分钟）

- 欢迎加入我们公司。
- 培训概述和目标。
- 说明。
- 后续模块中将讨论的主题。
- 格式。
- 时间。
- 每个模块结束时的要求。
- 咨询有关问题的联系方式。

模块二：虚拟导览（45 分钟）

- 饮食服务。
- 安全性。
- 物资供应。
- 主要办公室，如人力资源部办公室、财务办公室、行政办公室。

模块三：雇主对员工的承诺和期待（60 分钟）

第一部分：雇主对员工的承诺（30 分钟）

- 无骚扰工作场所。
- 晋升机会。
- 安全可靠的工作环境。
- 无毒品工作场所。

第二部分：雇主对员工的期待（30 分钟）

- 利益冲突。
- 绩效标准。
- 公司行为准则。
- 机密和专有信息。
- 道德和法律方面的业务惯例。

模块四：福利（90 分钟）

- 保险：医疗、牙科、人寿和伤残保险。
- 项目和计划，包括教育援助、员工援助、财务咨询、退休储蓄、养老金、分红、健身、员工服务和便利设施，如健身俱乐部会员资格和商店折扣。
- 带薪假期，包括假期、休假、病假。
- 其他福利。

模块五：员工权利与责任：员工手册（90 分钟）

- 聘期。
- 员工的权利。主题可能包括工作与生活的平衡、职业规划、绩效评估、加薪、培训和晋升。
- 员工的责任。主题可能包括出勤、纪律事项、公司通信系统的使用、外部雇用、公司设备和财产的使用与维护、药物和酒精的使用。

模块六：整体组织（60 分钟）

- 公司历史。
- 产品和服务，与竞争对手比较。
- 公司名录。
- 公司使命和经营理念。
- 目标和战略定位。
- 企业文化。
- 规模、组成和组织结构。

模块七：完成确认（60 分钟）

- 最后的步骤，包括回答每个主题的相关问题以示理解。

- 完成人力资源部提供的表格。

模块八：入职评估（30 分钟）

- 目的。
- 完成情况说明。

以上各模块中的很多主题可以扩展，也可以独立或与其他模块中的主题组合。例如，八个模块可做如下安排。

- 模块一和模块二——导论和虚拟导览可构成一门课程，总计 90 分钟。
- 模块三——雇主对员工的承诺和期待，持续 60 分钟，可以独立执行。
- 模块四——福利，持续 90 分钟，可以独立执行。
- 模块五——雇员权利和责任：员工手册，持续 90 分钟，可以独立执行。
- 模块六——整体组织，持续 60 分钟，可以独立执行。
- 模块七和模块八——完成确认和入职评估构成一门课程,总计 90 分钟。

如何将模块分组完全取决于你在这个过程中投入精力的意愿，以及要传达的细节。

如果阅读了第 15 章，你就会发现这些模块中推荐的内容看起来都很熟悉，尽管这些主题的分组方式与入职培训课程有所不同。由于公司代表和新员工之间缺乏互动，再加上格式上的其他差异，对于线上培训，每组主题的推荐时长可能会大大减少。

线上培训的优点

线上培训的支持者指出了许多优点。

- 对一致内容的一致宣讲。线上培训严格遵守一个严格规划的议程和时间框架，对每个模块的每个部分确保一致的宣讲内容。完成后，每位员工——不论其职位或所在部门——都将接触到相同的材料。这在现场宣讲中是不太可能发生的，因为宣讲的主题可以添加或压缩，具体取决于参加培训的群体和宣讲者的风格。
- 便利性。线上培训课程的便利性应符合当今许多员工的生活和工作方式。员工可以自行选择——在特定的工作框架内——何时何地参与培训，而不是被告知必须在指定的时间和地点、预定的时间或天数内完成入职培训。如果他们选择虚拟教室，他们只需保证能够在指定时间坐在电脑前。或者，如果他们愿意，可以先下载现场宣讲的存档文件，并在以后"观看"——可能在工作前、午餐时间或其他任何时间。由于培训材料是模块化的，时间表变得更容易管理。

　　线上培训对那些在分公司工作或在外地居住的人来说特别方便，对倒班工人和远程工作的人也有好处。如果你要出差几小时，或者要从下午四点工作到午夜，你愿意参加第二天上午九点到下午四点的入职培训吗？即使只是半天的培训，在方便的时间坐在电脑前参加培训对你来说也节省了不少时间和不必要的消耗。

- 节约成本。传统的课堂培训需要的成本较大，包括更新和复制材料、茶点和报销员工的差旅费（特别是从分公司赶来参加培训的员工的通勤费用）。线上培训即使需要更新，也相对比较便宜。

- 更新简单。由于线上培训的内容是模块化的，因此可以在不影响其他模块内容的情况下进行快速、轻松的更新。

- Z 世代（出生于 1995～2009 年）、千禧一代、X 一代（出生于 1965～1975 年）中较年轻的人都很期待线上培训。这几代人的代表员工与电子形式的交流和互动有着内在的联系。他们很可能期望至少部分的培训课程是线上的。这是否意味着他们在传统的课堂培训中表现不好？当然不是，这一切都要归因于第一印象——他们希望自己看上去属于一家致力于成为技术精通型企业的一分子。

- 便于提问。我最近主持的一个为期三天的研讨会结束时，一个学生找到我，为她没有积极参与而道歉。她解释说她很害羞，不喜欢在课堂上发言。我理解她，并问她这是否会给她的工作带来问题。她说这是她正在努力克服的。然后，她主动提供了一个有趣的信息：她刚开始目前的工作，最近刚刚完成了一个线上培训项目。她可以选择自学或虚拟课堂形式，她选择了后者。她告诉我，在虚拟形式下，她可以很轻松地向她的培训导师提问。事实上，她的问题得到了越来越多的回答，她也得到了肯定和鼓励的反馈，比如："珍妮又问了一个很好的问题!"她想继续说下去。只要没有人看见她，而且她也看不出别人对她的问题有什么反应，她就完全放心了。

　　珍妮并不是第一个承认对在教室里提问感到不安的人，线上培训可以让他们通过一些电子手段进行轻松的交流。如果不想让新员工在入职培训结束时留下疑问，那么线上培训是值得考虑的。

- 能够重温主题。线上培训允许员工重新阅读或重听一些特定的主题。也许他们正在学习福利模块，在理解某些产品时遇到了麻烦，重温主题有助于解决问题。即使员工使用虚拟教室，他们稍后也可以下载存档并重新访问。

- 自定义节奏。对于那些想在某些话题上花更多的时间的员工来说，自主参加线上培训的自定义节奏特性是很理想的。例如，一名员工可能在面试前对公司进行了广泛的研究，了解了公司的历史、理念、目标、企业文化和组织结构，因此在学习该模块时就不需要花那么多时间。另一方面，她可能对员工手册的内容特别感兴趣，因此会花更多的时间来查看该模块的细节。

- 有效利用时间。尽管线上培训与传统的课堂培训有许多相同的主题，但完成这些线上课程的时间通常更短。事实上，线上培训的设计充分考虑了效率，在尽可能短的时间内涵盖了最多的信息。

- 不需要有足够多的新员工来证明传统的课堂培训项目的合理性。仅仅为少数新员工进行一天或更长时间的课堂培训很难证明其合理性。如果你要等上几周才能找到举办培训的理由，那么新员工就不再是新员工了，而且让他们参加培训的效果也会减弱。线上培训消除了这个问题，因为每位新员工都可以立即完成这一过程。

- 表单的集中存储。通过线上培训，新员工可以完成全部所需表格，雇主可以将这些表格存储在学习管理系统中，这可防止信息被错放。此外所有表格都存储在一个地方，员工如有需要可以随时访问。还有一个相关的好处是，雇主很容易追踪是谁查看了培训材料，以及他们填写了哪些表格。

- 人力资源部有更多的时间来完成其他事务。无论是课堂培训还是线上培训，人力资源部代表都有可能成为新员工入职培训的负责人，但线上培训可以让人力资源部腾出时间来处理其他事务。

线上培训的缺点

那些赞成运用更传统的课堂培训方法来组织入职培训的人指出了线上培训的几个缺点。其中最大的问题是缺乏与其他新员工、培训负责人和其他发言人面对面的交流。参与者不能从对方的问题、评论和观察中获取信息，也不能对肢体语言做出回应。这一点很重要，正如我们先前了解到的，55%的交流是非语言的。在电脑屏幕上输入问题也会使导师听不到员工的声音，因为38%的交流可以归因于语调。事实上，语言交流只占7%。

在传统的课堂培训中，学员之间的交流是活跃的，互动性强，包括多种有助于提高学习效果的游戏和活动。将这些内容整合到线上，则适用性有限。虽然可能有吸引人的幻灯片和其他视觉效果，但事实是，员工基本上只能独自体验。线上培训还会阻止员工与同一间虚拟教室中在不同部门工作的其他人建立联系。由于后勤方面的原因，未来在实际工作中与这些人见面的机会可能变得有限，甚至根本没有机会。

除了缺乏双向沟通、演示工具种类有限、缺乏与其他部门新员工见面和交谈的机会，线上培训的批评者还指出，有些人对这种培训方式并不适应。那些在技术上不那么精通的员工——由于工作性质，他们也不需要精通——一开始会不适应，也不太可能像在传统的课堂培训中那样获得更多信息。这种不适也可能延伸到那些英语不是第一语言的人身上。如果他们应聘的工作并不要求他们擅长使用英语，那么线上培训将使他们处于劣势。

与传统的课堂培训相比，虚拟教室和自主线上教学也要求员工有更大的积极性。讲课人无法监控每个员工的注意力或参与度，因为他们无法观察到参与者什么时候会走神、偷溜或懈怠。显然，与躲在电脑屏幕后面相比，想从一个容纳了15 人的房间里偷偷溜出去会更难。

此外，当经理们知道新员工可以选择在工作时间或私人时间参与培训时，他们可能就不愿意让员工在工作时间进行培训，反而会要求员工利用其他时间参与培训。

传统的课堂培训与线上培训

尽管本章已对线上培训的优缺点进行了很多讨论，我们仍有必要说明一下传统的课堂培训和线上培训之间的主要区别和有效性，以便你更明智地决定采用哪种方法才最可能受到你的员工的欢迎，最适合你总体的工作需求。这些区别（见表 16-1）的精确度取决于企业对线上培训的承诺程度及希望处理的每个要素的透彻程度。

表 16-1　传统课堂培训和线上培训的区别

项目	传统的课堂培训	线上培训
遵循严格的日程安排	不易发生	更易发生
遵循严格的时间框架	不易发生	更易发生
双向沟通	广泛	有限
便捷性	不方便	更方便
肢体语言	广泛	不存在
成本效益	更少有效成本	更多有效成本
语气	培训师：是	培训师：是
	员工：是	员工：否

（续表）

项目	传统的课堂培训	线上培训
更新	不易	更易
多样性	广泛	有限
详细内容	深度讲解需要更多时间	在更少的时间内覆盖更多内容
与其他员工直接交流	广泛	不存在
吸引年轻员工	不易吸引	更易吸引
技术不适应	无关	有关
可能会提问	令人紧张	不易紧张
员工主动性	易监测	不能监测
能够重新访问主题	困难	容易
管理干预	不易发生	更易发生
自学	不存在	存在
时间效率	不一定节省时间	节省时间

混合学习

  混合学习是指将两种或两种以上的学习方式进行正式组合，以实现特定的学习目标。通常，典型的授课方式是在传统的课堂教学中运用技术手段。混合学习的目标是在优化项目设计成本的同时，符合企业目标并满足个人独特发展的需求。这种混合方法对不同时代的人都有广泛的吸引力，既提供了许多传统主义者和婴儿潮一代喜欢的传统方法，也提供了一些 X 一代、Z 世代和千禧一代喜欢的电子方法。

  将混合学习法应用于组织培训的做法越来越受欢迎。这种方法允许公司以一种有效但仍然个性化的方式传递关于企业的关键信息。它整合了不同的学习方式（视觉、听觉和动觉），考虑到一些人的计算机应用水平有限，也考虑到时间和金钱的限制使许多企业不能投入必要的时间在课堂培训上，同时也认可面对面交流和互动的好处。

  以下是混合学习如何将课堂教学和线上辅导课程结合起来的一个循序渐进的例子。

- 第 1 步：新员工见面介绍。介绍结束后，人力资源部代表将介绍入职培训的概况，包括形式、内容和持续时间。她会介绍混合学习法，解释这个过程将如何影响每个阶段。

- 第 2 步：员工完成一系列自定义进度的线上教程，涵盖五类内容：①雇主对员工的承诺；②雇主的期待；③福利；④政策、程序和员工手册；⑤组织。虽然第 2 步是自定义进度，但仍会有一个完成所有教程的规定日期。

- 第 3 步：员工完成第 2 步的各项时，他们会填写一份调查问卷，反馈他们对教程内容的理解程度。

- 第 4 步：随着所有教程的截止日期的临近，人力资源部代表会联系员工安排出席会议。这次会议的目的是讨论员工在线上培训中可能遇到的任何问题，他们带着填好的调查问卷，以备讨论。

- 第 5 步：员工返回培训的线上部分，完成另一份问卷，巩固他们对所学知识的理解。

- 第 6 步：员工完成线上培训评估，做出对混合学习过程的反馈，并对未来的改进措施提出建议。

每个步骤的细节因许多因素而各异，包括参加者喜欢的学习方式。例如，如果企业根据特殊的兴趣组合来划分入职培训项目，你可能会偏重于混合学习方法中的其中一种。如果参加者是销售人员，那么你可能倾向于更传统的方法，因为销售人员对协作、视觉和语言学习方法的使用效果最好。如果参加者是一组计算机技术专业人员，你可能更倾向于线性的、实际的、自主的线上学习方式。

由于大多数企业在特定工作分类中没有足够的新员工来进行专门的培训课程，因此混合学习变得更具挑战性。如果你将组织中的某些变量独立出来评估，就可以更容易地确定传统的课堂培训与线上培训孰轻孰重。图 16-2 提供了一个初步的混合学习指南来帮助你完成这个过程。

说明：阅读每项内容，确定它们对你企业的适用度。按照从 1 到 5 的等级，圈出最合适的数字。
- 1＝完全适用
- 2＝大多数情况下适用
- 3＝许多情况下适用
- 4＝某些情况下适用
- 5＝基本不适用

回答完每项后，把你选择的数字加起来，然后除以 20。根据以下标准确定你的答案。
- 1.0～2.0，表明企业可能更倾向于线上培训与少量传统的课堂培训的结合。
- 2.1～3.5，表明企业可能更倾向于线上培训和传统的课堂培训相结合。
- 3.6～5.0，表明企业可能更倾向于传统的课堂培训与少量线上培训的结合。

1. 员工对线上培训表现出浓厚的兴趣和很高的舒适度。

　　　　　　　　　　1　　2　　3　　4　　5

2. 总体而言，员工表现出高应变能力和适应能力。

　　　　　　　　　　1　　2　　3　　4　　5

图 16-2　员工入职培训初步混合学习指南

3. 管理团队成员对线上培训表现出浓厚的兴趣和很高的舒适度。

                    1   2   3   4   5

4. 总体而言，管理团队成员表现出高应变能力和适应能力。

                    1   2   3   4   5

5. 人力资源部成员对线上培训表现出浓厚的兴趣和很高的舒适度。

                    1   2   3   4   5

6. 总体而言，人力资源部成员表现出高应变能力和适应力。

                    1   2   3   4   5

7. 对员工学习风格的观察表明，混合学习法很受欢迎。

                    1   2   3   4   5

8. 总体而言，对企业目前培训计划的评估表明，混合学习法将很受欢迎。

                    1   2   3   4   5

9. 对当前企业的入职培训项目评估表明，员工对交互式组件的响应度较低。

                    1   2   3   4   5

10. 对企业目前培训项目的评估表明，管理人员对演示文稿的响应度较低。

                    1   2   3   4   5

11. 对企业目前培训项目的评估表明，员工对填写表格的响应度较低。

                    1   2   3   4   5

12. 当前入职培训的内容适合混合学习。

                    1   2   3   4   5

13. 我们目前的培训内容需要大调整。

                    1   2   3   4   5

14. 混合学习的线上部分不会出现问题，因为所有员工都会使用计算机。

                    1   2   3   4   5

15. 混合学习的传统课堂部分存在后勤问题，因为并非所有员工都在同一地区。

                    1   2   3   4   5

16. 当前的课堂培训必须适应不同员工的工作安排。

                    1   2   3   4   5

17. 管理人员的偏好最重要。

                    1   2   3   4   5

18. 员工的喜好最重要。

                    1   2   3   4   5

19. 通过将技术融入我们的入职培训项目以跟上竞争对手的步伐最重要。

                    1   2   3   4   5

20. 保持培训低成本最重要。

                    1   2   3   4   5

图 16-2　员工入职培训初步混合学习指南（续）

本章小结

　　线上培训使得新员工可以在预定时间进入虚拟教室，或者采用自主方式自选时间进行培训。与传统的课堂培训方式无异，线上培训的时间跨度从几小时到几天不等，甚至更长。然而，线上培训与传统的课堂培训的不同之处在于，信息是通过一系列演示来传递的，每次演示通常持续 60～90 分钟。这种精简的模块化方法有效地界定了线上培训。

　　一些线上培训内容被简化，只提供少量的信息。宣讲者在进行内容讲解时附带使用项目符号，依靠员工单击项目符号以获取更多信息。

　　支持线上培训的人罗列了线上培训的许多优点，包括便利性、成本效益高、易更新，而且对 Z 世代和千禧一代也很有吸引力。那些赞成传统的课堂培训的人尤其担心的是，线上培训缺乏双向沟通。他们认为，如果人们无法看到肢体语言，就不能做出回应。此外，线上培训展示材料的种类有限，缺乏与其他部门新员工见面和交谈的机会。

　　确认了线上培训和传统的课堂培训的主要区别和有效性之后，有些雇主选择了越来越流行的混合学习法——将技术辅助课程和传统课堂教学相结合。混合学习的目标是支持组织目标，并满足每个人独特发展的需求，同时优化项目交付成本。

第 17 章

入职培训

场景

星期六早上，当地一家餐馆。

人物

伊森和罗伯，他们是朋友，最近都开始了新的工作。

对话

罗伯：这是我入职新公司之后最无聊的第一周。

伊森：是什么让你如此无聊呢？

罗伯：组织介绍！每天早上我都得和其他新员工坐到一起，听人力资源部不停地说我们是多么幸运，为这个可称作"地球上最伟大的公司"工作。然后，每天下午我还要和我的经理待在一起。

伊森：你的经理怎么说的？

罗伯：说实话，第二天之后我就不去了，因为他一直在读手册。很明显，有人告诉他必须这样做。你懂我的意思吗？

伊森：不太懂，我们公司的组织介绍做得很好。事实上，它还没有完呢！

罗伯：你说什么？你三个多月前就开始上班了！

伊森：确实。准确地说，它已不再是简单的组织介绍了，应该叫作"入职培训"。虽然培训强度高，但是非常有效，真的能够改善劳资关系。我学到了很多，感觉公司很关心我这个人。

谈起公司时，你的员工会像伊森这么说吗？

组织介绍与入职培训

有些用人单位使用"入职培训"这个词来代替"组织介绍""结盟""同化""融合""过渡""组织社会化"等词。但是，入职培训与上述其他流程有所不同。组织介绍是对公司的总体介绍，但入职培训是一个结构松散、持续不断地学习和应用所学知识的过程。具体来说，入职培训的目的有以下几个。

- 将组织介绍期间所学的知识与实际的日常事务结合起来。
- 建立同事关系。
- 使员工在组织介绍结束之后继续学习：正式的入职培训可以持续一年，成功的高管过渡期可能需要两年以上。实际上，学习是永无止境的。
- 提高员工参与度。
- 定制化地关注需求最大的领域，以支持公司中不同职位的员工。
- 少走弯路。
- 让新员工结识更多的同事，向他们介绍公司的其他情况。
- 从一开始就明确绩效目标。
- 提供专业化资源和全方位支持。
- 减少误解。
- 增进员工与管理者之间的密切联系。

开诚布公地说，组织介绍是先导，它为入职培训奠定基础，而入职培训会接续组织介绍而深入开展下去。

入职培训帮助新员工融入新的岗位、工作环境和文化中，为他们提供成功所需的工具和资源。这与组织介绍有较大的不同，后者只是向新员工介绍公司基本情况，提供详细的员工守则规范，以及公司期望与员工期望。

入职培训第一步

思考并对比下列场景。

- 场景 1。阿米莉亚是一位经理，正在等待她的新行政助理艾玛的到来。现在是周一早上 8:41，阿米莉亚感觉已经过了整整一天了，其实才过了不到 1 小时。过去的五周对她来说非常艰难：她的助理辞职了，从提出离职到离开用了不到一周。在人力资源部找到并雇用替代者之前，阿米莉亚不得不请同事的助理来接替离职者的工作。阿米莉亚觉得艾玛会做得很好，但她不得不提前两周通知艾玛现在的雇主，把艾玛的入职日期推迟到今天。现在已经 8:46 了，阿米莉亚越来越不耐烦了。她知道艾玛应该在 9:00 报到，但是她不应该在入职第一天早点来给人留下一个好印象吗？现在 8:47 了。阿米莉亚坐在电脑旁，继续修改要完成的工作清单，这时她听到了一声礼貌的招呼声。她转头看见艾玛面带微笑地站在门口。"终于来了！"阿米莉亚喊道，"让我们开始吧。"

- 场景 2。艾娃第一天去新公司工作时，接待员很高兴地迎接了她，显然接待员很清楚她要来。艾娃被带到她的办公室，发现门上挂着铭牌，桌上放着鲜花，抽屉里装满了办公用品，还有当天的日程安排，包括早上的组织介绍、与经理共进午餐和下午的部门通气会。一切都搞明白之后，她听到轻轻的敲门声，转身看到经理亚当微笑着说："欢迎你，艾娃！赶紧过来坐一会儿，喝杯咖啡，然后我带你去培训室接受培训。最近培训内容略有变动，我认为非常不错。等下一起吃饭时，我会倾听你的感触。你会度过一个难忘的第一天！"

- 场景 3。埃里克接到通知，周一上午 9：00 到经理办公室报到。他迅速到达，接待员让他先坐一会儿，于是他就坐着等。十分钟过去了，他找到接待员，对方说："经理知道你在这儿，再等几分钟吧。"埃里克又等了十几分钟，他开始有点儿不耐烦，不禁怀疑自己接受这份工作是否正确。最后，经理从办公室里出来，拿着一个文件夹和一把钥匙。埃里克站起来，准备跟上她，却听到她说："对不起，我今天上午已经忙不过来了。这里有个文件夹，里面有些部门程序。你可以浏览一下，如果有什么问题，可以问科拉。""科拉是谁？"埃里克问道。"她是我们部门的另一位分析师。我晚点儿再找你。哦，差点忘了。这是男厕所的钥匙。欢迎入职！"

- 场景 4。周一早上，科迪到新单位报到，却发现人力资源部忘了通知相关部门他今天来上班。直到上周五，他的办公室里仍然有一堆杂物，维修部门刚刚开始清理。经理不在，没人知道该怎么办。他被派去人力资源部接受培训，结果发现只是填写表格。他回到了所谓的办公室，谢天谢地，那里已经没有箱子了，摆放了桌子、椅子和电脑。当他把这些都整理好的时候，接待员说他那里有经理的留言。上面写着："很抱歉，我不在。向部门其他人介绍一下自己，看看是否有人帮你快速了解我们的工作。让技术部给你个密码，这样你就可以访问并浏览'杰姆森'文件夹了。就这样，我明天就回来，到时候我们再谈。"

你经历过上述这些情景吗？这些都是真实经历——除了情景 2。新员工都想像艾娃一样渡过一个美妙的第一天，但更多人的经历类似艾玛、埃里克和科迪。员工在上班第一天所经历的事情可以为他们的整个工作期定下基调。这种关键的第一印象可能促进员工工作积极、高效，也可能导致员工当晚就开始更新简历。

打造初步印象应该是入职培训的第一步。不管之前的组织介绍、线上培训多么有效，员工在上班第一天开始就需要和本部门、经理与同事建立紧密的联系。这就是入职培训的开始之处。入职培训流程从新员工上班第一天开始，通常会延续到员工上岗的第一年——事实上，可能直到员工离职才会真正结束。

入职培训的基石：持久的员工敬业精神

员工跳槽的原因很多，如更高的薪水、更好的晋职机会、无法融入企业文化、从一开始就不适合所在职位。另一个经常被轻描淡写或忽视的原因是持久的员工敬业精神。员工敬业精神本质上是一种承诺：员工对自己的工作、部门和公司的承诺，以及对个人职业的承诺。敬业的员工会将个人目标与部门、组织的目标统一起来。敬业的员工会自愿承担额外的任务，考虑他们所做的一切对他人的影响。敬业的员工会对自己知道如何有效并高效地干工作而自豪，但他们也会征询他人的意见和建议，并在他人寻求帮助时提供帮助。他们秉持"能干"的姿态，总是极力维护公司的使命宣言，帮助部门和公司实现目标，同时努力提高自身业绩。

管理层培养一支敬业团队的主要目标是提高顶尖人才的保留率，从而降低高离职率带来的成本、挑战和负面影响。此外，敬业的员工有助于公司的整体发展，能提高生产力，增强盈利能力，减少旷工，提高员工忠诚度。

因此，持久的员工敬业精神是入职培训的基础。

为了完成入职培训的目标，受聘员工需要得到部门经理的持续支持和培养。为此，管理者需要做到以下几点。

- 将工作与休闲娱乐融为一体。
- 定期安排绩效评估会议。
- 营造透明的环境。
- 鼓励并保持持续的双向沟通。
- 鼓励创造力。
- 鼓励成长和发展。
- 确保信息和目标的明确性。
- 展示信任。
- 表达对员工的赏识。
- 实行开放政策。

- 实施奖励计划。
- 将不确定性降至最低。
- 提出建设性批评。
- 为员工成功铺路。
- 提供持续性反馈。
- 提供培训机会。
- 认可员工的辛勤工作、成就和特殊贡献。
- 尊重员工。

入职培训第一天的准备

入职培训从新员工第一天上班前的准备工作开始。回顾一下亚当为热烈欢迎艾娃而采取的简单步骤：通知接待员艾娃到来的时间；在她办公室的门上贴铭牌；订购鲜花；抽屉里塞满办公用品；提供一份简述她第一天活动的日程安排。此外，亚当亲自迎接了她，带她参加上午的入职培训会。谁会不感激这些呢？总的来说，亚当在时间上的投入很小，但回报可能极大。

为了能使员工在上班的第一天得到积极回应，部门经理可以采取以下 10 个准备步骤。

第一步：传达消息

一旦新员工被正式接纳，部门经理就可以有计划地通知部门成员。理想情况下，这项工作必须在新员工开始工作前一周左右完成。通知的目的是告诉现任员工，新人加入该部门时的职务和职责，并简要说明他的背景。语气要友好，内容要翔实。举例说明如下。

发件人：克莱尔·辛顿

致：运营部全体员工

主题：理查德·瑞森

我们很高兴地宣布，理查德·瑞森受聘担任我们运营部的工业工程师。理查德有六年的工业工程师经验，最初供职于桑泽公司，最近在博马制造公司工作。理查德将于 3 月 1 日前来任职。请尽量在那一天全部到岗，给理查德来一个全员热烈欢迎式。

第二步：从新员工的角度思考

经理应自问：我希望在上班第一天做些什么？把你的想法和以下这些上班第一天的评论比较一下，"一个熟悉情况的机会""与同事见面的时机""找个遇到疑问我可以向其求助的人""与老板独处""给自己一点时间，以便把接触到的一切都梳理好"。听起来不错。

第三步：准备日程安排表

给新员工一份上班第一天甚至第一周的日程安排表，活动安排要明确，使他们不会迷茫。以下是理查德上班第一天的日程表。

9:15 与克莱尔·辛顿会面，浏览当天议程。

9:30 参加公司组织的入职培训。

12:00 部门介绍和参观。

13:00 与克莱尔·辛顿和运营部同事贝拉·英格曼共进午餐。

14:30 熟悉部门和各种职能。

16:30 与克莱尔·辛顿会谈；回顾当天的活动，回答问题，讨论明天的日程。

这份日程表让理查德大致了解了他上班第一天的时间安排。根据部门经理的计划，日程可以更详细，甚至延续多日。重要的是让员工对其工作内容和时间安排有一个清晰的把握。

第四步：提供必备用品和其他物品

部门经理需要为员工的到来准备好工位或办公室，至少应包括下列内容。

- 办公必需品。现在的员工大部分都用计算机完成工作，但每个人仍然需要基本的办公用品。找人给新员工的工作区备好计算机方面的耗材和信息，以及关键电子邮箱列表（包括员工自己的电子邮箱）和内部网访问指南。提供书写耗材和工具，以及基本办公用品。还应有电话簿、员工电话号码列表、关键人员的分机号码及电话系统（包括如何访问语音邮件）的使用说明。此外，还需提供相关人员的姓名和分机，以防办公用品不足时，可电话询问。

- 平面图。要有公司平面图，以帮助员工在一开始的几天里识别方向。一定要突出显示某些场所，如紧急出口、洗手间、员工休息室、医务室、自动售货机和餐厅。

- 组织和部门结构图。给出关键员工的姓名和职位，以备新员工可能与他们联系。如果新员工能看到关键员工的照片和名字，那将很有帮助。很难说，她随时可能会在电梯里和公司总裁站在一起。介绍部门内同事关系时，也要附上照片。

- 相关文件。向新员工提供公司资料和任何必要的部门文件，如程序手册及可能提高工作能力的推荐阅读资料。此外，准备一份行业或公司的特定术语表和首字母缩略词表。确保删除有关前任职员的所有信息——只要与新员工的工作无关。
- 回答问题。一些公司提供了一堆"有问必答"卡片。当新员工有疑问，但不确定问题的合理性时，就可以查看这些卡片。卡片数量要足够多，不必注明期限。
- 员工出入凭证。提供进入大楼所需的任何通行证或钥匙、密码及必要的安全代码。
- 餐饮地点。如果公司有自助餐厅，请提供营业时间、菜单或热销产品列表及其价格。另外，请注明早上可以喝杯咖啡的地方，以及周边最受欢迎的餐厅列表。

第五步：在岗

1970 年电影《第 22 条军规》（*Catch 22*）中的人物梅杰·梅杰·梅杰少校（三个梅杰分别为名字、中间名和姓氏）与军士长陶塞之间有一段令人难忘的对话。

梅杰·梅杰·梅杰少校："军士长，自此以后，只要我在办公室，任何人不能进来。懂吗？"

军士长陶塞："好的，长官，您在这里办公时，要是有人来找，我该怎么回答？"

梅杰·梅杰·梅杰少校："对他们说我在里面，请等一等。"

军士长陶塞："那要等多久？"

梅杰·梅杰·梅杰少校："等到我离开。"

军士长陶塞："那我怎么招呼他们呢？"

梅杰·梅杰·梅杰少校："随便。"

军士长陶塞："你离开后，我可以让他们进来见您吗？"

梅杰·梅杰·梅杰少校："可以。"

军士长陶塞："可是您已经不在办公室了，对吗？"

梅杰·梅杰·梅杰少校："是的。"

军士长陶塞："还有其他吩咐吗，长官？"

梅杰·梅杰·梅杰少校:"军士长,从今以后,只要我在这里,你就不要进来问我有何吩咐,懂吗?"

军士长陶塞:"懂了,长官。那我什么时候可以进来问您有没有吩咐呢?"

梅杰·梅杰·梅杰少校:"等我不在的时候。"

军士长陶塞:"我该做些什么呢?"

梅杰·梅杰·梅杰少校:"该做什么,就做什么。"

军士长陶塞:"是,长官。"

每当听到这段对话时,我都会发笑,但当我想起那些拥有梅杰·梅杰·梅杰少校领导风格的部门经理时,就不觉得那么好笑了。最有效的经理应该在岗,特别是在雇佣关系建立初期。

第六步:预测问题

就像第二步"从新员工的角度思考"一样,如果这是他们上班的第一天,部门经理最好思考他们想知道的事项。除了已经明确的话题,可能的事项还包括部门结构、部门与个人职责及部门文化。

第七步:抱有合理的期待

即使消化能力最强的员工,也需要时间来消化其所见、所闻、所学。至于新员工何时能真正开始工作,要设定合理的期望值。可能一开始情况会令人沮丧,特别是当部门工作积压时,但这种方法最终会有回报。随着越来越多地接触部门惯例和方法,新成员会逐渐熟悉部门文化,从应聘者顺利过渡到正式员工。

第八步:让入职第一天尽可能难忘

很多年前,我在一家银行的人力资源部工作。我们缺一名初级薪酬分析师,便向人力资源副总裁 JP 做了汇报。JP 知道他的部门在族裔和种族类别方面代表性不足,因此觉得有必要寻找并雇用少数族裔任职。他雇用了保罗,一个刚毕业的大学生,完全没有工作经验,也没有薪酬概念。这对 JP 来说无关紧要——他专注于实现平权的行动目标。保罗上班的第一天,JP 着实高调了一番,整个上午把保罗介绍给一个接一个的高管,因为考虑到他的职位,这些人保罗不太可能见到,与他接触的可能性也不大。午餐时间马上到了,JP 召集了人力资源部的几个人,把保罗和我们一起带到了高管餐厅。我们知道这可能是保罗乘坐高管专用私人电梯的唯一机会。在整个会面中,保罗安静地坐着,既受宠若惊又不知所措。午餐终于结束了,我们所有人都回到了工作岗位上,JP 的任务结束,保罗也回到了现实。他把保罗带往办公室外的一张空桌子，给他一本手册，然后默默走开了。保罗根本不知道该怎么办。其他几位分析师尽力向他描述目前正在干的工作，但保罗仍不清楚自己的工作内容。那天下午，保罗都坐在办公桌前，试图仔细阅读面前的手册，但他显然困惑至极。尽管第二天 JP 在桌子上留下了简短的说明和指示，保罗仍然与前一天下午一样迷茫。保罗就这样过了整整一周。除了不时在他桌上放纸条，JP 没时间去管保罗。保罗越来越心烦意乱。毫无疑问，他几周后就辞职了。我记得 JP 说他"忘恩负义"。

我将此事作为一个例子来说明管理者不应如此对待新员工：让新员工与不可能再见一面的高管会见并共进午餐，而且一点儿也不提供帮助或其他资源，这与美妙的第一天相去甚远。JP 完全可以在早上花几分钟轻松地描述薪酬部门的日常工作，并于当天强调初级薪酬分析师的职责，然后，指派一位员工和保罗一起工作，尽可能地多帮他几天。

第九步：不要任何事都想当然

即使新员工参加了入职培训，也必须要求他了解不同部门的特定细节。例如，工作时间因部门而异。同样，午餐时间也可能视部门工作量而定。一开始就要澄清此类问题，以免以后产生误会。

第十步：安排"合作伙伴"

为新员工分配合作伙伴这一举措能将第一天的热情延续下去并提高指导质量。

合作伙伴计划

合作伙伴计划也称帮扶制度，是入职培训的一个重要方面。新员工与来自同一部门的另一员工之间结成一对一伙伴关系，后者负责回答问题、提供鼓励，并在新员工适应工作环境的过程中提供任何可能需要的个人帮助。合作伙伴计划可帮助新员工熟悉并融入部门文化，使其更容易适应新工作环境，减轻适应焦虑。

尽管有些员工很幸运，能在工作前几天很快与愿意帮助他们的人结对，但大多数人都不会。在入职培训计划（有无益处暂且不论）之外，新员工通常只能独自应战。正规的合作伙伴计划可确保每位新员工至少有一位同事来指导他们渡过由新工作环境带来的混乱时期。以下是合作伙伴计划的一些好处。

- 所有新员工经历的初期焦虑和不确定性大大降低。

- 新员工能够全面、直截了当地了解有关日常事务的重要问题。
- 部门经理有更多的时间处理工作相关问题。
- 新员工的自信心和自尊心可能增强，从而提高生产力。

部门经理负责提供组织结构和部门准则一类的重要信息，合作伙伴则将新员工置于"幕后"，了解公司的一些不成文规定。当然，合作伙伴绝不能替代管理者的角色。

合作伙伴计划的作用类似于指导，因为在这个过程中，双方是一种不断发展、互帮互助的关系：一个人投入时间、能力和精力来提高另一个人的知识和技能，为的是获取更高的生产力或预期成就。就像对新员工进行指导一样，结果是共赢的：新员工会洞察自己部门及公司的内部事务，合作伙伴会获得组织的额外认可，并为其领导能力增光添彩，而组织则因建立了一个更强大的团队而受益。

合作伙伴计划可以是一个人到另一个人的随意的信息或观念传递，也可以是具备特定议程的结构化系统。无论该计划是否正式或有序，新员工的合作伙伴都应采取积极主动的态度，定期向新员工传递信息，而不是等待新员工前来求助。

理想状态下，合作伙伴计划应在新员工上岗首日之前开始。欢迎信的内容可参照下面的例子。

理查德：

你好！

我叫艾莉·罗恩斯，是硬核公司运营部的一名工业工程师，已在本公司工作三年。作为硬核合作伙伴计划的一分子，我将在你工作的最初几周内为你解答你可能遇到的任何问题。你就把我当作你的信息源。如果想在下周开始之前联系我，请拨打分机号 6339。

硬核是一家伟大的公司，我的目标是让你在入职初期尽可能顺利和愉快。期待与你的会面与合作。

根据职位的级别、复杂性和工作环境的性质，合作伙伴关系通常保持一周到三个月或更长的时间。届时，员工应与同事建立了牢固的关系，熟悉部门和组织流行的文化。

合作伙伴的选择

有些员工比其他人更适合作为合作伙伴。他们的服务年限、对部门和公司的了解都很重要，但这不应成为选人的唯一标准。经理应选择能给人留下深刻印象的人，如一个风度翩翩、耐心，并且能够清楚、简洁地讲解问题的人。另外，要选择具有较高个人业绩标准和态度积极的员工。理想的合作伙伴应该掌握灵活的沟通和工作方式，以适应新员工的需求。鉴于此，鼓励合作伙伴与新员工合作，找到后者喜欢的学习方法。有人需要实例，有人需要交流，而有的人需要尝试不同的学习和工作方法。无论采用哪种方法，合作伙伴都需要积极聆听，提供信息和建议，避免主观假设，保持客观，经常进行反馈。

选定的员工要确保有能力规划好时间，不会因为抽出时间帮助新员工而完不成自己的工作。经理有责任避免这种情况的发生，也有责任负责监督合作伙伴关系，确保两人之间配合默契。一旦发现合作伙伴的风格或个性不适合新员工，经理应毫不犹豫地指定一个新的合伙伙伴。

人力资源部最好对有兴趣加入合作伙伴计划的员工进行简短的培训。培训的目的在于传授指导技能，重申合作伙伴计划的要点。培训议程应解释或阐明以下内容。

- 该计划的目的和预期效果。
- 合作伙伴的角色和结对关系的本质。
- 该计划的强制性内容和主题。
- 合作伙伴的在岗要求。
- 合作伙伴有责任向管理层报告。
- 保密。
- 计划持续的时长。

自愿成为合作伙伴的员工应该得到适当的表扬和奖励。

虽然个性化的一对一合作在建立信任关系和强化学习方面潜力巨大，但有时在效果方面不如团队合作。例如，在大量招聘新员工的时候，让一个合作伙伴为最多六名新员工提供服务，这不仅节省成本，而且节约时间。在这些情况下，参与者可以相互学习，也可以向指定的合作伙伴学习。

高管人员的入职培训计划

成功的管理者通常是思维敏捷、决策高效的人，拥有知识渊博的支持团队作为后盾。但是，即使最优秀的高管，也不能在新公司里立即最大限度地发挥作用，这并不现实。虽然高管会带来一些自己的员工，他也需要时间建立新的工作关系，学习公司运营的复杂细节。专家报告称，新晋升或聘用的高管在工作的前四个月面临重大挑战。由于缺乏明确的目标，有些高管在履行新职责时起步缓慢甚至失利。其他人则承担太多任务，试图迎合不合理的期限。高管如能得到适当的指导，就可以避免犯这些错误。

有些组织的入职培训面向的是受聘或晋升为管理者的员工。在这种情况下，入职培训旨在实现以下目标。

- 确保新任管理者完全投入公司的工作、优先事项、目标、品牌特色、战略方向、决策过程、计划、成果和企业文化中。
- 提供有关公司如何衡量成功的深入信息。
- 拿出系统方案，确保新管理者能够成功完成工作并留任。
- 确保组织目标与个人目标保持一致。
- 促进领导团队成员之间进行更多的信息交流。
- 专注于建立和培养牢固的上下级关系。
- 提高工作满意度。
- 减少人事变更。

有些公司针对新高管人员的入职培训计划将个人辅导与计算机应用结合起来，允许高管在线访问入职资源和建议。另一些公司则引进专业的入职顾问，数月内与新高管人员进行一对一交流，持续提供反馈。

自动化入职培训

许多公司选择将部分或全部入职培训程序自动化，认为用于培训的软件通过使用门户网站生成和存储相关文档，可帮助公司降低成本。此外，支持自动化入职培训的人士认为，该流程更加个性化，可根据个人的具体职位和部门进行调整，同时也可确保所有部门传播信息的一致性，以及在整个过程中全面地审查、跟踪每位员工。公司在雇用员工之前，会考虑员工履职所需的全部物品，如计算机、电子邮件账户和安全卡。管理人员明白他们的角色。当然，对人力资源部来说，自动化入职培训还有一个额外的好处，那就是用更少的时间让每个人都能做自己应做的事情。支持者认为，所有这些都有助于提高员工的留任率和工作效率。

许多软件公司提供员工入职培训服务，可帮助公司降低成本，管理必要的文档和功能。以下是选择一家能满足特定需求的软件公司时需要考虑的因素。

- 选取能够反映组织文化的软件。不允许编辑的模板可能成本较低，但不够个性化。
- 兼容当前软件。有时可能出现入职培训系统未与薪资等其他软件平台有效兼容的问题。
- 易于使用。IT 专家对软件的看法可能不同于人力资源部。对技术专家来说简单易懂的事情可能在其他人看来困难且富有挑战性。使用方便是选择软件时必须考虑的一个重要因素。

- 安全性。保密是任何软件系统的一个关键组成部分，自动化入职培训也不例外。选择软件公司时，一定要探讨安全措施和协议。
- 不断更新。有效的系统需要定期回访和更新，以确保提供恰当的服务。

选择最有效的培训软件需要信息技术部和人力资源部的通力合作。

关于自动化入职培训的反对意见主要是人际互动的减少。如果通过技术能够及时提醒所有参与者其责任所在，上述担忧可在一定程度上避免。例如，合作伙伴计划参与者可以收到相关提醒，以便及时会见结对的新员工。

如果公司有兴趣开展自动化入职培训，请考虑以下步骤。

- 做好功课。仔细调研相关公司，尤其是那些产品或服务相似的公司，最好选择拥有网络培训程序的公司。为什么这些公司要从传统的入职培训转变为自动化入职培训？它们的系统创建多久了？所有介入培训计划的人力资源部专员、经理、员工和高级管理人员的看法如何？
- 是否真的需要自动化培训？传统的入职培训系统在公司运转良好吗？对人力资源部、部门经理或员工来说，是否存在问题？你是否雇用了足够的员工，从而值得转向自动化入职培训？作为入职培训流程的一部分，是否有足量的常规任务不能在网上进行？是否值得花费时间、成本和精力去创建一个自动化入职培训系统？
- 你的业务性质是否支持自动化入职培训系统？是否会让新员工觉得过度正规和非人性化？新员工与合作伙伴进行视频谈话是否真的可以代替亲自见面和喝咖啡聊天？
- 了解员工群体。也许你难以相信，但事实上并不是每个人都能轻松使用电子设备进行工作和学习。人们受聘来完成各项任务，其中许多任务并不需要使用计算机。强迫他们通过电子设备进行入职培训合适吗？是否会影响他们的工作表现，让他们感到不自在甚至打算离职呢？

有些自动化入职培训的支持者正在将目光转向离岗，即员工离职问题。离职手续包括处理必要的文件，核实所有的钥匙、安全通行证和公司财产已经归还，人力资源部完成离职调查。这样做是为了效率和一致性。

本章小结

入职培训与组织介绍不同，后者着重于公司介绍和概述，而入职培训则是一个不断学习和应用所学知识的过程。实际上，入职培训把组织介绍中有关具体工作的事项同步起来。

入职培训流程从新员工上班的第一天正式开始，通常会贯穿于员工到岗之后的全年，实际上真正结束是在其离职之时。理想情况下，入职培训在新员工上班第一天之前很久就要着手准备。

入职培训的基础之一体现为员工持久的敬业精神。敬业的员工为公司的整体业务增长做出贡献，使工作效率最大化，有助于提高公司的盈利能力，降低缺勤率，提高忠诚度。

合作伙伴计划是入职培训的重要部分。这是新员工与同部门另一员工之间的结对关系，后者会回答问题，鼓励新员工并提供任何所需的帮助，以便新员工能够适应工作环境。虽然该计划对所有级别和职位都有效，但有些企业专门针对受聘担任领导职务的高管使用该计划。

许多公司会选择自动化入职培训。支持者认为，自动化入职培训可以降低成本，保持信息传播的一致性，而反对者则认为自动化入职培训缺乏人与人之间的互动。

附录 A　职位描述表

职位：　　　　　　工作地点：
作息时间：　　　　部门：
直/隶属关系：
薪资范围：　　　　职级：　　　　豁免状态：
职责概述：

_____

_____

基本职责：

_____

（E）＝基础职能；　（N）＝非基础职能

约占每项任务所用时间百分比	基础（E）或非基础职能（N）	职责
_____%	E / N	1.
_____%	E / N	2.
_____%	E / N	3.
_____%	E / N	4.
_____%	E / N	5.
_____%	E / N	6.
_____%	E / N	7.
_____%	E / N	8.
_____%	E / N	9.
_____%	E / N	10.

根据需要执行其他相关职责和任务。

教育、先前工作经验及专业技能和知识：

物理环境与工作条件：

_____

_____

_____

履职设备与计算机软件：

_____

_____

_____

其他因素，如访问机密信息或与公众联系：

_____

_____

_____

岗位分析师：_____　日期 _____

附录 B 工作环境清单

物理工作条件

❑ 接触化工产品或烟雾

❑ 长时间站立或久坐

❑ 长时间使用电脑或其他设备

❑ 使用不同机械设备

❑ 噪声水平

❑ 通风状况

❑ 工作场所

地理位置

❑ 总部办公区

❑ 公司分部

差旅

❑ 目的

❑ 紧急程度

❑ 目的地

❑ 频次

❑ 时长

❑ 交通方式

❑ 费用报销

工作安排

❑ 全职

❑ 兼职

❑ 偶然

❑ 合作

❑ 灵活工作时间

❑ 压缩工作周

❑ 远程办公

❑ 工作天数

❑ 小时数/班次

❑ 午餐或其他计划休息时间

附录 C　职位申请表

　　须知：职位申请表的复杂程度各不相同，有的是只包含基本信息的单页，有的长达数页，涵盖了种类繁多的项目类别和规定，如非竞争协议和保密条款。该例中的职位申请表篇幅适中，可能并不适合你的特定工作场所，应向律师咨询以确认内容的适用性。

Java 公司就业申请表

　　Java 是一家崇尚平等机会与正能量的公司，遵守国家和地方法律，禁止歧视基于种族、肤色、宗教、性别、国籍、年龄、身体残疾、退伍军人身份、公民身份，性取向及其他受保护的团体。

即使你已提交简历，也请回答以下所有问题。

姓名：＿＿＿＿＿＿＿＿＿＿＿＿＿　日期：＿＿＿＿＿＿＿＿＿＿＿＿＿

应聘职位：＿＿＿＿＿＿＿＿＿＿＿＿＿＿＿＿＿＿＿＿＿＿＿＿＿＿＿＿＿

联系地址：＿＿州＿＿市（区、县）＿＿街（路）＿＿号；邮编：＿＿＿

家庭电话：＿＿＿＿＿＿＿＿；手机：＿＿＿＿＿＿＿；电邮：＿＿＿＿＿

工作时间：（　）全职；（　）兼职；（　）白天；（　）夜晚；（　）季节性

推荐人信息：＿＿＿＿＿＿＿＿＿＿＿＿＿＿＿＿＿＿＿＿＿＿＿＿＿＿＿

是否曾经在 Java 公司供职？（　）否；（　）是，起讫日期：＿＿＿＿＿＿

是否曾经来 Java 公司求职？（　）否；（　）是，起讫日期：＿＿＿＿＿＿

是否有犯罪经历？（　）否；（　）是

如果有，请详述＿＿＿＿＿＿＿＿＿＿＿＿＿＿＿＿＿＿＿＿＿＿＿＿＿＿＿

（肯定回答并不一定会影响你的就业资格。）须知：2017 年，联邦《公平机会法案》被引入国会。根据提议，该法案将禁止联邦机构和联邦承包商要求应聘者在有条件受聘用之前公开刑事犯罪信息。有 31 个州和 150 多个城市和县业已通过禁令，排除了雇主在雇用申请中查询申请人的犯罪记录的权利。

　　您是否能够在有无合理设施（如专用设备）的情况下执行所申请岗位所需的任务？（　）否；（　）是有关您所申请岗位要求您说、读或写的语言：＿＿＿＿＿＿；流利程度：＿＿＿＿＿＿＿＿

工作背景

按照由近及远的顺序，列出当前或最近所从事的工作，包括服役经历（如果有）。

公司名称、地址、电话；主管姓名；工作职位；起讫日期；薪资；离职缘由

_____

_____

_____

_____

须知：在包括加利福尼亚、俄勒冈、特拉华、伊利诺伊、密歇根、新泽西、纽约、康涅狄格、宾夕法尼亚和马萨诸塞等越来越多的州，雇主询问求职者薪资变化情况是违法的。请仔细考虑你是否要将其包括在你的职位申请表中，即使你所在城市或州目前这样做并不违法。

职业资格证、荣誉证书、出版物：_____

相关职业协会：_____

电脑软件或商务机器熟练度：_____

教育与培训经历

列出所有学校教育经历，包括高中、大学、研究生、商校、职校或技校。

学段	学校名称或地址	学制	学位或毕业证

_____

_____

_____

_____

学业成绩或与该职位相关的课外活动奖励：

_____

其他与该岗位相关的知识、技能或资质：

_____

企业或学校推荐人（雇主或亲属除外）

姓名　职业　相识年限　联系方式

1. _____
2. _____
3. _____

就业条件

推荐信和背景调查：我了解我的工作可能是基于来自前雇主、学校和其他推荐人获得的满意信息，以及满意的背景调查结果，包括犯罪记录、信用记录和社会安全号码验证，只要适用并与我所求职位相关。我授权 Java 公司及其代表对我提供的任何信息进行调查，但不承担任何责任。此外，我特此向 Java 公司的授权代表提供许可，以进行合法的网络检索，包括出现在社交媒体网站上的公开信息。我进一步授权所列出雇主、学校和推荐人及其他信息渠道，以充分披露 Java 公司所需的任何相关查询，代表不承担任何责任。如果发生 Java 公司无法验证此申请表中包含的任何信息，我有责任提供必要的文档。

（ ）您可联系我当前的雇主。

（ ）您不可联系我当前的雇主。如我收到并接受公司的聘任，您可联系我当前的雇主。

收到的任何信息都将只用于决定我是否能在 Java 公司工作。

药物检测：除法律限制外，我接受 Java 公司可能在雇用之前或期间对申请人和雇员进行使用违禁药物和管制药物方面的测试。

自由就业：我了解 Java 公司雇用的员工可以在有无通知或理由的情况之下随时终止其工作。同样，Java 公司可以在雇用期间的任何时间，无论有无通知或理由的情况之下，随时终止任何雇员的雇用。我进一步理解，如果被雇用，我的工作将没有确定的时间；如果被终止，Java 公司仅对终止之日我所赚取的工资负责。此外，除首席执行官、总裁或指定官员外，Java 公司的任何代表均无权签署任何口头或书面协议以在指定时间内受雇，或做出违反这项政策的任何协议或保证的权利。本申请表中的任何内容均不得理解为与 Java 公司员工按自由就业状态发生任何冲突，或以任何方式进行消除或修改。

最低年龄要求：如果我未达到最低工作年龄，我同意在雇用之前提供工作许可证。

1986 年《移民改革和控制法案》契合性：我了解，根据 1986 年的《移民改革和控制法案》，我将出示所需的文件以确立我的身份和工作资格。Java 公司的雇用取决于我在聘用后的三个工作日内提供的所需文件或申请证明。

Java 公司法规：如果被雇用，我同意遵守 Java 公司的法规、程序和规定。

申请内容认证：我保证，据我所知，本申请书中包含的所有信息都是真实完整的。如有伪造任何信息，应拒绝或终止。

签名：_____ 日期：_____

附件 D 能力类问题的特征

➢ 专注于将过去的工作表现与未来可能的在职行为联系起来。
➢ 结构化。
➢ 专注于组织和工作。
➢ 将给定工作所需的能力、素质、特征或技能分离开来。
➢ 指定获得这些能力所需的相关经验。
➢ 需要具体的实例。
➢ 确定申请人是否可以将所学知识应用于给定的工作和工作环境。
➢ 根据事实做出决策。
➢ 确定在特定工作环境中取得成功所需的技能和特征。
➢ 专注于相关的、具体的、无形的品质。
➢ 有法可依。
➢ 由导入短语引入。
➢ 使面试官可以更好掌控全过程。

附件 E 面试评估表

求职者：　　　　　　面试者：　　　　　　日期：

职　位：　　　　　　部　门：

相关经历概要：

_____

_____

相关教育成就概要：

_____

_____

职位要求与应聘者资质之间的契合性：

　　　　有形技能　　　　　　　　应聘者资质

1. _____　　　_____

2. _____　　　_____

3. _____　　　_____

4. _____　　　_____

5. _____　　　_____

6. _____

　　　与职位相关的无形技能　　　应聘者资质

7. _____　　　_____

8. _____　　　_____

9. _____　　　_____

10. _____　　　_____

　　　与职位相关的其他技能　　　应聘者资质

11. _____　　　_____

12. _____　　　_____

13. _____　　　_____

14. _____

其他相关因素（如测试成绩）：

_____

_____

总体评价：
（　）理想人选
（　）合格人选
（　）较次人选
总体评价附属材料：

_____

_____

_____

附件 F　豁免性推荐表

　　这是针对豁免申请人的推荐表格。尽管不可能所有问题都能得到答案，但该表格包含与豁免性职位相关的足够多的信息，因此，即使只回答了一部分问题，雇主也可能获得有关申请人资格的宝贵见解。

申请人：　　　　　　　　　　　　　　职位：

联系人及职务：

公司地址及联系方式：

推荐人：　　　　　　　　　　　　　　日期：

　　（申请人姓名）已向我们求职，将您列为前雇主，并授权我们进行推荐人考察。我们需要您的协助来验证和提供某些与工作绩效有关的信息。

1. ＿＿＿＿＿＿＿＿＿＿＿＿＿＿＿＿曾在＿＿＿＿＿＿＿＿＿＿＿＿＿＿＿部门

做＿＿＿＿＿＿＿＿＿＿＿＿＿＿＿＿，自＿＿＿＿＿＿＿＿＿＿＿＿＿

起，至＿＿＿＿＿＿＿＿＿＿＿＿＿＿＿止。

（　）正确　（　）有误

如果有误，请解释。

2. 基本职责包括：

3. 申请人给出的离职原因是＿＿＿＿＿＿＿＿＿＿＿＿＿＿＿＿＿＿＿。

（　）正确　（　）有误

如果有误，请解释。

4. 您如何评价（申请人姓名）总体工作表现？

5. 申请人最大的优势是什么？

6. 哪些方面需要改进或接受进一步培训？

7. 申请人的哪些方面使其成为一名好的（职务）？

8. 描述涉及压力的与工作相关的实例。

9. 描述申请人如何处理与工作相关的困难任务。

10. 描述申请人的管理风格。

11. 描述申请人的决策风格。

12. 描述申请人的时间管理方法。

13. 描述一种涉及授权代表的情况。

14. 描述申请人必须在最后期限前完成任务的情形。

15. 申请人如何处理重复性任务？

16. 描述申请人如何应对新任务。

17. 描述根据位置、持续时间和频率而各异的必要因公出差情形。

18. 该岗位要求_____的能力。申请人在履职过程中表现如何？（该问题可根据不同因素进行适当拓展。可利用职位描述表作为辅助。）

19. 他们如何与同僚、高级管理人员、雇员或客户进行交流？ 请具体说明。

20. 您会再次雇用他吗?（ ）会（ ）不会。如果不会，请说明原因。

附件 G　非豁免性推荐表

　　　　这是针对职位申请人的推荐表格。尽管不可能所有问题都能得到答案，但该表格包含了与非豁免性职位相关的足够多的信息，因此，即使只回答了一部分问题，雇主也可能获得有关申请人资格的宝贵见解。

申请人：　　　　　　　　　　　　职位：

联系人及职务：

公司地址及联系方式：

推荐人：　　　　　　　　　　　　日期：

　　　　（申请人姓名）已向我们求职，将您列为前雇主，并授权我们进行推荐人考察。我们需要您的协助来验证和提供某些与工作绩效有关的信息。

1. ＿＿＿＿＿＿＿＿＿＿＿＿＿＿曾在＿＿＿＿＿＿＿＿＿＿＿＿＿＿＿＿ 部门

做＿＿＿＿＿＿＿＿＿＿＿＿＿＿＿＿，自＿＿＿＿＿＿＿＿＿＿＿＿＿＿＿

起，至＿＿＿＿＿＿＿＿＿＿＿＿＿＿＿＿止。

（　）正确（　）有误

如果有误，请解释。

2. 基本职责包括：

3. 申请人给出的离职原因是＿＿＿＿＿＿＿＿＿＿＿＿＿＿＿＿＿＿＿＿＿。

（　）正确（　）有误

如果有误，请解释。

4. 您如何评价（申请人的姓名）总体工作表现？

5. 申请人最大的优势是什么？

6. 描述申请人工作尤其出色的领域。

7. 哪些方面需要改进或接受进一步培训？

8. 在多大程度上，您需要监督申请人的工作？

9. 描述申请人成功履行多项任务的能力。请具体说明。

10. 申请人如何处理重复性任务？

11. 描述申请人如何应对新任务。

12. 请告知申请人面对新任务时，他所问及的一些问题。

13. 是否存在申请人履职并未令人满意的情形？请告知。

14. 申请人如何应对批评？请举例说明。

15. 申请人如何与同事、高管进行有效沟通？

16. 相比于平时工作表现，如何评价申请人离职时的工作表现？

17. 该岗位要求_____的能力。申请人在履职过程中表现如何？（该问题可根据不同因素进行适当拓展。可利用职位描述表作为辅助。）

18. 您会再次雇用申请人吗?（ ）会（ ）不会。如果不会，请说明原因。